南京信息工程大学教材基金资助项目

中国近现代史纲要实践课教程

杨长年　编著

南京大学出版社

图书在版编目(CIP)数据

中国近现代史纲要实践课教程 / 杨长年编著.

南京 : 南京大学出版社, 2025.4. -- ISBN 978 - 7 - 305
- 27550 - 0

Ⅰ. K25

中国国家版本馆 CIP 数据核字第 20255AY061 号

出版发行　南京大学出版社
社　　址　南京市汉口路 22 号　　　邮　　编　210093
书　　名　**中国近现代史纲要实践课教程**
　　　　　ZHONGGUO JINXIANDAISHI GANGYAO SHIJIANKE JIAOCHENG
编　　著　杨长年
责任编辑　高　军　　　　　　　　　编辑热线 025 - 83592123
照　　排　南京开卷文化传媒有限公司
印　　刷　江苏凤凰盐城印刷有限公司
开　　本　787 mm×1092 mm　1/16　印张 13.75　字数 310 千
版　　次　2025 年 4 月第 1 版　　2025 年 4 月第 1 次印刷
ISBN 978 - 7 - 305 - 27550 - 0

定　　价　42.00 元
网　　址:http://www.njupco.com
官方微博:http://weibo.com/njupco
微信服务号:njuyuexue
销售咨询热线:(025)83594756

前　言

　　"中国近现代史纲要"(下称"纲要")课程是学生在大学阶段必修的一门思想政治理论课,主要讲授中国近代以来争取民族独立、人民解放和实现国家富强、人民幸福的历史,帮助学生了解党史、国史、国情,深刻领会历史和人民选择马克思主义、选择中国共产党、选择社会主义道路、选择改革开放的必然性。[①]

　　深化实践教育,把学校思想政治教育融入社会实践、志愿服务、实习实训等活动中,创办形式多样的"行走课堂"[②],是对高校思想政治教育提出的一项重要要求,高校思想政治理论课实践课程的开设是落实这一要求的重要举措。与此同时,将思想政治理论课学习实践情况等作为重要内容纳入学生综合素质评价体系,探索记入本人档案,作为学生评奖评优重要标准,作为加入中国少年先锋队、中国共产主义青年团、中国共产党的重要参考也是深化新时代学校思想政治理论课改革创新的一项重要举措。[③]因此,开设好、教授好思想政治理论课实践课程是提升高校思想政治理论课教学效果,实现思政育人的重要抓手。

　　本书为南京信息工程大学教材基金项目成果,力图依托《中国近现代史纲要》(2023年版)[下称《纲要》(2023年版)]教材,贴近高校"纲要"课程教学实际,发挥地方近现代史实践教育资源优势,为"纲要"实践课程教师提供案例素材、实践思路,检验实践教学成果,同时为学生自主开展"纲要"实践活动提供参考。

　　本书在体例上严格遵循马工程教材《纲要》(2023年版)的内在逻辑,在章节设计上与之一一对应,以便实现实践课程的教学与理论课程有效衔接;在基本观点与主要内容上,也完全遵循《纲要》(2023年版)教材的表述。

　　本书以章节形式呈现,每章基本分为六个板块,分别为课程基本要求、章节教学重

　　[①]　中共中央宣传部 教育部《新时代学校思想政治理论课改革创新实施方案》(教材〔2020〕6号),2020年12月18日。

　　[②]　教育部等八部门《关于加快构建高校思想政治工作体系的意见》(教思政〔2020〕1号),2020年4月22日。

　　[③]　中共中央办公厅 国务院办公厅印发《关于深化新时代学校思想政治理论课改革创新的若干意见》,2019年8月。

1

点难点、开展实践活动所关联的理论课程知识、代表性文献研读、社会实践活动对象、实践教学活动效果测评。作者希望通过对教材的这一设计安排,使"纲要"实践课程突破传统的单一的"社会实践"范畴,构建一个包括理论文献研读与思考、亲身实地实践与探索、问题探究与分析的大的"纲要"实践课程体系。

当然,限于视野和能力水平,书中不可避免地存在诸多不足,恳请专家、老师们多多指导,也希望同学们多提宝贵意见,以使本书不断得到改进。

目　录

第一章

进入近代后中华民族的磨难与抗争

一、基本要求

（一）了解鸦片战争前后的中国与世界、西方列强入侵中国及其与中国封建势力相结合给中华民族带来的深重灾难；

（二）认识近代中国由盛而衰的根本原因；

（三）继承和发扬以爱国主义为核心的民族精神。

二、重点难点

（一）正确评价资本-帝国主义对中国的侵略；

（二）正确认识近代中国反侵略斗争失败的根本原因。

三、关联内容

（一）近代中国由盛转衰的历史

中国雄踞亚欧大陆东部，幅员辽阔、物产丰富，民族众多、人民勤劳。多民族融合交流形成的中华民族历史源远流长，创造的中华文明灿烂多彩，绵延至今，数千年而不绝。

约五千年以前，在黄河流域和长江流域等地区已经出现早期文明社会的要素。四千多年前，是黄帝、炎帝、尧、舜、禹时代。公元前21世纪开始形成王朝国家。早期的王朝是夏、商、周。公元前221年，秦始皇建立了统一的多民族国家。以后历经汉、三国、晋、南北朝、隋、唐、五代、宋辽西夏金、元、明、清等朝代。

自公元前5世纪的战国时代到1840年鸦片战争，中国的封建社会前后延续了两千多年。在中国封建社会的历史上出现过一些"盛世"，如汉代的"文景之治"，唐代的"贞观之治""开元盛世"等。17 世纪下半叶至 18 世纪,清代的康熙、雍正、乾隆年间,是中国封建社会后期的鼎盛时期,但同时也开始走向封建社会的末世。到了鸦片战争前夜的嘉庆、道光年间,清王朝衰相尽显,潜伏着许多危机。经济上生产凋敝,土地高度集中。早在 1656 年,清政府就实行"海禁",虽然收复台湾后一度允许外国商人在广州、漳州、宁波、云台山(今连云港附近)等四口通商,但到乾隆二十四年(1759)又关闭了其他各口,仅留广州一口通商。这个时期,工业革命在欧洲爆发,就经济社会发展而言,中国已经落后于西方资本主义国家。

(二)西方列强侵略中国的影响

随着资本主义的产生与发展,西方国家不断发动对外殖民扩张,并给古老的中华民族带来严重的生存危机。1840 年,英国为征服中国为其殖民地,悍然发动了蓄谋已久的鸦片战争。在英军坚船利炮的打击与胁迫之下,清政府与英国签订了中国近代史上第一个不平等条约——《南京条约》。1843 年,英国又迫使清政府签订《虎门条约》。此后,美国、法国等西方列强趁火打劫,1844 年 7 月中美签订《望厦条约》,同年 10 月中法签订《黄埔条约》。一系列不平等条约使西方列强攫取了大量在华特权,而领土及主权被严重破坏的中国则一步步陷入半殖民地半封建社会的深渊,鸦片战争因此成为中国近代史的开端。资本-帝国主义列强通过军事侵略、政治控制、经济掠夺、文化渗透等方式,不断把中国推入半殖民地半封建社会的深渊,导致中华民族的民族危机空前严重。

外国资本-帝国主义的侵略给中华民族带来了巨大的灾难。但是,列强发动的侵华战争以及中国反侵略战争的失败,从反面教育了中国人民,极大地促进了中国人的思考、探索和奋起。鸦片战争以后,先进的中国人开始睁眼看世界;中日甲午战争以后,中国人民的民族意识开始普遍觉醒。民族危机激发了中华民族的觉醒,增强了中华民族的凝聚力。中国自古以来"天下兴亡,匹夫有责"的优良传统,得到了发扬和升华。救亡图存成了时代的主旋律。中国人民和志士仁人怀着强烈的忧患意识和变革意识,历尽千辛万苦,不怕流血牺牲,探索挽救中华民族危亡、实现民族复兴的道路。这些斗争和探索,使中华民族燃起了新的希望。

(三)中国人民反侵略斗争的意义

资本-帝国主义侵略、压迫中国人民的过程,同时也是中国人民反抗它们的侵略、压迫的过程。救亡图存,成了一代又一代中国人面临的神圣使命。为了捍卫民族生存的权利,实现民族的独立和复兴,他们在长时间里进行了不屈不挠的英勇斗争。中国人民包括统治阶级中的爱国人士在反侵略斗争中表现出来的爱国主义精神,进一步铸成了中华民族的民族魂。正是中国人民前仆后继、英勇顽强的斗争,才使我们的国家和民族历尽劫难、屡遭侵略而不亡。那些不畏强暴、赴汤蹈火、血战疆场、宁死不屈的民族英雄,乃是中华民族的脊梁。

（四）近代中国反侵略失败的主因

从 1840 年至 1919 年的近 80 年间，中国人民对外来侵略进行了英勇顽强的反抗，这些斗争具有重大的历史作用。但是，历次的反侵略战争，都是以中国失败、中国政府被迫签订丧权辱国的条约而告结束的。其原因，从中国内部因素来分析，主要有以下两个方面：一是社会制度的腐败，二是经济技术的落后。而前者则是更根本的原因。正是社会制度的腐败，才使得经济技术落后的状况长期得不到改变。

指出经济技术的落后是中国反侵略战争失败的重要原因，并不意味着经济技术落后的中国就不应当进行反侵略战争或在战争中一定打败仗。因为武器是战争的重要因素，但不是决定因素。决定因素是人不是物。而当时的中国，不仅武器装备等很落后，而且反动统治阶级实行错误的方针、政策，并压制人民群众的动员。这样，中国的反侵略战争一再遭到失败，才成为不可避免的了。

四、文献研读

（一）案例

正因为英国政府把在印度种植鸦片的垄断权据为己有，中国才采取了禁止鸦片贸易的措施。天朝的立法者对违禁的臣民所施行的严厉惩罚以及中国海关所颁布的严格禁令，都不能发生效力。中国人在道义上抵制的直接后果是英国人腐蚀中国当局、海关职员和一般的官员。浸透了天朝的整个官僚体系和破坏了宗法制度支柱的营私舞弊行为，同鸦片烟箱一起从停泊在黄埔的英国趸船上偷偷运进了天朝。

东印度公司一手扶植的、虽经北京中央政府禁止而无效的鸦片贸易的规模日益增大，在 1816 年，鸦片贸易总额已将近 250 万美元。1816 年在印度允许自由贸易（唯一例外的是直到现在仍然被东印度公司垄断的茶叶贸易），这又大大推动了英国走私商人的活动。1820 年，偷运入中国的鸦片增加到 5 147 箱，1821 年达 7 000 箱，而 1824 年达 12 639 箱。在这个时候，中国政府向外国商人提出严重抗议，同时也惩办了一些与外国商人同谋共犯的行商，大力查办了本国的鸦片吸食者，并且在本国海关内采取了更严厉的措施。所有这一切努力的最终结果，正像 1794 年一样，只是使鸦片堆栈由不可靠的地点移到更适合于经营鸦片贸易的地点。鸦片堆栈从澳门和黄埔转到了珠江口附近的伶仃岛，在那里，具有全副武装设备的、配备有很多水手的船只，成了固定的鸦片栈。同样地，当中国政府得以暂时禁止广州原有的窑口营业时，鸦片贸易只是转了一道手，转到比较小的商人手里，他们不惜冒着一切危险和采用任何手段来进行这种贸易。在这些更有利于鸦片贸易的新条件下，鸦片贸易在 1824 年到 1834 年的十年当中，就由 12 639 箱增加到 21 785 箱。

1834 年，也像 1800 年、1816 年和 1824 年一样，在鸦片贸易史上，标志着一个时代。东印度公司不仅在那一年被取消了买卖中国茶叶的特权,而且必须完全停止一切商务。由于东印度公司从商务机关改组为纯粹的行政机关,对华贸易就完全转到了英国私人企业手里,它们干得非常起劲,以致不顾天朝的拼命抵制,在1837年就已将价值2 500万美元的39 000箱鸦片顺利地偷运入中国。这里有两件事实要注意:第一,从1816年起,在英国对中国的出口贸易的每一个发展阶段上,走私的鸦片贸易总是占着大得极不相称的比例。第二,就在英印政府对鸦片贸易的纯商业性利害关系逐渐消失的同时,英印政府对这种非法贸易在财政上的利害关系却日益增加了。1837年,中国政府终于到了非立即采取坚决措施不可的地步,因鸦片的输入而引起的白银不断外流,开始破坏天朝的国库收支和货币流通。中国最有名的政治家之一许乃济,曾提议使鸦片贸易合法化并从中取利;但是经过帝国全体高级官吏一年多的全面讨论,中国政府决定:"这种万恶贸易毒害人民,不得开禁。"早在1830年,如果征收25%的关税,就会使国库得到385万美元的收入,而在1837年,会使收入增加一倍。可是,天朝的野人当时拒绝征收一项必定会随着人民堕落的程度而增大的税收。1853年,当今的咸丰皇帝虽然处境更加困难,并且明知为制止日益增多的鸦片输入而做的一切努力不会有任何结果,但仍然信守自己祖先的坚定政策,顺便要指出的是:这位皇帝把吸食鸦片当作邪教一样来取缔,从而使鸦片贸易得到了宗教宣传的一切好处。中国政府在1837年、1838年和1839年采取了非常措施,这些措施的顶点是钦差大臣林则徐到达广州和按照他的命令没收、焚毁走私的鸦片;这成了第一次英中战争的起因,这次战争又使中国发生起义,使帝国国库完全空虚,使俄国能够顺利地由北方入侵,使鸦片贸易在南方得到极大的发展。英国以签订条约结束了旨在维护鸦片贸易而发动和进行的对华战争,虽然鸦片贸易为条约所禁止,可是从1843年起,鸦片贸易实际上还是完全不受法律制裁。1856年输入中国的鸦片,总值约3 500万美元,同年英印政府从鸦片垄断贸易上得到了2 500万美元的收入,即等于国家总收入的六分之一。造成第二次鸦片战争的借口的那些事件,是不久以前才发生的,无须再作任何解释。

在结束我们的分析时,我们不能不特别指出装出一副基督教的伪善面孔、利用文明来投机的英国政府所具有的一个明显的内部矛盾。作为帝国政府,它假装同鸦片走私贸易毫无关系,甚至还订立禁止这种贸易的条约。可是作为印度政府,它却强迫孟加拉省种植鸦片,使该省的生产力受到极大的损害;它强迫一部分印度的莱特①种植罂粟,用贷款的办法引诱另一部分莱特也去种植罂粟。它严密地垄断了这种毒药的全部生产,借助大批官方侦探来监视一切:栽种罂粟,把罂粟交付指定地点,使罂粟的蒸晒和鸦片的调制适合于中国鸦片吸食者的口味,把鸦片装入为便于偷运而特制的箱子,以及把

---

① 莱特瓦尔制。18世纪末19世纪初在英属印度南部大部分地区进行的田赋管理。根据莱特瓦尔制,土地所有者不是柴明达尔,而是在印度南部基本上具有充分权利的村社农民即"莱特"。但实际上,最高土地所有者是东印度公司,农民只是殖民者的"永久的佃农"。英政府对农民的土地进行测量、分级、估税后,与莱特订约,直接向政府纳税,期限为30年。税额为总产量的50%左右,并实行连保,一户交不出,全村负担。还规定不准农民外流。在莱特瓦尔制下,从前属于村社的牧场和荒地被国家没收,而成为英殖民统治者的国有土地。

鸦片运往加尔各答,在那里,鸦片由政府标价拍卖,国家官吏把鸦片移交给投机商人,然后又转给走私商人,由他们运往中国,英国政府在每箱鸦片上所花的费用将近 250 卢比,而在加尔各答市场上的卖价是每箱 1 210 到 1 600 卢比。可是,这个政府并不满足于这种实际上的共谋行为,它直到现在还直接跟那些从事于毒害整个帝国的冒险营业的商人和船主们合伙,分享利润和分担亏损。

英国政府在印度的财政,实际上不只是依赖对中国的鸦片贸易,而且正是依赖这种贸易的走私性质。如果中国政府使鸦片贸易合法化,同时允许在中国栽种罂粟,这意味着英印国库会遭到严重的损失。英国政府公开宣传自由买卖毒品,暗中却保持自己对于毒品生产的垄断权。只要我们注意考察英国的自由贸易的性质,我们几乎可以处处看到,它的"自由"的基础就是垄断。

[马克思《鸦片贸易史》(节选),《马克思恩格斯全集》第十二卷]

(二)研讨

1. 英国对华鸦片贸易的实质是什么?
2. 英国"自由贸易"的实质是什么?
3. 中国为什么禁止对华鸦片贸易?
4. 中国为什么未能禁止英国对华鸦片贸易?

五、社会实践

实践活动一:实地调查以了解中华民族历史源远流长、中华文明灿烂多彩

实践地点 1:南京汤山古猿人洞(南京直立人化石遗址博物馆)

南京汤山古猿人洞位于南京市江宁区汤山街道的汤山北坡,是距今 4 亿多年奥陶纪石灰岩经过地下水溶蚀而成的溶洞。1993 年开山采石时发现该洞,因其形似葫芦而称为"葫芦洞"。1993 年在葫芦洞内的一个小洞中发现两块古人类头盖骨,分别是属于 20 多岁女性猿人(直立人)的一号头盖骨和 30 多岁男性智人的二号头盖骨,同时还发现了大量的哺乳动物化石。

一号猿人是南京已知最早的人类,她的化石上一大片头骨表面有很粗糙的皱纹,与周边光滑的骨面完全不同,这显然是病灶的表现。据推断,她在伤病后可能还生存了一段时间。头骨上呈现的病症,是人类至今发现的年代最早的病症,因此令世界瞩目。

南京猿人最大的一个谜团是"高鼻梁"问题。这本是欧美人的特点,却出现在 60 多万年前的猿人身上。中国科学院古脊椎动物与古人类研究所的专家指出,南京猿人的高鼻子有可能是为了适应当时寒冷、干旱的气候环境而形成的独特的生理特征。

"汤山猿人"的化石对于研究中国古人类分布演化,以及中更新世人类生存环境,具有极高历史价值和科学价值。南京"猿人洞"是全球唯一的同一化石点发现两个人种的

地方,为人类多地起源论提供了有力依据,也有力证实了长江流域是中华民族的发祥地之一。

实践地点 2:南京溧水神仙洞

神仙洞位于南京市溧水区回峰山北麓,属石灰岩溶洞。洞内堆积分上、下两层,上层为红褐色砂质土,出土了一块属成年女性的右颞骨化石,以及木炭屑、小陶片和更新世晚期动物的骨骼、牙齿化石,包括蜗牛壳、龟鳖类的甲片等。

神仙洞智人生活的时代为距今 11 200±1 000 年。这一年代属于旧石器时代晚期,略晚于北京山顶洞人。神仙洞出土的陶片是迄今为止发现的最为古老的陶片,有着完整的地层层位记录,这一发现为陶器可能最早产生于中国的推断提供了支持,同时证明了长江流域与黄河流域一样是中华民族古文化的摇篮。

实践地点 3:薛城遗址

薛城遗址属于新石器时代遗址。位于南京市高淳区淳溪街道(原薛城乡),是迄今所知南京最早、保存最完整也是最大的原始人聚落遗存。薛城遗址原处在石臼湖南岸,本为一岛形台地,现在东南面大部仍临水,西北部则已辟为平坦农田。基本面大致呈椭圆形,发现新石器时代墓葬 115 座、灰坑 91 座、房址 2 座、灶穴 2 个,出土陶器、玉石器和骨器等文物共 600 余件。

下层村落遗址距今 6 000 多年,面积约有 6 万平方米,有方形窖穴、灰坑、房基等众多居址。并且成组成片集中分布,在江南非常罕见。先民们使用雕刻精致的骨簪绾住头发,并使用着彩色的陶器。陶鼎为主要炊器,还有三足钵、平底釜、浅盘豆、高圈足杯、小罐等。石器有斧、小刮削器等。由于陆上动物骨骸很少,说明他们是以渔业为主的湖荡居民。

数百年后,村落西北端的房屋变成了氏族墓地(上层墓葬遗址,面积近千平方米),墓葬多为平地掩埋,少数为长方形竖穴浅坑,多数死者头向东北,以单人仰身直肢葬为主,男女分区。随葬品一般三四件,个别达到二十余件,其中有许多猪牙。他们靠纺织、捕鱼、养猪和种植等为生,工具为骨器和石器。陶器仍以红陶为主,但制作还比较粗糙,上有印纹和彩绘。炊器以釜居多,器形复杂。村民有拔齿习俗,玉质装饰品渐多。同时在附近的固城朝墩头也有村落。

薛城遗址地处石臼湖南岸,处于一个相对独立的地域范围内,其早、中期特别是中期丰富而极具特色的文化内涵代表着这一区域一种新的考古学文化类型,与太湖流域不尽相同,也不同于金川河畔北阴阳营一带的居民,但类似的石器和玉器表明二者之间交流颇为频繁。

实践地点 4:"湖熟文化"遗址

"湖熟文化"遗址属于新石器时代晚期至商周时期遗址,距今 4 000 年至 3 000 年,大多在秦淮河两岸高出水网的土墩上,远望像一个圆形或椭圆形的平顶土台,考古学称之为"台型遗址"。1951 年,南京博物院考古调查工作队在南京市江宁区湖熟镇勘察了城岗头、小宝塔山、梁台、前岗、鞍头岗、老鼠墩、船墩等处古代遗址,并试掘了老鼠墩和前岗两处有代表性的遗址,发现了很多古代陶片和石器等文物。通过继续发掘,又发现在秦淮河及其支流两岸的各乡镇,都有湖熟文化遗址分布,面积达400平方千米。类似的文化遗址,后在长江下游各支流的台地上也有发现,共200余处。这类文化遗址以秦淮河中游湖熟镇一带最为集中,又是首次在湖熟发现,出土的文物也最多,在江南考古上具有一定代表性,所以被考古学界命名为"湖熟文化"。

在"湖熟文化"遗址出土文物中,用来从事农业生产和渔猎的工具与武器较多,其中又以石锛、石斧、刀、镰为多;其次是青铜器,有箭头、削刀、鱼钩等,另外还有鹿角、陶网坠、陶纺轮等。在日常生活中已被广泛使用的陶器,有鬲、瓿、钵、盆、罐等。陶器上的装饰花纹丰富多彩,除几何印纹外,尚有绳纹和附加堆纹,这是当时江南陶器的一个显著特征。此外,还发现鹿、狗、鱼等动物骨骼以及人们束发的骨笄等文化遗物。从这些出土文物中可以看出,当时经济生活以农业为主,渔猎为辅,并饲养猪、狗等;在手工业方面能烧制硬陶和"原始青瓷",能从事简单的纺织和编制竹器工作,并初步掌握了冶炼青铜的合金技术。

湖熟镇内"湖熟文化"遗址主要有:① 镇北赵家边村船墩古文化遗址,面积4 800平方米,高出地面10余米;② 镇北新墩村神墩古文化遗址,面积约3 500平方米,保存完好;③ 集镇桥北梁台古文化遗址,呈台型,因南朝萧梁昭明太子曾在这里读书,又名"梁台",面积约1 500平方米,高约10米,文化层丰富;④ 镇西曹家边村老鼠墩古文化遗址,所存器物残片甚多;⑤ 镇西友谊村前岗古文化遗址,面积约2 400平方米。

图1-1　船墩古文化遗址

图1-2　神墩古文化遗址

实践地点5:东吴大帝孙权纪念馆(孙权墓)

东吴大帝孙权纪念馆位于南京市中山陵园风景区梅花山东麓原寿星宫地块,以纪念孙权葬于南京梅花山。

吴大帝孙权,字仲谋,吴郡富春县(今浙江省杭州市富阳区)人,三国时期吴国开国皇帝。公元229年,孙权在武昌(今湖北鄂州)称帝,国号吴,后迁都建业(今江苏南京)。孙权统治江东超过半个世纪,是三国时期在位最久、寿命最长的帝王,也是建都南京的第一位皇帝,揭开了南京作为都城的序幕。

孙权墓位于南京市玄武区钟山南麓明孝陵景区梅花岗,又名蒋陵、吴王坟,亦称孙陵岗,是南京地区最早的一座六朝陵墓。孙权墓还葬有孙权的夫人步氏和后妻潘氏,宣明太子孙登也葬在孙权墓附近。遗址现存一块石碑、一座石桥、一个注释牌、一座石像。

实践地点6:南京六朝博物馆

南京因历经东吴、东晋、宋、齐、梁、陈六代而被称为六朝古都。六朝时期的南京发展成为人口超过百万的城市,与古罗马城并称为"世界古典文明中心"。出于历史原因,六朝都城几乎没有地面遗存。2008年,在长江路北侧、东箭道东侧,原汉府街长途汽车站工地发现了一处六朝时期的夯土墙遗址,这对于确定六朝台城东界及台城布局、结构的研究具有重要的学术价值,是继2003年南京图书馆新馆工地之后六朝建康城考古的又一次重要发现。经多次论证,遂在遗址上建成六朝博物馆,以展示六朝历史文化、文物遗址。

六朝博物馆主要陈列——"六朝历史文明"分布于建筑的负一层、二层和三层,展陈面积4 000多平方米。分"六朝帝都""六朝风采""六朝人杰"三个篇章。展览以建康城夯土墙遗址为主角,以1 200余件六朝文物为实证,从"城""物""人"等方面反映了六朝历史文明。六朝博物馆展出的1 200余件文物,均为南京考古发掘品。种类包含青瓷器、陶器、木器、铜器、石器等。

实践地点7:南京云锦博物馆

云锦是南京最著名的特产之一,有着1 500多年的手工织造历史,曾是元明清三朝皇家御用贡品,是我国四大名锦之一。这种织锦采用独特的工艺,色彩亮丽,纹式多样,变化多端,宛如天上的彩云而得名。云锦的选料讲究,通过拽花工和织手两人在传统织布机上相互默契配合才能完成,每天只能织出5—6厘米,至今无法用机器取代生产。因其古老的工艺传承而入选世界非物质文化遗产。

《月令广义·七月令》有织女"织成云锦天衣"的传说。史载,东晋末年,刘裕在秦淮河畔设"斗场锦署",制作宫廷衣服,成为云锦的发端。经过宋元时期的发展,至明清时期水平达到鼎盛。高峰期,全城有织机3万多架,秦淮河一带机户云集,机杼声彻夜不绝。

南京云锦博物馆位于南京市建邺区茶亭东街240号,主要展示云锦的织造工艺、明清云锦精品实物以及中国古代丝织文物复制品等,反映了我国民族文化的丰富多彩。博物馆展厅面积4 300多平方米,展品包括近千件云锦文物及相关实物。展馆一层是云锦销售及服饰表演大厅;二层北面为云锦大花楼木织机现场操作展示区,南面为古代丝绸文物复制精品和传世云锦匹料真品展示区;三层为中华织锦村,为中国少数民族织锦机具和实物展示区;四层为意匠设计、挑花结本等云锦传统技艺展演区。

实践地点8:中国北极阁气象博物馆

中国北极阁气象博物馆位于南京市玄武区北极阁山上,是中国第一个专业气象博物馆。北极阁是中国近代气象学发祥地,在中国气象界和世界气象界都有举足轻重的地位。

南朝刘宋时,在山顶建成第一个日观台,为南京第一个气象台。明洪武十八年(1385),在此建观象台,上设铜铸的浑天仪、简仪、圭表等天文仪器。清代建"万寿阁""御碑亭"于其上。因亭阁位于明代"万真武庙"后上方,故称北极阁。1927年,竺可桢筹建中央研究院气象研究所,在此建立中国近现代第一个国家气象台。

2010年3月,中国北极阁气象博物馆建成,这是中国第一个气象专业性博物馆。

博物馆将自然景观与气象历史文化交融,主展馆设于原中央研究院气象研究所建筑群内,分古代气象、近代气象、现代气象和当代气象科技展示厅四个展区。在景观区,设古代著名气象历史人物群雕和中国三千年气象历史记录浮雕,展示古代气象观测仪器,凝练介绍数千年灿烂的中华气象文明史。

2018年10月,中国北极阁气象博物馆被列为第一批全国中小学研究实践教育基地。

图1-3 中国北极阁气象博物馆

实践活动二:实地调查以了解西方列强侵略给近代中国所带来的屈辱历史

实践地点1:圌山炮台遗址

圌山炮台遗址位于镇江市圌山北麓五峰山下的二矶头。圌山面江耸立,五峰竞秀,一脉直逼江心,巨石险峭,江水汹涌,与对岸的顺江洲(现名高桥镇),把2 000多米宽的江面勒成了不到1 000米的隘口,此即为圌山关。来往船只尽在视线之内,形势险要,是江防重要关隘,历朝历代均在此部署水师战船,守卫江防。

鸦片战争之前的圌山炮台据载有80余名守军,阵地有两处:一处在五峰山山脚下,凸出江面,暗堡式,弧长约20米,呈扁形,炮堡4座。另一处在靠江处。现存母堡3座,暗堡式,进深12米多,子堡7座,全长约60米。另外山谷里有弹药库一座。

1842年英国侵略军由璞鼎查率领沿长江而上入侵镇江。7月13日,英舰25艘,运输补给船47只,作战部队2 000多人,到达三江营水面。次日,英国军舰"伯鲁多"号、"复仇神"号进至圌山附近江面进行测量侦察,被炮台守军发现,立即发炮,轰击敌舰,一发炮弹击中敌舰尾部,数名英军翻身落入江中。随后英军开炮还击,经过一个小时的激烈炮战,英舰退回三江营锚地。14日,英军组织9艘军舰攻打圌山炮台,守军奋勇还击,英军受到重创。经过激战,守军因弹药不足被迫撤出炮台,回守镇江城,英军占领圌山,摧毁了炮台。

英随军记者对此战作了如下记述:"镇江府下游约十五英里的地方有一座圌山,在一个圆顶山的脚下,修筑了三座小炮台,上边安置大炮二十门。这处炮台对我们进行了抵抗,它们首先向'伯鲁多'号和'复仇神'号两艘轮船开炮,那时这两艘轮船正在那里执行测量任务。第二天,炮台又向'摩底士底'号开炮,因为这艘战舰是奉命前去攻击这座炮台的。"

实践地点 2:南京条约史料陈列馆(南京静海寺纪念馆)

南京条约史料陈列馆位于南京市鼓楼区建宁路 288 号,原静海寺遗址上。始建于明初的静海寺原为明成祖朱棣为表彰航海家郑和出使西洋的功绩而建,寓有"四海平静、天下太平"之意,然而鸦片战争的战火扰乱了古刹的宁静。1842 年,清政府被迫在静海寺与英国政府议约,前后共计四次,并于同年 8 月 29 日在停泊在南京江面的英军旗舰"康华丽"号上正式签订了中国近代史上第一个不平等条约——《南京条约》。静海寺因此成为中国近代史起点的象征。

1988 年,静海寺得以复建,占地 628 平方米。1990 年 8 月 29 日正式建立南京条约史料陈列馆,对外开放。1996 年底,各级政府对静海寺进行扩建,从原来仅 600 多平方米的狭小庭园,扩大为 2 700 多平方米具有明代建筑风格的秀美园林。展馆分四个展厅,陈列了 130 多幅(件)图片、史料和实物,向人们展示了中国近代史上的屈辱。犹如一部巨大线装古书的"条约墙"上,密密排列着中国近代史上包括《南京条约》在内的 1 100 多个旧约名称,其中大部分是不平等条约,它记载了贫弱的中国被帝国主义列强肆意瓜分与欺侮,沦为半殖民地半封建社会的苦难历程,警示人们牢记"落后就要挨打"的历史教训。

图 1-4　南京条约史料陈列馆(南京静海寺纪念馆)

实践地点 3:邓廷桢墓

邓廷桢墓位于南京城东仙鹤门外灵山下邓家山。墓西南向,背倚灵山。墓前原有邓廷桢夫妇两块墓碑,一刻"皇清诰封荣禄大夫振威将军显考嶰筠府君之墓",一刻"皇清诰封一品夫人显妣张夫人之墓",皆篆体阴刻,下款均刻"男尔晋咸巽敬立""道光贰拾陆年"。两碑于 1958 年兴修水库时湮没。现墓碑为 1962 年 10 月重立,碑座高 0.28 米、宽 0.95 米;碑身高 1.34 米、宽 0.6 米、厚 0.19 米,正面刻"清两广闽浙陕甘总督邓廷桢之墓",背面刻"重立碑记",记述邓廷桢的简历和功绩以及原碑"被埋在大蒲塘水坝内,故立新碑以志其事"之原委。碑后即墓冢。

图 1-5　邓廷桢墓

　　邓廷桢(1775—1846),字嶰筠,江宁(今南京)人,清嘉庆进士。历任安徽巡抚,两广、闽浙和陕甘总督,是鸦片战争中力主禁烟抗英的民族英雄,曾与林则徐同时谪戍伊犁。道光二十六年(1846)卒于西安任所,归葬江宁灵山。著有《双砚斋诗钞》《青山嶰堂文集》等。

　　实践地点 4:魏源故居

　　魏源一生的主要活动在江苏,晚年居住在现南京龙蟠里 20 号、22 号。魏宅为江南民居的建筑形式,砖木结构,三进九间,包括下房,建筑面积 582.1 平方米,因茅舍紧临乌龙潭,故又名"湖干草堂"。魏源后半生居此著书立说,完成《海国图志》,提出"师夷之长以制夷"的思想。

　　魏源(1794—1857),原名远达,字默深、墨生,湖南邵阳人,道光进士,杰出的思想家、史学家和诗人,林则徐的挚友。历任内阁中书,东台、兴化知县,高邮知州。鸦片战争中,参与浙东战事,痛愤时事,著有《圣武记》《海国图志》《古微堂集》《元史新编》《诗古微》等。

六、素质训练

(一) 单项选择题

　　1. 近代以来中华民族面临着争取民族独立、人民解放和实现国家富强、人民富裕两大历史任务。近代中国的历史表明,要争得民族独立和人民解放,必须首先(　　)

A. 发展教育提高国民素质　　　　　B. 废除封建地主土地所有制

C. 改变经济技术落后的面貌　　　　D. 进行反帝反封建的民主革命

【答案】D

【要点】近代以来中华民族面临的两大历史任务彼此之间既有联系也有区别。区别主要在于其主题、内容与实现方式都不一样,前一个任务要求从根本上推翻半殖民地半封建的统治,改变落后的生产关系和上层建筑,为此必须进行反帝反封建的民主革命;后一个任务要求改变近代中国经济、文化落后的地位和状况,为此必须发展社会生产力,实现中国的现代化。

2. 近代中国半殖民地半封建社会的矛盾,呈现出错综复杂的状况。其中,贯穿整个中国半殖民地半封建社会的始终,并对中国近代社会发展变化起着决定性作用的最主要矛盾是(　　)

　　A. 帝国主义和中华民族的矛盾　　　B. 无产阶级和资产阶级的矛盾
　　C. 封建主义和人民大众的矛盾　　　D. 农民阶级和地主阶级的矛盾

【答案】A

【要点】近代中国半殖民地半封建社会的矛盾主要分为民族矛盾和阶级矛盾两大类。民族矛盾包括:中华民族与资本-帝国主义的矛盾、各帝国主义国家在中国争夺利益的矛盾。阶级矛盾包括:农民阶级与地主阶级的矛盾、无产阶级与资产阶级的矛盾、资产阶级与地主阶级的矛盾、封建统治阶级内部各集团派系之间的矛盾等等。其中,占支配地位的主要矛盾,是帝国主义和中华民族的矛盾、封建主义和人民大众的矛盾。这两对主要矛盾及其斗争贯穿整个中国半殖民地半封建社会的始终,并对中国近代社会的发展变化起着决定性的作用。而帝国主义和中华民族的矛盾,又是最主要的矛盾。

3. 帝国主义侵略中国的最终目的是要瓜分中国,灭亡中国。1895年中国在甲午战争中战败后,列强掀起了瓜分中国的狂潮,这集中表现在(　　)

　　A. 设立完全由外国人直接控制和统治的租界
　　B. 竞相租借港湾和划分势力范围
　　C. 外国资本主义在中国近代工业中争夺垄断地位
　　D. 从侵占中国周边邻国发展到蚕食中国边疆地区

【答案】B

【要点】1895年《中日马关条约》的签订及俄国、法国、德国三国干涉还辽,要求租借中国港湾作为报酬一事,大大刺激了帝国主义列强瓜分中国领土的野心,激化了列强争夺中国的矛盾,列强各国在1898年至1899年间竞相租借中国港湾、划分势力范围,掀起了瓜分中国的狂潮。

4. 1840年鸦片战争以后,中国遭受西方列强坚船利炮的欺凌不断加深,中华民族面临生死存亡的形势也日益严峻,中国"睡狮"在西方列强的隆隆炮声中逐渐苏醒。促使中国人民的民族意识开始普遍觉醒的重大事件是(　　)

　　A. 日本全面侵华战争　　　　　B. 中日甲午战争
　　C. 八国联军侵华战争　　　　　D. 中法战争

【答案】B

【要点】A项发生于1937年、C项发生于1900年,都是在中国人民的民族意识普遍觉醒之后。D项发生于1883—1885年,是在中国人民民族意识的普遍觉醒之前。中国在甲午战争中失败而签订的《马关条约》使得中华民族面临前所未有的危机,极大地刺激了中国人民的民族意识;其后列强掀起的瓜分狂潮,使得各阶级、各阶层普遍产生了亡国灭种的危机感。正如康有为1898年在保国会演讲时所言,"吾中国四万万人,无贵无贱,当今日在覆屋之下,漏舟之中;如笼中之鸟,釜底之鱼,牢中之囚;为奴隶,为牛马,为犬羊,听人驱使,听人割宰。此四千年中二十朝未有之奇变",故"吾国四千余年大梦之唤醒,实自甲午战败割台湾,偿二百兆以后始也"①。

5. 近代中国,一些爱国人士提出过工业救国、教育救国、科学救国等主张,并为此进行过努力,但这些主张并不能从根本上给濒临危亡的中国指明正确的出路。这是因为他们没有认识到( )

A. 争取民族独立和人民解放是实现民族复兴的前提

B. 中国已经被卷入世界资本主义经济体系和世界市场中

C. 中国是一个经济政治发展不平衡的国家

D. 资本主义制度已经过时

【答案】A

【要点】B、D项与史实不符,C项不符合题意。近代中国始终面临着两大历史任务,即求得民族独立、人民解放,实现国家富强、人民富裕。只有完成前者,才能为后者的完成创造条件。工业救国、教育救国、科学救国等主张及实践不能从根本上给濒临危亡中国指明正确的出路,正是因为没有认识到必须完成民族独立、人民解放这一历史任务方能实现民族复兴。

(二) 多项选择题

1. 1840 年,英国发动了鸦片战争,中国历史的发展从此发生重大转折,鸦片战争成为中国近代史的起点,这是因为,随着西方列强的入侵( )

A. 中国的封建社会逐步变成了半殖民地半封建社会

B. 中国开始落后于西方资本主义国家

C. 中国人民逐渐开始了反帝反封建的资产阶级民主革命

D. 无产阶级与资产阶级的矛盾上升为占支配地位的主要矛盾

【答案】AC

【要点】B项与史实不符,鸦片战争爆发前,中国已经落后于西方资本主义国家。D项出现在新中国成立,完成新民主主义革命遗留任务之后。随着外国资本主义的入侵,中国的社会性质开始发生质的变化,逐步成为半殖民地半封建社会,社会主要矛盾也随之发生变化,为了解决社会主要矛盾,完成两大历史任务,中国人民逐渐开始了反帝反封建的资产阶级民主革命。正因为如此,鸦片战争成为中国近代史的起点。

2. 鸦片战争后,资本-帝国主义列强通过发动侵略战争,强迫中国签订一系列不平等条约。但列强也没能如英国在印度那样,对中国实施殖民统治,这是因为( )

A. 中国人民顽强持久的反抗

B. 列强间争夺中国的矛盾无法协调

C. 中国封建势力拒绝与列强合作

D. 中国长期以来是一个统一的大国

【答案】ABD

① 梁启超:《戊戌政变记》,岳麓书社,2011 年,第 1 页。

【要点】C 项与史实不符,近代以来,中国封建势力与列强相互勾结共同奴役中国人民。列强不能瓜分中国盖因"中国土地广阔,民气坚劲",若强行瓜分,"但见其徒事流血于亚洲大陆,反一无所成"。此外,列强在华存在矛盾,彼此间利益不平衡、不协调也是一个重要原因。

3. 在半殖民地半封建社会的条件下,中国不可能在独立的基础上与外国发生经济往来,资本-帝国主义列强同中国发生经济关系,不是为了推动中国经济的发展,而是为了控制中国的经济。列强控制中国经济的方式有(　　)

A. 在中国设立出版机构宣传西学　　B. 控制中国的关税和盐税
C. 在中国设立银行　　D. 控制中国的交通运输业

【答案】BCD

【要点】A 项不符合题意,是控制中国文化的方式。B 项、C 项、D 项是经济方面的措施。

4. 甲午,对中国人民和中华民族具有特殊含义,在我国近代史上也具有特殊含义。1894年 7 月,日本发动甲午战争,清朝在战争中战败。这场战争对中国的影响主要有(　　)

A. 中国海关的行政权落入外国人手中
B. 中国人开始有了普遍的民族意识觉醒
C. 台湾被日本侵占
D. 帝国主义列强掀起瓜分中国的狂潮

【答案】BCD

【要点】A 项与史实不符,发生在第一次鸦片战争期间。甲午战争,中国战败,日本强迫清政府签订《马关条约》,台湾、澎湖列岛、辽东半岛被割让给日本,同时刺激列强掀起瓜分中国的狂潮。民族危机的加深,导致中国人民挽救民族危亡的运动高涨,激发中国人民族意识普遍觉醒。

(三) 分析题

结合材料回答问题:

材料 1

1910 年,上海人陆士谔在幻想小说《新中国》里记载了一个奇异的梦,梦中主人公随时光穿梭,看到"万国博览会"在上海浦东举行,为方便市民参观,上海滩建成了浦东大铁桥和越江隧道,还造了地铁,工厂中的机器有鬼斧神工之妙,租界的治外法权已经收回,汉语成了世界通用的流行语言……最后梦中人一跤跌醒,却言道:"休说是梦,到那时,真有这景象也未可知。"

1920 年,孙中山先生完成《建国方略》一书,书中提出了修建三峡水利、建设高原铁路系统等宏伟设想,构想了工厂遍地,机器轰鸣,高楼大厦矗立城乡,火车、轮船繁忙往返的现代化景象,描绘了"万众一心,急起直追,以我五千年文明优秀之民族,应世界之潮流,而建设一政治最修明、人民最安乐之国家"的愿景。

1935 年,方志敏在《可爱的中国》中写道:"中国一定有个可赞美的光明前途……到那时,到处都是活跃跃的创造,到处都是日新月异的进步,欢歌将代替了悲叹,笑脸将代替了哭脸,富裕将代替了贫穷,康健将代替了疾苦,智慧将代替了愚昧,友爱将代替了仇杀,生之快乐将代替了死之悲哀,明媚的花园,将代替了凄凉的荒地!这时,我们民族就可以无愧色的立在人类的面前,而生育我们的母亲,也会最美丽地装饰起来,与世界上各位母亲平等地携手了。这么光荣的一天,决不在辽远的将来,而在很近的将来。"

——摘编自《经济日报》(2012 年 12 月 12 日)、《可爱的中国》

材料 2

2012 年 11 月 29 日,中共中央总书记习近平来到国家博物馆参观《复兴之路》展览,在 19 世纪末列强割占领土、设立租借地、划定势力范围示意图前,在鸦片战争期间虎门的大炮前,在反映辛亥革命的文物和照片前,在《共产党宣言》第一个中文全译本前,在《中国共产党的第一个纲领》等反映中国共产党成立的文物和照片前,在李大钊狱中亲笔自述前,在中华人民共和国第一面五星红旗前,在党的十一届三中全会照片前,习近平不时停下脚步,认真观看,仔细询问和了解有关情况。在参观过程中,习近平发表了重要讲话,他指出,每个人都有理想和追求,都有自己的梦想。实现中华民族伟大复兴就是中华民族近代以来最伟大的梦想,中华民族的昨天,可以说是"雄关漫道真如铁";中华民族的今天,正可谓"人间正道是沧桑";中华民族的明天,可以说是"长风破浪会有时"。经过鸦片战争以来 170 多年的持续奋斗,中华民族伟大复兴展现出光明的前景。现在,我们比历史上任何时期都更接近中华民族伟大复兴的目标,比历史上任何时期都更有信心、有能力实现这个目标。

——摘编自《人民日报》(2012 年 11 月 30 日)

(1) 为什么"实现中华民族伟大复兴就是中华民族近代以来最伟大的梦想"?

(2) 为什么说"现在我们比历史上任何时期都更接近中华民族伟大复兴的目标"?

【要点】(1) 中国曾在各领域长期位居世界前列,但至清中叶以后逐步走向衰落。鸦片战争后,由于帝国主义列强的入侵,中国逐渐沦为半殖民地半封建社会,社会性质和社会主要矛盾的变化,使得争取民族独立、人民解放和实现国家富强、人民富裕,成为近代以来中华民族面临的两大历史任务。实现中华民族伟大复兴是近代以来全体中国人民的最大梦想和共同追求。

(2) 中国共产党成立以后,带领中国人民找到了中国革命的新道路,取得了新民主主义革命的胜利,实现了民族独立、人民解放。新中国成立以后,中国共产党领导中国人民不断探索社会主义建设道路,最终找到了中国特色社会主义道路这一实现中华民族伟大复兴的正确道路,同时逐步形成了中国特色社会主义理论体系,确立了中国特色社会主义制度。经过改革开放以来 40 多年的建设,中国经济总量跃居世界第二,综合国力大大增强,国际地位大大提高,人民生活极大改善;全面建成小康社会的目标已经实现。现在正向着新中国成立百年时建成富强民主文明和谐美丽的社会主义现代化强国的目标奋进。今天,中国人民比历史上任何时期都更接近、更有信心和能力实现中华民族伟大复兴。只要中国人民始终发扬伟大梦想精神,就一定能够实现中华民族伟大复兴。

第二章

不同社会力量对国家出路的早期探索

一、基本要求

（一）了解西方殖民势力对中国的侵略逐步加剧,使中国的民族危机日渐加深;

（二）了解中国社会各主要阶级为了挽救民族危机,先后登上历史舞台,以各自的方式探求国家的出路;

（三）了解中国社会各阶级挽救民族危机的失败构成中国共产党领导新民主主义革命的历史背景和逻辑前提。

二、重点难点

（一）正确比较与评价《天朝田亩制度》和《资政新篇》;

（二）正确评价"中体西用";

（三）正确认识维新运动的特点。

三、关联内容

（一）太平天国的历史意义及其局限性

西方资本主义的入侵导致中国自给自足的自然经济逐步解体;鸦片战争之后,白银进一步大量外流加剧了银贵钱贱的危机,广大人民尤其是农民的负担日益加重,被迫发动起义反抗剥削、压迫以争取生存的权利。

1843年,洪秀全创立拜上帝教。1851年1月,金田起义爆发,建号太平天国。1853年3月,太平军攻克南京,定都于此,改名天京,太平天国农民政权正式建立。建都天京后,太平天国颁布《天朝田亩制度》,确立平均分配土地的方案。1856年上半年,太平军先后攻克清军"江北大营""江南大营",太平天国军事上进入全盛时期。1856年9月,因领导层内部权力之争,天京事变爆发,太平天国运动逐步由盛转衰。1859 年,太平天国颁行《资政新篇》,表达了在中国发展资本主义的主张。1864 年 6 月,洪秀全病逝。7 月,清军攻破天京。太平天国起义失败。

1. 历史意义

太平天国起义虽然失败了,但它具有不可磨灭的历史功绩和重大的历史意义。首先,太平天国起义沉重打击了封建统治阶级,强烈撼动了清政府的统治根基,加速了清王朝的衰败。

其次,太平天国起义是中国旧式农民战争的最高峰。《天朝田亩制度》比较完整地表达了中国农民千百年来对于土地的渴望,《资政新篇》是中国近代历史上第一个比较系统的发展资本主义的方案,这使得太平天国起义具有了不同于以往农民战争的新的历史特点。

再次,太平天国起义冲击了孔子和儒家经典的正统权威,在一定程度上削弱了封建统治的精神支柱。

最后,太平天国起义有力地打击了外国侵略势力。在 19 世纪中叶的亚洲民族解放运动中,太平天国起义是时间最久、规模最大、影响最深的一次。它和其他亚洲国家的民族解放运动汇合在一起,冲击了西方殖民主义者在亚洲的统治。

2. 局限性

第一,农民阶级不是新的生产力和生产关系的代表,无法克服小生产者所固有的阶级局限性,无法从根本上提出完整的、正确的政治纲领和社会改革方案。

第二,太平天国后期无法制止和克服领导集团自身腐败现象的滋生,领导集团无法长期保持团结,大大削弱了太平天国的向心力和战斗力。

第三,太平天国军事战略上出现重大失误。如没有解决好与捻军的关系、天京被围时死守孤城等,最终导致太平天国的失败。

第四,太平天国以宗教来发动、组织群众,但是,拜上帝教教义不仅不能正确指导斗争,而且给农民战争带来了危害。

第五,太平天国未能正确地对待儒学。最初把儒家经书笼统地斥为"妖书",之后虽主张将"四书五经"删改后加以利用,却又原封不动地保留了儒学中的封建纲常伦理原则。

第六,太平天国领导者对于西方资本主义侵略者缺乏理性的认识,未能将其与西方国家的普通民众区别开来,笼统地把信奉天父上帝的西方人都视为"洋兄弟"。

太平天国起义及其失败表明,在半殖民地半封建的中国,农民具有伟大的革命潜力,但它自身不能担负起领导反帝反封建斗争取得胜利的重任。单纯的农民战争不可能完成争取民族独立和人民解放的历史任务。

(二) 洋务运动的历史作用及其局限性

19 世纪 60 年代初第二次鸦片战争结束后,在镇压太平天国起义与捻军起义的过程中,为了挽救清政府的统治危机,封建统治阶级中的部分成员如奕䜣、曾国藩、李鸿章、左宗棠、张之洞等,主张引进、仿造西方的武器装备和学习西方的科学技术,创设近代企业,兴办洋务。这些官员被称为"洋务派",这场挽救清朝统治的自救运动被称为洋务运动。

19世纪60—90年代,洋务派举办的洋务事业主要包括三个方面,即兴办近代企业;建立新式海陆军;创办新式学堂,派遣留学生。

1.历史作用

洋务派提出"自强""求富"的主张,通过所掌握的国家权力集中力量优先发展军事工业,同时也试图"稍分洋商之利",发展若干民用企业,在客观上对中国的早期工业和民族资本主义的发展起了某些促进作用。

洋务运动时期,为了培养通晓洋务的人才,开办了一批新式学堂,派出了最早的官派留学生,这是中国近代教育的开始。与此同时,还翻译了一批近代自然科学书籍,给当时的中国带来了新的知识,使人们开阔了眼界。

洋务运动时期,伴随着资本主义生产方式的出现,传统的"重本抑末"等观念受到冲击,社会风气和价值观念开始变化,工商业者的地位上升。对一部分人来说,西方的各种技术和器物不再被当作"奇技淫巧"受到排斥,而是被视为模仿、学习的对象。这一切,都有利于资本主义经济的发展,也有利于社会风气的改变。

2.局限性

洋务运动历时30多年,并未能实现"自强""求富"的目标,洋务运动的失败由其自身局限性所决定。主要包括以下三个方面。

首先,洋务运动具有封建性。洋务运动的指导思想是"中学为体,西学为用",企图以吸取西方近代生产技术为手段,来达到维护和巩固中国封建统治的目的,这就决定了它必然失败的命运。

其次,洋务运动对列强具有依赖性。洋务运动进行之时,清政府已与西方国家签订了一批不平等条约,西方列强正是依据种种特权,从政治、经济等各方面加紧对中国的侵略和控制,它们并不希望中国真正富强起来。而洋务派官员却一再主张对外"和戎",其所兴办的企业一切仰赖外国,他们企图依赖外国来达到"自强""求富"的目的,无异于与虎谋皮。

最后,洋务企业的管理具有腐朽性。洋务派所创办的一些新式企业虽然具有一定的资本主义性质,但其管理基本上仍是封建衙门式的。洋务派所办的军事工业完全由官方控制,经营不讲效益,造出的枪炮、轮船往往质量低下。即使是官商合办和官督商办的民用企业,其管理大多也是由政府专门派员,掌握用人理财种种大权,商人没有多少发言权,还要承担企业的亏损。企业内部极其腐败,充斥着营私舞弊、贪污受贿、挥霍浪费等官场恶习。

正因为如此,洋务运动不可能为中国摆脱贫弱找到出路,也不可能避免最终失败的命运。

（三）戊戌维新运动的历史意义及其局限性

19 世纪 90 年代以后,中国民族资本主义有了初步发展。甲午战争的惨败,造成了新的民族危机,激发了新的民族觉醒。而站在救亡图存和变法维新前列的,正是代表民族资本主义发展要求的知识分子。他们把向西方学习推进到一个新的高度,即不但要求学习西方的科学技术,而且要求学习西方资本主义的政治制度和思想文化。以康有为、梁启超、谭嗣同、严复等为主要代表人物的资产阶级维新派,采取了下列行动宣传维新主张:第一,向皇帝上书;第二,著书立说;第三,介绍外国变法的经验教训;第四,办学会;第五,设学堂;第六,办报纸。维新派以各种方式宣传变法主张,制造维新舆论,培养变法骨干,组织革新力量,而重点则放在争取光绪皇帝及其周围的帝党官员的支持上,希望通过他们自上而下地实行变法主张。

1898 年 6 月 11 日,光绪帝颁布了"明定国是"谕旨,宣布开始变法,并在此后的 103 天中,接连发布了一系列推行新政的政令,史称"戊戌变法",又称"百日维新"。维新派试图通过光绪皇帝推行的这种改革方案,遭到了封建守旧势力的激烈反对。经过密谋策划,守旧势力于 1898 年 9 月 21 日发动政变,慈禧太后以"训政"的名义,重新独揽大权,将光绪皇帝软禁于中南海瀛台。1898 年的"百日维新"昙花一现,只经历了 103 天就夭折了,戊戌维新运动宣告失败。

1. 历史意义

戊戌维新运动虽然失败了,但它在中国近代史上仍然有着重大的历史意义。

首先,戊戌维新运动是一次爱国救亡运动。维新派在民族危亡的关键时刻,高举救亡图存的旗帜,要求通过变法,发展资本主义,使中国走上富强的道路。维新派的政治实践和思想理论,不仅贯穿着强烈的爱国主义精神,而且推动了中华民族的觉醒。

其次,戊戌维新运动是一场资产阶级性质的政治改良运动。维新派突破洋务派"中体西用"思想的局限,主张用君主立宪制取代君主专制制度,在政治、经济等领域一定程度上冲击了封建制度。

最后,戊戌维新运动更是一场思想启蒙运动。① 维新派大力传播西方资产阶级的社会政治学说和自然科学知识,宣传自由平等、社会进化观念,批判封建君权和封建纲常伦理,有利于民主思想在中国的传播,有利于人们的思想解放。② 在维新派的推动下,形成了广泛的文化革新运动,以维新运动为起点,资产阶级新文化开始打破封建文化独占文化阵地的局面。③ 在教育方面,维新派主张采用西方近代教育制度,兴办新式学堂,这对中国近代教育的发展起了积极的推动作用。④ 维新派在改革社会风习方面也提出了许多新的主张。如主张革除吸食鸦片及妇女缠足等恶俗陋习,提出"剪辫易服"的主张,倡导讲文明、重卫生等。

2. 局限性

维新派的局限性突出地表现在以下三个方面:

首先,不敢否定封建主义。他们在政治上不敢根本否定封建君主制度,幻想依靠光绪皇帝"以君权雷厉风行",通过和平、合法的手段,实现自上而下的改良,让资产阶级和开明士绅的代表参加政权,逐步实现君主立宪。在经济上,他们未触及封建主义的经济基础——封建土地所有制。在思想上,他们仍打着孔子的旗号,借古代圣贤之名"托古改制"。

其次,对帝国主义抱有幻想。他们虽然大声疾呼救亡图存,却又幻想西方列强能帮助自己变法维新。英、日帝国主义虽然表面上同情维新派,但实质上只是为了乘机扩大在华侵略势力,并寻找它们在中国的代理人,同时也是为了与俄国进行争夺。因此,在戊戌政变前夕,维新派分别乞求英、美、日公使的支持,结果都落了空。

最后,惧怕人民群众。维新派的活动基本上局限于官僚士大夫和知识分子的小圈子。他们不但脱离人民群众,而且惧怕甚至仇视人民群众。正因为没有人民力量作为后盾,所以当他们得悉守旧派要发动军事政变时,只得打算依靠掌有兵权的袁世凯,结果反被袁世凯出卖。而一旦守旧派操刀反击,维新派也就没有丝毫抵抗的能力。

戊戌维新运动的失败表明,在半殖民地半封建的旧中国,企图通过统治者走自上而下的改良道路,是根本行不通的,必须用革命的手段,推翻帝国主义、封建主义联合统治的半殖民地半封建的社会制度。"戊戌六君子"流血的教训,促使一部分人放弃改良主张,开始走上革命的道路。

四、文献研读

(一)案例

今年特科之诏下,士气勃然,濯磨兴起。然而六科之目,可以当之无愧,上副圣心者,盖不多觏也。去年有旨令各省筹办学堂,为日未久,经费未集,兴办者无多。夫学堂未设,养之无素,而求之于仓卒,犹不树林木而望隆栋,不作陂池而望巨鱼也。游学外洋之举,所费既巨,则人不能甚多。且必学有初基,理已明、识已定者,始遣出洋,则见功速而无弊,是非天下广设学堂不可。

各省各道各府各州县皆宜有学,京师省会为大学堂,道府为中学堂,州县为小学堂,中小学以备升入大学堂之选。府县有人文盛、物力充者,府能设大学,县能设中学,尤善。小学堂习四书,通中国地理、中国史事之大略,算数绘图格致之粗浅者;中学堂各事,较小学堂加深,而益以习五经,习通鉴,习政治之学,习外国语言文字,大学堂又加深加博焉。

或曰:天下之学堂以万数,国家安得如此之财力以给之?曰:先以书院改为之,学堂所习,皆在诏书科目之内,是书院即学堂也,安用骈枝为?或曰:府县书院经费甚薄,屋宇甚狭,小县尤陋,甚者无之,岂足以养师生,购书器?曰:一县可以善堂之地,赛会演戏之款改为之,一族可以祠堂之费改为之。然数亦有限,奈何?曰:可以佛道寺观改为之。今天下寺观,何止数万?都会百余区,大县数十,小县十余,皆有田产,其物业皆由布施而来。若改作学堂,则屋宇田产悉具,此亦权宜而简易之策也。方今西教日炽,二氏日微,其势不能久存,佛教已际末法中半之运,道家亦有其鬼不神之忧。若得儒风振起,中华乂安,则二氏固亦蒙其保护矣。大率每一县之寺观,取什之七以改学堂,留什之三以处僧道。其改为学堂之田产,学堂用其七,僧道仍食其三,计其田产所值,奏明朝廷旌奖,僧道不愿奖者,移奖其亲族以官职。如此,则万学可一朝而起也。以此为基,然后劝绅富捐资以增广之。昔北魏太武太平真君七年,唐高祖武德九年、武宗会昌五年,皆尝废天下僧寺矣。然前代意在税其丁,废其法,或为抑释以伸老,私也;今为本县育才,又有旌奖,公也。若各省荐绅先生以兴起其乡学堂为急者,当体察本县寺观情形,联名上请于朝,诏旨宜无不允也。

其学堂之法约有六要。一曰新旧兼学:四书五经、中国史事、政书、地图为旧学,西政、西艺、西史为新学。旧学为体,新学为用,不使偏废。一曰政艺兼学:学校地理、度支赋税、武备律例、劝工通商,西政也。算绘、矿医、声光、化电,西艺也。(西政之刑狱,立法最善。西艺之医,最于兵事有益,习武备者必宜讲求。)才识远大而年长者宜西政,心思精敏而年少者宜西艺。小学堂先艺而后政,大中学堂先政而后艺。西艺必专门,非十年不成,西政可兼通数事,三年可得要领。大抵救时之计,谋国之方,政尤急于艺。然讲西政者,亦宜略考西艺之功用,始知西政之用意。一曰宜教少年:学算须心力锐者,学图须目力好者,学格致化学制造须质性颖敏者,学方言须口齿清便者,学体操须气体精壮者。中年以往之士,才性精力已减,功课往往不能中程。且成见已深,难于虚受,不惟见功迟缓,且恐终不深求,是事倍而功半也。一曰不课时文:新学既可以应科目,是与时文无异矣。况既习经书,又兼史事、地理、政治、算学,亦必于时文有益,诸生自可于家习之,何劳学堂讲授以分其才思夺其日力哉? 朱子曰:"上之人曾不思量,时文一件,学子自是著急,何用更要你教。"(《语类》卷一百九)谅哉言乎! 一曰不令争利:外国大小学堂皆须纳金于堂,以为火食束脩之费,从无给以膏火者。中国书院积习,误以为救济寒士之地,往往专为膏火奖赏而来。本意既差,动辄计较锱铢,忿争攻讦,颓废无志,紊乱学规,剽袭冒名,大雅扫地矣。今纵不能遵从西法,亦宜酌改旧规,堂备火食,不令纳费,亦不更给膏火。用北宋国学积分之法,每月核其功课,分数多者酌予奖赏。数年之后,人知其益,即可令纳费充用,则学益广,才益多矣。一曰师不苛求:初设之年,断无千万明师。近年西学诸书,沪上刊行甚多,分门别类,政艺要领,大段已详。高明之士,研求三月,可以教小学堂矣。两年之后,省会学堂之秀出者,可以教中学堂矣。大学堂初设之年,所造亦浅。每一省访求数人,亦尚可得。三年之后,新书大出,师范愈多,大学堂亦岂患无师哉? 若书院猝不能多设,则有志之士当自立学会,互相切磋。文人旧俗,凡举业楷书,放生惜字,赋诗饮酒,围棋叶戏,动辄有会,何独于关系身世安危之学而缓之? 古人牧豕都养,尚可听讲通经,岂必横舍千间、载书兼两而后为学哉? 始则二三,渐至什伯,精诚所感,必有应之于千里之外者。昔原伯鲁以不悦学而亡,越勾践以十年教训而兴,国家之兴亡,亦存乎士而已矣。

(张之洞《劝学篇·外篇 设学第三》)

(二)研讨

1. 张之洞"中体西用"思想提出的时代背景是什么?
2. 张之洞"中体西用"思想的具体内容与举措是什么?
3. 如何评价张之洞的"中体西用"思想?

五、社会实践

实践活动一：通过实地考察调研，了解太平天国运动的历史、意义及影响

实践地点 1：太平天国天王府遗址（天朝宫殿）

太平天国天王府遗址位于南京市长江路 292 号大院，系明初封陈友谅之子陈理及永乐帝朱棣之次子朱高煦为汉王时兴建的汉王府，故又称"煦园"。清代设两江总督衙署于此。是一座具有江南特色的古典园林。

1853 年 3 月，太平军定都南京，5 月开始在原两江总督衙门的基础上修建天王府，随即以原两江总督署为中心，扩建为天王府。至 11 月，不慎失火，夷为平地，1854 年 2 月再次破土动工。为了扩大天朝宫殿的范围及解决建筑材料问题，"堕明西华门一面城，自西长安门至北安门南北十余里，穷砖石，筑宫垣九重。毁祠庙，坏衙署，夷坛壝，攫仓库，坼桥梁，斫竹木，堙洼峻高，拆上下数百里宫室陵墓坊表柱础，作伪宫殿苑囿"①。据英国驻上海领事馆翻译官富礼赐（Forest）《天京游记》记载，他于 1861 年在天京参观天朝宫殿时，天朝宫殿工程只完其一半，如果全部完成，"全宫面积将倍于现在"，可见规模之大及延续时间之长。

图 2-1　太平天国天王府遗址（天朝宫殿）

建成后的天王府宫城东至黄家塘，西至碑亭巷，北至浮桥、太平桥一线（即杨吴城壕），南至卫苍、大行宫长街。如果加上周围的朝馆、侍卫府等附属建筑，天朝宫殿的范围东边一直扩展到逸仙桥、竺桥，东北至小营，南面抵达四条巷中段，远远超过清两江总督署的规模。其瑰丽辉煌，"周围十余里，墙高数丈，内外两重，外曰太阳城，内曰金龙城，殿曰金龙殿，苑曰后林苑"。太阳城包括钟鼓楼、天父殿、朝房等，金龙城包括金龙殿、二殿、三殿、内宫等。天王决策朝政的正殿为金龙殿，"殿尤高深，梁栋俱涂赤金，纹以龙凤，光耀射目，四壁画龙虎狮象"。金龙殿两侧各有一花园，即东、西花园。禽鸟花草，设色极工。有穿堂从二殿、三殿直通后宫，穿堂东西又有内厅三进，工字结构，形成左、右二区。

天王洪秀全于天王府居住 11 年之久，1864 年 7 月，湘军曾国荃部攻陷天京，放火烧了天朝宫殿，"十年壮丽天王府，化作荒庄野鸽飞"②。天朝宫殿虽遭焚毁，但中心建筑五间八

---

①　见《同治上江两县志》卷十一，转引自朱偰《金陵古迹图考》，上海书店，1992 年，第 219 页。

②　何绍基《金陵杂述》诗。

架的"金龙殿"与西花园内的石舫等保留了下来,今长江路 292 号总统府大门内正中抱厦大堂基础即是当年天王府金龙殿建筑遗存,西花园、石舫、水榭等基本布局依旧。1912 年中华民国成立,此处为临时大总统府所在地。1948 年改为国民政府总统府,直至 1949 年人民解放军占领南京。1951 年在此建立"太平天国起义一百周年纪念碑"。

实践地点 2:瞻园(东王府、幼西王府遗址)

瞻园位于南京市瞻园路 208 号,与无锡寄畅园、苏州拙政园和留园并称为"江南四大名园",是南京现存时间最久的明代园林,乃南京仅存的两座明、清古典园林之一(另一座为煦园),距今已有 600 余年历史。

"瞻园"一名早在明末已经开始使用。朱元璋定都金陵,封开国功臣徐达为魏国公,赐东抵秦淮河畔、西至今中华路的土地兴建府邸,瞻园即为徐达府邸之西圃。[①] 后朱元璋派人前往开封将原宋徽宗御花园中的"花石纲"运到京师,其中一些赐给了徐达,因此,瞻园以山石闻名,有友松、倚云、长生、凌云、仙人诸峰,玲珑峭拔,巧夺天工。徐达晚年便在此园消磨时光。嘉靖初年,徐达七世孙徐鹏举凿池叠山,起废兴园,为瞻园伊始。万历年间,徐达九世孙徐维志购四方奇石,引流为沼,构屋建亭,莳花植木,循自然之理、得自然之趣,营造出一方清幽疏朗的天地,此为瞻园私人建园的全盛时期。明王世贞《游金陵诸园记》记载,当时的南京有徐达后人所建宅园近十处,瞻园即是其一,园名即为"魏公西圃"。

清顺治二年(1645),瞻园之地成为江南省布政使司署,后又作江苏布政使司署、江宁布政使司署,是当时金陵仅次于两江总督府的第二大官衙建筑群,瞻园由私家园林转为官府花园。乾隆甚喜瞻园。乾隆二十二年(1757),乾隆第二次南巡,将其作为驻跸地,题写"瞻园"匾额。此后,瞻园"竹石卉木为金陵园亭之冠",进入了声名远播的鼎盛时期。

太平天国定都天京,东王杨秀清择藩署入住,但只停留三日便离去。而西王萧朝贵早在长沙战役中牺牲,其妻杨宣娇携子萧有和一直随东王行动。东王离开衙署后,西王家眷在此长期居住下来。东王在天京先后三迁居所,其他居所今已不存,瞻园可以说是东王在南京留存的唯一居所遗址。

清同治三年(1864),清军夺取天京,瞻园毁于兵燹。同治四年(1865)、光绪二十九年(1903),瞻园两度重修,但已非原园景况,难回旧制。民国时期瞻园曾为江苏省公署、国民政府内政部办公处所,园内历经侵削,范围日狭,花木凋零,峰石徙散,虽曾几度修葺,均不能制其圮落。

新中国成立后,1958 年太平天国纪念馆(1961 年改称太平天国历史博物馆)迁入瞻园。瞻园自建园几经兴衰,山水建筑格局已发生很大变化。今日瞻园分为东、西两大片区。大门在东片区,大门对面有照壁,照壁前是一块太平天国起义浮雕。大门上悬赵朴初所题"金陵第一园"大匾。二进大厅上有郭沫若题写的"太平天国历史陈列"匾额。东片区主要为太平天国历史博物馆展馆建筑及清江宁布政使司署建筑。西片区是一座典

---

① 原称西园,因与已有西园之称的凤台园重名,故改称西圃。

型的江南园林,园内古建筑有一览阁、花篮厅、致爽轩、迎翠轩及曲折环绕的回廊,这些建筑和回廊把整个瞻园分成五个小庭院和一个主园。静妙堂位于主园中部,三面环水,一面依陆,堂之南北各有一座假山,水是相通的,西边假山上还有岁寒亭一座。西部片区又可分为南、北两大主体,南园系 20 世纪 60 年代到 80 年代在瞻园旧址上整建并扩建而成,北园系 2000 年后再次扩建而成,整体具有"南秀""北雄"的特点。曲折的长廊、迂回的园道、临水所架之桥、环池所筑之径,均为观园之路,曲折幽秘,高低婉转,景色也随之或展开或骤聚,可感受空间幽狭与疏朗的变幻。

图 2-2 瞻园

实践地点 3:太平天国壁画艺术馆(堂子街太平天国壁画遗址)

太平天国壁画艺术馆位于南京堂子街 108 号。堂子街太平天国壁画遗址原是太平天国某王府。当年天京城内各王府、衙馆"门扇墙壁,无一不画"①。由于宗教原因,太平天国反对偶像崇拜,因此壁画中一般都不准绘人物,多以山水、花鸟、走兽为主要题材。江苏、安徽、浙江三省是太平天国壁画集中分布的地区,其中尤以南京的太平天国壁画最为精彩和典型。

1952 年于堂子街 72、74 号(今 106、108 号)建筑内发现 18 幅太平天国壁画,这是新中国成立后发现的第一组太平天国壁画。堂子街 72、74 号建筑共五进:正中大厅,后面是三厅和后檐房,右边是花厅,厅之间是天井,第二、三进天井内有用汉白玉石砌的石阶,在大厅和二进的墙壁和板壁上有太平天国壁画十八幅。大厅八幅壁画皆水墨淡彩

① 涤浮道人:《金陵杂记》,《太平天国》第四册,神州国光社,1952 年,第 619 页。

画,内容有防江望楼、山亭瀑布、柳荫骏马、孔雀牡丹、云带环山、江天亭立、双鹿灵芝、鹤寿图等。大厅中屏门上还绘有金龙,又称金龙屏门。第二进穿堂板壁上绘画十幅,从第五进移来保护,除两幅已看不清楚外,其他八幅中颜色比较鲜艳的有绶带蟠桃、鹿鹤同春、鸳鸯荷花、太狮图等,保存较完好。画上都没有题款、画名和印章。画面内容有山水花鸟、飞禽走兽等,题材多样。其中,《孔雀开屏图》是其中最大的一幅,图中一叠玲珑的湖石上,立着一只张开两翼,正在开屏的孔雀,湖石两边点缀着一片盛放的牡丹,背后一株参天的青松挺干横枝,不见梢巅。画面虽然部分斑驳、变色,但依然给人一种瑰丽丰富、生气勃勃的感受。《防江望楼图》则描绘了太平天国天京的江防和经济繁荣的景象,图中把望楼放在中景最明显的位置,望楼上三角令旗迎风飘扬。望楼下,开阔的江面上行驶着一艘高挂太平天国旗帜的战船,托出江防的主题。近景作为陪衬,有垂柳数株,茂密的枝条在风中荡漾,树下有歇脚的茅亭和盛放的桃花,意境幽静。傅抱石先生赞誉该图为"一幅伟大的现实主义作品"。

之后,南京又陆续发现如意里壁画 5 幅、罗廊巷壁画 10 幅、黄泥冈壁画 3 幅、竺桥壁画 6 幅以及江宁方山下乐村壁画 3 幅。这些壁画或拍成照片,或经整体揭剥加固而保留下来并迁移堂子街,组成了太平天国壁画艺术馆的主要内容。这些壁画(除方山下乐村以外)色彩鲜明、构图严谨、题材广泛、内容丰富、运笔娴熟、设色工巧,既继承中国山水花鸟画的传统风格,又贴近现实,反映独特的太平天国艺术特点,突出表现了太平天国的艺术思想和绘画风格,其作为研究太平天国艺术的第一手珍贵实物资料,具有极重要的历史与艺术价值。

实践地点 4:天朝总圣库(英王府)遗址

天朝总圣库(英王府)遗址位于南京市升州路 416 号院内。圣库制度是太平天国的一项财经制度,是"人人不受私,物物归上主"和"天下田天下人同耕""有田同耕,有饭同食,有衣同穿,有钱同使,无处不均匀,无人不饱暖"这一空想的绝对平均主义的产物。早在金田起义前夕,参加拜上帝会的农民,就"将田产、屋宇变卖,易为现金,而将一切所有缴纳于公库。全体衣食,俱由公款开支,一律平均"。这一"公库",便是以后的圣库。由于残酷的战争环境的限制,圣库制度仅在军队内实行。"各军各营众兵将,各宜为公莫为私""凡一切杀妖取城所得金宝、绸帛、宝物等项,不得私藏,尽缴归天朝圣库。逆者议罪"。这种财政制度,对于缺食少穿、饥寒交迫而参加起义军的人们,起了团结对敌、激发斗志的良好作用。但随着军事形势的发展,圣库制度便遭到不断破坏,特别是太平天国后期,由于战争形势的恶化,这一制度也就不复存在了。

天朝总圣库是太平天国的国库,原在南京青溪里巷,后迁至现址。明朝初期为中山王徐达之别苑,又称西园。清朝乾隆时期为桐城富商姚友梅之宅园。该处作为天朝总圣库,存金、银、绸缎等。太平天国后期这里为英王陈玉成之王府,太平天国失败后李鸿章将此改为安徽会馆。1949 年以后西部及北边为南京毛巾厂所改建,南部为南京药材公司所使用。

图 2-3　天朝总圣库(英王府)遗址

总圣库遗址建筑系清咸丰九年(1859)前后所建,均坐北朝南,可分为四组三路,现存有五栋建筑及三处院落:西路三进正房及二进院落、东路二进正房及院落。围绕建筑群还有一些附属建筑。遗址内曾发掘出 20 多个石柱础,总共有 180 个不同画面,多以琴、棋、书、画为题材。所有石柱础的浮雕,表现了太平天国时代的石刻特点,对研究太平天国艺术具有重要意义。这些构件现均保存于太平天国历史博物馆内。

实践地点 5:曾水源墓

曾水源墓位于南京挹江门内睦寡妇山上。该墓是迄今为止全国发现的唯一一座太平天国重要人物墓葬。

墓于 1953 年 10 月发现,系黄土堆积而成,是已发现唯一的太平天国高级将领墓葬,发现后曾多次维修保护。现墓包用城砖砌成,直径 4.2 米、高约 1.5 米。前立青石墓碑,原碑高 0.97 米、宽 0.49 米、厚 0.09 米,系用旧碑改制,碑有创伤 5 处,右上角残缺。1954 年用汉白玉加做碑框,配以白水泥石座,重立墓前,面向西北。现碑通高 1.42 米、宽 0.93 米、厚 0.16 米。碑身四周刻回纹边饰,正面行书 4 行:"广西浔州郡武宣县人,天朝元勋曾水源之墓,男启彬,太平天国己未九年(1859)六月吉日重修。"除第 2 行为大字外,其余均为小字。"浔""太平"等字因碑身残缺而不存。1975 年加修墓道,用古城砖砌筑台阶,共 44 级,道中建墓亭,四周砌围墙。

图 2-4　曾水源墓

曾水源(约 1831—1855),广西浔州武宣人,太平天国天朝元勋,曾参加金田起义,历任东殿左丞相、天官右丞相、天官正丞相,是太平天国前期重要将领之一。1854 年 8 月,曾水源领兵攻打东坝,作战不利败回天京,被东王杨秀清下令押禁入狱。1855 年 7 月,东王赦其死罪,削职为奴在东王府行走办事。同年 8 月因怠慢东王之罪被诛杀。

实践活动二:通过实地考察调研,了解洋务运动的历史、意义及影响

实践地点 1:金陵机器制造局建筑遗存(晨光 1865 科技创意产业园)

金陵机器制造局建筑遗存位于南京市应天大街 388 号。金陵机器制造局建于同治四年(1865),当时李鸿章署理两江总督,移营南京,在南京聚宝门(今中华门)外扫帚巷东首西天寺的废墟上兴建。次年 8 月竣工,12 月苏州洋炮局移入,由刘佐禹任总办,马格里任督办。设机器厂、翻砂厂、熟铁厂和木作厂,制造开花炮弹、抬枪和铜帽等产品。投产时,有员工兵夫约 400 人,房屋 80 余间。与江南制造局、天津机器局、福州船政局一起称作晚清洋务运动的四大军工企业。

民国成立之后,金陵机器制造局改称"金陵兵工厂",由中央陆军军械司管辖。工厂规模扩大,兴建了许多高质量的厂房,设备也随之更新。抗日战争期间,金陵兵工厂一度西迁重庆,抗战结束后迁回南京。

1949 年,人民解放军第二野战军接管了该厂,改名军械总厂。1953 年初,长治三〇七厂并入,改名为南京晨光机器厂。

金陵机器制造局工业建筑遗存包括晚清和民国两部分。清代厂房建筑反映了中国

早期近代工业建筑的特征。这些清代厂房由英国工程师主持设计和建造,式样和格局参照英国工业建筑,限于当时中国的经济、技术条件,以木屋架代替了英国厂房常用的钢铁屋架,现存的清代厂房主要分两组,一组是由建于同治五年(1866)的机器正厂、建于同治十二年(1873)的机器右厂、建于光绪四年(1878)的机器左厂三栋建筑组成。其中机器左厂中部结构为直径200毫米的铸铁立柱,柱上刻有"光绪四年金陵机器局监制"的字样,其余二厂为木柱。整组建筑外墙均用清式大青砖砌筑,门额上镌刻着建厂标牌,简洁朴素。另一组清代厂房建筑由建于光绪七年(1881)的炎铜厂和锟铜厂、建于光绪十一年(1885)的熔铜房、建于光绪十二年(1886)的木厂大楼和机器大厂组成,这组建筑为砖木结构,外部为清水砖墙,门窗均为半圆形砖拱券。整组建筑还完整地保留了铸造铜构件的工艺流程。厂区内的民国建筑可分为三组:一组是位于厂区西南部的两栋多跨连续车间,钢筋混凝土结构,其屋顶上开设有锯齿形天窗,天窗为进口钢窗,面北而开,避开了太阳光直射,有利于工人在适宜的光线下操作。厂房内部总高8.68米,钢架结构,工字钢支柱,厂房四角均开有大门,这组建筑建于民国二十五年(1936)。另一组为7座两层厂房楼群,位于厂区西北面,建筑之间以过街楼连接,联系方便。第三组位于厂区东北面,由四栋二层厂房及两栋物料库组成,其中两栋带有气楼。这两组建筑建于1934年到1937年间。

2007年,厂内的老建筑(机器正厂、左厂和右厂、炎铜厂、木工厂及金陵制造局老大门)整合建成"南京晨光1865科技创意产业园"。

图 2-5　金陵机器制造局建筑遗存(晨光 1865 科技创意产业园)

实践地点2:江南水师学堂遗址

江南水师学堂遗址位于南京市中山北路346号,创办于光绪十六年(1890),为清政府在洋务运动中开办的军事学校,是我国近代史上洋务运动的一处重要遗迹。

两次鸦片战争使清政府深谙防海必须造舰,造舰必先有才的道理,开始重视海域防卫。制胜之道,首在得人。筹备海军学校,培养海军人才已是势在必行。此时兴起的洋务运动对此事也产生了积极的影响和作用,从同治五年(1866)至辛亥革命前夕,清政府相继创办了十一所海军专科学校,江南水师学堂即是其中一所。学校分驾驶、轮机两班,每期学生约120名,教员大多数为英国人。课程有机械、天文、航海等。至辛亥革命爆发,先后办了七期。至1911年,江南水师学堂共培养驾驶学员107人、管轮学员91人、附设的鱼雷营学员13人(当时均习旧式鱼雷)。鲁迅曾在江南水师学堂第四期轮机班(即机关科)就读。

江南水师学堂南北狭长,占地六万多平方米,大门位于今中山北路路中心,因建路被拆除。现在的大门即原来的二门;两柱原各书写"中流砥柱"及"大雅扶轮"。进入二门后为卷棚式轿厅。穿过过道为一座二层楼房,楼下暖阁东侧一室为当年总办办公地,西室为提调(即教务长)办公室,与二门并排东侧有一洋楼,是当年英籍教员办公大楼。楼北有一天井,其东南角有一水井,系当年供师生饮用之井。井口石井栏上阴刻"江南水师学堂"六字。天井西边为长廊,天井北头有讲师及驾驶班学生宿舍。再往北行为当年轮机班库房,库房北首一大间房屋为当年的机器厂,轮机班学生在这里学车床、刨床。由此往西拐,是当年内操场,原设有高达二十丈的桅杆。总办办公楼西侧建筑为当年会计、文书办公地,向南一排房屋,是当年的汉文教室。西行有西式平顶建筑物八栋,一边四栋,两边对称,是驾驶班讲堂。由此往北拐,便是当年轮机班学生宿舍,一边十五间,中夹小长方形天井。

图 2-6　江南水师学堂遗址

民国二年(1913)学堂改为海军军官学校；民国四年(1915)改为雷电学校；民国六年(1917)改为海军鱼雷枪炮学校；20世纪30年代海军部设此。新中国成立后，1961年海校改建时，保留原轮机班宿舍第21号及23号两间，辟为鲁迅纪念室。1963年，部分走廊铁皮改为平瓦顶。1965年初，汉文讲堂拆平，改建西式建筑。1982年主要建筑轿厅和提督楼等被拆除，1989年复建。现存总办提督楼、英籍教员楼和国民政府海军部的大墙门、办公楼等，建筑面积900平方米，除教员楼为西式建筑外，其他系卷棚式清代建筑风格。

实践地点3：李鸿章祠堂

李鸿章祠堂位于南京市四条巷77号，南临文昌巷。建于清光绪二十七年(1901)，俗称李公祠。

光绪二十七年(1901)，光绪帝奉慈禧太后之命，诏令安徽、浙江、上海、江宁、天津等地建祠以祀李鸿章。南京李鸿章祠堂便为江宁奉诏而建，前身是太平天国章王府。

李鸿章祠堂规模颇大，长144米、宽58米，占地面积8 000多平方米，坐北朝南，于徽式中见西方建筑影响。原有4进，主房24间，厢房24间，大小照壁各1堵，御碑1块。花园、鱼池、亭台、楼榭、回廊一应俱全。现存东路照壁、头进、后进大殿并西路拱门与房屋两进。大殿坐北朝南，建筑面积305.9平方米，单檐硬山造，小瓦屋面，穿斗式梁架，通面阔5间23米，通进深13.3米。

李鸿章(1823—1901)，字少荃，安徽合肥人，晚清大臣，洋务派首领。咸丰三年(1853)在家乡组织团练抵抗太平军，后为曾国藩幕僚，按湘军编制，在团练基础上建立淮军。此后会同"常胜军"夺取苏州、常州，升任江苏巡抚。同治四年(1865)署两江总督。同治九年(1870)继曾国藩任直隶总督兼北洋大臣。洋务运动期间，李鸿章陆续创办了江南机器制造总局、津榆铁路、上海机器织布局、开平煤矿等军事和民用企业。他还利用海关税购买军火、军舰扩充淮军势力，建立北洋水师。清廷甲午战争战败，李鸿章作为特使与日本签订《马关条约》。光绪二十五年(1899)，被起用为两广总督，翌年八国联军侵华，参与"东南互保"，并奉命北上谈判。光绪二十七年(1901)，李鸿章与庆亲王奕劻代表清政府同列强签订《辛丑条约》，后病逝于北京。死后获赠太傅，晋封一等肃毅侯，谥号"文忠"。

实践活动三： 通过实地考察调研，了解戊戌维新运动的历史、意义及影响

实践地点1：豁蒙楼

豁蒙楼位于南京鸡鸣寺内，是鸡鸣寺最负盛名的建筑物。豁蒙楼最初由张之洞于1898年①将鸡鸣寺经堂改建而成。据刘禺生《世载堂杂忆》载：光绪二十年(1894)，时任两江总督的张之洞与学生杨锐同游台城，憩于鸡鸣寺，当晚月色清朗，两人在月下吟诗长谈。当时正值中日甲午之战爆发，刘坤一、吴大澂统兵出山海关，一触即溃，战争失利的消息频频传来。杨锐有感于时局，全文背诵了杜甫的《八哀诗》，对杜甫《赠秘书监江夏李邕》诗中的四句"君臣尚论兵，将帅接燕蓟。朗咏六公篇，忧来豁蒙蔽"更是反复吟

---

① 一说1894年。

咏。张之洞深为杨锐的爱国热情所感动。光绪二十四年(1898),杨锐因参加戊戌维新变法而被慈禧太后杀害,张之洞极为伤痛。后来张之洞再任两江总督,重游鸡鸣寺,回忆起这段往事,悲感交集,于是捐资筑楼,为纪念杨锐,取杨锐同游时所吟诵的杜甫诗句"忧来豁蒙蔽"之意,命名为"豁蒙楼",写下《鸡鸣寺》诗①一首,同时亲题匾额并作跋云:"余创议于鸡鸣寺造楼,尽伐丛木,以览江湖。用唐杜甫诗'忧来豁蒙蔽'句意名之。"该楼原有张之洞的画像,并有梁启超题陆游诗联:"江山重复争供眼,风雨纵横乱入楼。"1973年豁蒙楼毁于火灾,1979年重修鸡鸣寺时重建。山上看为两层,山下看为三层。楼阁豁敞,窗明几净,北东两面对着号称"台城"的明城墙和玄武湖、九华山、紫金山诸景。山、水、城、林、寺、塔结合得如山水画一般美妙。

图 2-7　豁蒙楼

　　张之洞(1837—1909),字孝达,号香涛,谥"文襄",直隶南皮(今属河北市)人。张之洞为晚清洋务派代表人物,与曾国藩、李鸿章、左宗棠并称"晚清中兴四大名臣"。甲午战后,维新派领袖康有为组织强学会,以中国自强为宗旨,张之洞表示支持,并捐银五千两充作会费。此后因见解分歧,张之洞与维新派渐行渐远。戊戌变法前,张之洞刊行《劝学篇》,明确提出与维新派截然不同的"旧学为体,新学为用"的观点。旧学乃中国固有之学,新学为西方之学,此即所谓"中体西用"之说。

　　杨锐(1857—1898),字叔峤,又字钝叔,四川绵竹人,举人出身,为张之洞门生。初任内阁中书。1895年参加强学会。1898年3月在北京设立蜀学会,不久又参加保国

---

　　①　全诗为:雨暗覆舟山,泉响鸡鸣埭。埭流南朝水,僧住南朝寺。当时遶宫城,选此陵阿对。朝市皆下临,江水充环卫。白门游冶子,沓拖无生气。心醉秦淮南,不踏钟山背。一朝辟僧楼,雄秀发其秘。城外湖皓白,湖外山苍翠。南岸山如马,饮江驻鞍辔。北岸山如屏,紫青与天际。鹭洲沙出没,浦口塔标识。烟中万楼台,渺若蚁垤细。素有杜老忧,今朝豁蒙蔽。

会。戊戌变法期间,经湖南巡抚陈宝箴保荐,受光绪帝召见。9月授四品卿衔,任军机章京,参与新政。戊戌政变时被捕,28日与谭嗣同等同时遇害。为"戊戌六君子"之一。著有《说经堂诗草》。

实践地点2:翁氏故居(翁同龢纪念馆)

翁氏故居(翁同龢纪念馆)位于常熟市翁家巷门2号,始建于明成化、弘治年间。清道光十三年(1833),由翁同龢之父翁心存购得。

翁氏故居一共七进,为典型的古代江南住宅格局,坐北朝南,占地约4 620平方米,大致可分成东、中、西三路,因地制宜,布局紧凑,富于变化,今存大小房屋90余间。门厅设在东路,进门有东厅三间,后设小楼三楹。西路以花厅思永堂为主,余有双桂轩、藏书楼、柏古轩、知止斋等,布置有序,曲折幽深。中路为主轴线,前后六进,依次为门厅、轿厅、正厅、堂楼和下房两进。堂楼左右设厢房。第三进正厅为彩衣堂,面宽三间14.98米,进深九架14.03米,前轩后廊,扁作梁架,用材硕大。梁枋檩等处施彩绘116幅。部分画面施沥粉堆塑。后步枋高悬"彩衣堂"匾额,为江苏巡抚陈銮所书。

翁同龢从8岁到20岁居住于此。他的居室称"柏古轩",处在宅第的西侧,环境清幽,室内陈设简朴。1850年,翁同龢随父进京。1898年,翁同龢被开缺回籍,在常熟"家无薄田输官租,又无一椽安厥居",遂住在虞山鹁鸪峰下的翁氏丙舍中,过着"寂寞似孤僧"的隐居般的生活。

图2-8 翁氏故居(翁同龢纪念馆)

翁同龢(1830—1904),字声甫,号叔平,晚号松禅,江苏常熟人。大学士翁心存三子。咸丰六年(1856)一甲第一名进士,状元及第。中法战争时,翁同龢力主援越抗法。后日本借口出兵朝鲜,翁同龢支持光绪帝,积极主战,为帝党领袖。面对战败,中日议和,翁同龢反对割让台湾,与主和派面折廷争。痛于甲午之役,翁同龢支持康有为、梁启超等在北京成立强学会。强学会被封后,又借故改为官书局。1898年,光绪帝颁"明定国是"诏,宣布变法,翁同龢手拟是诏,深遭慈禧太后忌恨,后被开缺回籍。变法失败后,革职永不叙用,交地方官严加管束。在虞山鹁鸪峰祖茔旁筑瓶庐山庄,闭门思过,遁入空门,取号瓶庐居士。1904年卒于家。

翁同龢在朝四十余年,为同治、光绪两朝帝师,有"中国维新第一导师"之称,学识渊博,书法有"同光间书家第一"之誉,亦善绘画。著有《瓶庐诗稿》《瓶庐文钞》《翁文恭公日记》等。

六、素质训练

(一) 单项选择题

1. 洋务运动时期,洋务派在创办军事工业中遇到资金奇缺、原料和燃料供应不足,以及交通运输落后等困难,需要加以解决,因此兴办了一些民用企业。这些官督商办的民用企业,基本上是(　　)

A. 半封建性质的企业

B. 封建主义性质的企业

C. 资本主义性质的企业

D. 行会性质的企业

【答案】C

【要点】洋务派兴办的民用企业除少数官办或官商合办的外,多为官督商办,如轮船招商局、开平矿务局、天津电报局和上海机器织布局等。这些民用企业虽受封建官僚控制,但性质上基本是资本主义的近代企业。

2. 由于民族危机越来越严重,在维新派的推动和策划下,1898年6月11日,光绪皇帝颁布了"明定国是"谕旨,宣布变法开始,并在此后的103天中,接连发布了一系列推行新政的政令,史称"戊戌变法",又称"百日维新"。戊戌维新是一场资产阶级性质的改良运动,这是因为变法的政令(　　)

A. 一定程度上反映了资产阶级政治经济诉求

B. 采纳了维新派开办国会的主张

C. 触动了封建制度的根本

D. 具有彻底性和不妥协性

【答案】A

【要点】戊戌变法的政令并未采纳维新派开办国会的主张,也未触动封建制度的根本,即封建地主土地所有制,因此变法并不具有彻底性和不妥协性。故B项、C项、D项错误。戊戌维新运动是资产阶级维新派推动实施的变法运动,其变法政令包括:政治上改革行政机构,向皇帝上书言事等;经济上保护、奖励农工商业和交通采矿业,提倡开办实业等,这些均在一定程度上反映了资产阶级政治经济诉求。

3. 19 世纪 60 年代到 90 年代,清朝统治阶级内部的洋务派兴办近代企业,建立新式海陆军,创办新式学堂,派遣学生。洋务派兴办洋务新政的主要目的是(　　)

A. 迎合帝国主义

B. 维护封建统治

C. 对抗顽固派

D. 发展资本主义

【答案】B

【要点】冯桂芬在《校邠庐抗议》中说:"以中国之伦常名教为原本,辅以诸国富强之术。"这一思想逐步发展为用于指导洋务运动的"旧学为体,新学为用",即"中体西用"说,其目的是以中国封建伦理纲常为主体,用西方的近代工业和技术为辅助,最终维护封建统治秩序。

4. 1842 年,魏源编成《海国图志》。他在书中写道:"是书何以作? 曰:为以夷攻夷而作,为以夷款夷而作,为师夷长技以制夷而作。"魏源所说的夷之"长技"主要是指西方的(　　)

A. 宗教和思想文化

B. 教育和人才培养

C. 军事和科学技术

D. 民主和政治制度

【答案】C

【要点】A 项、D 项属于西方的思想、制度;B 项属于"师夷长技"的方式,非"长技"本身。魏源说,"夷之长技三:一战舰,二火器,三养兵练兵之法",即西方的军事和科学技术。

5. 甲午战争后,维新运动迅速兴起,针对洋务派提出的"中体西用"的方针,维新派指出,"体"与"用"是不可分的。中学有中学的"体"与"用",西学有西学的"体"与"用",把中学之"体"与西学之"用"凑在一起,就如同让"牛体"产生"马用"一样荒谬。维新派与洋务派分歧的实质是(　　)

A. 要不要社会革命

B. 要不要以革命手段推翻清王朝

C. 要不要在中国兴办近代企业

D. 要不要学习西方的政治制度与思想文化

【答案】D

【要点】A 项、B 项是资产阶级革命派与改良派论战的核心。C 项洋务派与维新派都支持,并非两派争论的焦点。洋务派主张"中体西用",并不主张学习西方的政治制度和思想文化,而维新派则突破了洋务派"中体西用"思想的局限,主张改革君主专制制度,在制度和思想方面学习西方。

（二）多项选择题

1898 年的"百日维新"如昙花一现，只经历 103 天就夭折了。谭嗣同在慷慨就义前仰天长叹："有心杀贼，无力回天。"维新派"无力回天"的原因主要是（　　　）

A. 他们提倡全面学习"西学"，彻底否定"中学"

B. 他们遭到了以慈禧太后为首的强大的守旧势力的反击和镇压

C. 他们惧怕人民群众，把改革的全部希望寄托在一个没有实权的皇帝身上

D. 他们不敢触动封建主义的经济基础

【答案】BCD

【要点】A 项与史实不符，维新派虽提倡学习西方政治制度，但并未彻底否定中国传统文化。戊戌维新运动的失败，一是由于主观上幻想依靠手无实权的光绪皇帝，通过和平、合法的手段，实现自上而下的改革；二是由于客观上以慈禧太后为首的强大的守旧势力的反对；三是由于不敢触及封建主义的经济基础，即封建土地所有制，得不到广泛的民众支持。

第三章

辛亥革命与君主专制制度的终结

一、基本要求

（一）掌握资产阶级革命派的准备活动以及基本理论情况；

（二）熟悉武昌起义、帝制覆亡、民国建立与袁世凯窃国的过程；

（三）分析和理解辛亥革命的历史意义与失败原因；

（四）认识资产阶级共和国方案在中国行不通的历史结论。

二、重点难点

（一）准确掌握三民主义的内容；

（二）明确资产阶级革命派与资产阶级改良派的异同；

（三）正确评价辛亥革命的得失。

三、关联内容

戊戌维新运动失败后，以孙中山为代表的革命派在中国掀起了一场资产阶级革命运动。资产阶级革命派的骨干是一批资产阶级、小资产阶级知识分子。1894 年 11 月，孙中山到檀香山组建了第一个革命团体兴中会，立誓"驱除鞑虏，恢复中国，创立合众政府"。1905 年 8 月 20 日，孙中山和黄兴、宋教仁等人以兴中会和华兴会为基础，在日本东京成立中国同盟会，这是近代中国第一个领导资产阶级革命的全国性政党。同盟会的成立，标志着中国资产阶级民主革命进入了一个新的阶段。

孙中山领导的同盟会不仅提出了革命纲领，而且进行实际的革命活动，先后发动了多次武装起义。这些起义虽然相继失败，但是产生了广泛的影响。1911 年 10 月 10 日晚，驻武昌的新军工程第八营的革命党人打响了起义的第一枪，最终占领武昌，3 天之内光复武汉三镇，成立湖北军政府。

武昌起义掀起了辛亥革命的高潮。在一个月内，就有 13 个省以及上海和许多州县宣布起义，脱离清政府的统治。腐朽的清王朝迅速土崩瓦解。1912 年 2 月 12 日，清帝被迫退位。在中国延续了两千多年的封建君主专制制度终于覆灭。

1911 年底，孙中山从海外回到上海。"独立"各省的代表在南京选举孙中山为临时大总统。1912 年 1 月 1 日，孙中山在南京宣誓就职，改国号为中华民国，定 1912 年为民国元年，并成立中华民国临时政府。1912 年 3 月，临时参议院颁布《中华民国临时约法》，这是中国历史上第一部具有资产阶级共和国宪法性质的法典。

辛亥革命取得了巨大的成功，但仍以失败而告终。南京临时政府只存在了三个月便夭折了。北洋军阀首领袁世凯在帝国主义和国内反动势力以及附从革命的旧官僚、立宪派的共同支持下，窃夺了辛亥革命的果实。北洋政府从政治上、经济上和文化思想上对辛亥革命进行了全面的反攻倒算，中国重新落入了黑暗的深渊。资产阶级革命派在中国建立一个独立、民主的资产阶级共和国的梦想破灭了。

辛亥革命之所以失败，从根本上说，是因为在帝国主义时代，在半殖民地半封建的中国，资本主义的建国方案是行不通的。帝国主义决不容许中国建立一个独立、富强的资产阶级共和国，从而使自己失去中国这个占世界人口四分之一的剥削、奴役的对象。因此，它们用政治、外交、军事、经济、财政等各种手段来破坏、干涉中国革命，扶植并支持它们的代理人袁世凯夺取政权。帝国主义与以袁世凯为代表的大地主大买办势力以及旧官僚、立宪派勾结起来，从外部和内部绞杀了这场革命。

另外，从主观方面来说，辛亥革命的领导者——资产阶级革命派本身也存在着许多弱点和错误。

第一，没有提出彻底的反帝反封建的革命纲领。他们没有明确提出反帝的口号，甚至幻想以妥协退让来换取帝国主义对中国革命的承认和支持。他们只强调反满和建立共和政体，并没有认识到必须反对整个封建阶级，致使一些汉族旧官僚、旧军官也混入革命的营垒。受当时政治局势的左右和妥协退让思想的支配，革命党人最后甚至还把政权拱手让给了袁世凯。

第二，不能充分发动和依靠人民群众。由于中国民族资产阶级同封建势力有千丝万缕的联系，因而不敢依靠反封建的主力军农民群众。在革命的过程中，资产阶级革命派虽然也曾经联合新军（多数是穿起军装的农民和学生）和会党（以游民和破产农民为主体的秘密结社），从而在一定程度上动员了群众的力量，但在清政府被推翻之后，他们并没有进一步去领导农民进行反封建的斗争。正因为中国民主革命的主力军农民没有被动员起来，这个革命的根基就显得相当单薄。

第三，不能建立坚强的革命政党，作为团结一切革命力量的强有力的核心。同盟会内部的组织比较松懈，派系纷杂，缺乏一个统一和稳定的领导核心。

资产阶级革命派的这些弱点、错误，根源于中国民族资产阶级的软弱性和妥协性。正因为如此，辛亥革命仅仅赶跑了一个皇帝，却没有能够改变封建主义和军阀官僚政治的统治基础，无法完成反帝反封建的任务。辛亥革命的失败表明，资产阶级共和国的方案没有能够救中国，先进的中国人需要进行新的探索，为中国谋求新的出路。

四、文献研读

（一）案例

近时杂志之作者亦夥①矣。姱词②以为美，嚣③听而无所终，摘埴索涂④不获，则反复其词而自惑。求其斟时弊以立言，如古人所谓对症发药者，已不可见，而况夫孤怀宏识、远瞩将来者乎？夫缮群之道，与群俱进，而择别取舍，惟其最宜。此群之历史既与彼群殊，则所以掖而进之之阶级，不无先后进止之别。由之不贰，此所以为舆论之母也。

余维欧美之进化，凡以三大主义：曰民族，曰民权，曰民生。罗马之亡，民族主义兴，而欧洲各国以独立。洎自帝其国，威行专制，在下者不堪其苦，则民权主义起。十八世纪之末，十九世纪之初，专制仆而立宪政体殖焉。世界开化，人智益蒸，物质发舒，百年锐于千载，经济问题继政治问题之后，则民生主义跃跃然动，二十世纪不得不为民生主义之擅场时代也。是三大主义皆基本于民，递嬗变易，而欧美之人种胥冶化焉。其他旋维于小己大群之间而成为故说者，皆此三者之充满发挥而旁及者耳。

今者中国以千年专制之毒而不解，异种残之，外邦逼之，民族主义、民权主义殆不可以须臾缓。而民生主义，欧美所虑积重难返者，中国独受病未深，而去之易。是故或于人为既往之陈迹，或于我为方来之大患，要为缮吾群所有事，则不可不并时而驰张⑤之。嗟夫！所陕卑者其所视不远，游五都之市，见美服而求之，忘其身之未称也，又但以当前者为至美。近时志士舌敝唇枯，惟企强中国以比欧美。然而欧美强矣，其民实困，观大同盟罢工与无政府党、社会党之日炽，社会革命其将不远。吾国纵能媲迹于欧美，犹不能免于第二次之革命，而况追逐于人已然之末轨⑥者之终无成耶！夫欧美社会之祸，伏之数十年，及今而后发见之，又不能使之遽去。吾国治民生主义者，发达最先，睹其祸害于未萌，诚可举政治革命、社会革命毕其功于一役。还视欧美，彼且瞠乎后也。

翳我祖国，以最大之民族，聪明强力，超绝等伦，而沈梦不起，万事堕坏；幸为风潮所激，醒其渴睡，旦夕之间，奋发振强，励精不已，则半事倍功，良非夸嫚。惟夫一群之中，有少数最良之心理能策其群而进之，使最宜之治法适应于吾群，吾群之进步适应于世界，此先知先觉之天职，而吾《民报》所为作也。抑非常革新之学说，其理想输灌于人心

---

① 多。
② 美好的词语。
③ 吵闹，喧哗。
④ 意为盲人以杖点地，探求道路。比喻暗中摸索，事终无成。
⑤ 放松弓弦叫"弛"，拉紧弓弦叫"张"。原指治理国家要宽严互相补充，交替使用。后亦用以比喻工作和生活要善于调节，有节奏地进行。
⑥ 已经走过的老路。

而化为常识,则其去实行也近。吾于《民报》之出世觇之。

（孙中山《〈民报〉发刊词》）

（二）研讨

1.《〈民报〉发刊词》发表的时代背景和目的是什么?

2.《〈民报〉发刊词》的主要内容是什么?

3.《〈民报〉发刊词》体现了怎样的思想?

五、社会实践

实践活动:通过实地考察调研,了解辛亥革命的历史、意义及影响

实践地点 1:战场遗迹

（1）乌龙山、幕府山炮台

乌龙山、幕府山炮台建于晚清,均属江宁沿江炮台,位于南京城东的长江下游处,监控着长江航运与宁沪铁路龙潭段,具有重要的战略地位。

1911 年 10 月,武昌起义爆发,各地革命党人积极响应,驻扎在南京地区的新军第九镇[①]受革命思想影响,也闻风而动,由新军第九镇统制徐绍桢率领,在驻地秣陵关发动起义,攻打张勋统领的清兵江防军。8 日新军第九镇进攻南京,由于弹药匮乏,受阻于雨花台,退守镇江休整待援。

陈其美主持的上海同盟会得知消息后,倡议组织江浙联军协同攻取南京。1911 年 11 月 13 日,徐绍桢与上海都督陈其美、江苏都督程德全、浙江都督汤寿潜共同组织联军 1 万多人,推举徐绍桢为总司令、顾忠琛为总参谋长、史久光为参谋长。浙江北伐支队有 3 000 余人,由朱瑞、吕公望率领,在镇江与苏军、镇军、沪军、淞军、淮军、扬军、桂军、粤军等部队会合,组成江浙联军,以新军第九镇为主力,下辖林述庆镇军约 3 000 人,刘之洁苏军 3 000 人,朱瑞浙军 3 000 人,柏文蔚所部淮军(原第九镇一部)2 000 人,徐宝山扬军 2 000 人,黎天才淞军 600 人,向南京进发。当时汉口、汉阳已被袁世凯北洋军攻占,革命形势一度动荡,南京城内清军有 2 万余人,联军总数 1 万余人,联军力量弱于清军。

11 月 24 日夜,北路进攻乌龙山、幕府山两炮台的战斗首先打响。黎天才指挥淞军 600 人及浙军一营,在长江上起义海军舰艇的支持和炮台守军内应官成鲲等人的配合下,先进攻乌龙山炮台,乘坐兵舰直抵乌龙山麓,涉达山巅,炮台守军竖起白旗,开栅投降。接着,淞军乘胜前进,连夜攻占幕府山炮台。

江浙联军迅速占领乌龙山、幕府山炮台,使南京城垣北部门户洞开,联军外围攻势得以顺利展开。现两处炮台均有遗迹可寻。乌龙山一线山脉尚有炮位遗迹多处;幕府

---

① 镇相当于师,镇以下依次是协、标、营,相当于现在的旅、团、营。

山支脉老虎山尚存四处炮位,并有地下坑道相连,周边藏兵洞、蓄水池均保存完好。

（2）七桥瓮

七桥瓮位于南京市光华门外红花乡七桥村,横跨秦淮河上,是建于明正统五年(1440)的石质拱桥。明时称上方桥,因桥有七孔(七瓮),所以清代又称七桥瓮或七瓮桥。七桥瓮设计精巧,建造坚固,是明初官式石拱桥的代表作,也是南京现保存最完好、文物价值最高的大型多孔石拱桥。500多年来,该桥一直在内河航运上发挥着重要作用。

七桥瓮地处南京东南要道,历来为兵家必争之地。明初,为拱卫京城的门户,它北峙钟山,南对方山,桥西南又是明朝驻兵练武的军事要地——大校场。明代在此驻有羽林左卫,清代也有军队驻守。太平天国时曾在附近构筑八座军事堡垒,以保卫天京。天京保卫战时,太平军和清军在此有多次激战。辛亥革命光复南京时,江浙联军在此大败清军守军,随即进逼雨花台。现周边已建为七桥瓮湿地公园。

（3）天堡城

天堡城位于南京市东郊紫金山第三峰天堡山,山势磅礴,地势险要,北濒临长江,背倚南京城墙,可俯瞰南京城,被称为"金陵第一要塞"。1853年,太平天国定都天京,修筑天堡城和地堡城两座军事要塞,上下呼应,易守难攻。

天堡城堡垒坚固,是在悬岩上用巨石筑成东西长62米,南北宽37米,形似城池的堡垒。辛亥革命时期,天堡城驻有清军江防兵一营,旗兵400人、机枪4挺、大炮17门,布防严密,并有电话直通南京城内。1911年辛亥革命光复南京诸役,以攻打天堡城最为惨烈,也最为关键。

1911年11月27日,江浙联军由沪军洪承典率1500人进攻天堡城,相持六小时而失利,沪军损失颇重,撤退至镇江休养。进攻天堡城的任务由浙军承担,但浙军攻天堡城又不克。此时江浙联军接到汉阳失守的消息,联军深知如不速克南京,一旦武汉失守,革命形势将大为动摇,而要迅速攻下南京,必须占领天堡城。11月30日,联军总司令部决定集中优势兵力全力进攻天堡城,势必将其拿下,另以苏军进攻雨花台作为牵制。攻击部队组织敢死队,血战一昼夜,歼灭守军700余人,联军阵亡160余人,于12月1日攻克天堡城,南京全城遂尽在联军炮口之下。联军遂向城内发炮,炮轰朝阳门、北极阁、总督府、旗营等处,清军顿时动摇崩溃。12月1日夜间张勋、张人骏、铁良等人率少数残部连夜逃逸。徐州镇台胡令宣,巡防营统领张联升、赵荣华率部投降,革命军入城。至12月2日,南京之役以革命军完胜告终。

天堡城遗址现在紫金山天文台内,遗址尚存石垒墙基一座,东、南、西三面墙基用石块累砌,北面墙基已不存。

（4）狮子山炮台

南京狮子山历来是兵家必争之地。东晋时,王导就在幕府山、狮子山一带布防,以御北敌南侵。太平天国失败后,清政府在南京许多制高点设立了军事设施,狮子山炮台就是其中之一。

狮子山炮台位于南京市狮子山顶。清同治十三年(1874),时任两江总督李鸿章鉴于狮子山对于南京江防的军事意义,下令在山顶设置炮台。光绪二十一年(1895),代理两江总督张之洞在南京建立江宁要塞。当年 7 月,狮子山炮台开始配备现代化火炮。资料显示,当时的狮子山设有炮台 6 座,东西两面各 3 座。装备德国克虏伯后膛炮、英国阿姆斯特朗速射炮 8 尊,彼此配合,火力可覆盖整段江面和沿岸目标。

　　辛亥革命期间,江浙联军夺取乌龙山炮台、幕府山炮台后,“在幕府山用大炮猛击狮子山,竟日未止”,起义的军舰也“开炮遥轰狮子山炮台”。但江浙联军因兵力不足,以城东朝阳门附近天堡城为主攻方向,未从正面进攻狮子山炮台。在张勋派到炮台的守兵逃散后,剩余的倾向革命的狮子山炮台守军开始调转炮口轰击城内目标,并且向幕府山的革命军报告城内已无抵抗。当革命军经仪凤门来到狮子山时,炮台官兵 117 人起义。孙中山任临时大总统期间,曾多次亲临狮子山炮台,视察江防要塞。

　　现狮子山炮台尚存炮位遗迹两处,圆型,直径 3 米,位于东侧的一处已修复。内有道光二十五年(1845)铸造古炮一门。位于狮子山西北角的炮台现仅存台底部部分砖块和部分架炮石。

　　实践地点 2:名人旧居

　　(1)览胜楼

　　览胜楼位于南京市玄武湖公园梁洲东北部。始建于六朝,最早为南朝宋孝武帝刘骏为检阅水军训练而建,以后南朝历代皇帝相继沿用,至南唐时改作湖山览胜之用。清宣统元年(1909),新军第九镇统制徐绍桢在玄武湖梁洲置地,盖寓所“复园”,并建览胜楼、陶公亭,邀文士名流来此雅集。辛亥革命南京战役期间,复园被张勋焚毁,览胜楼幸存,至今保存完好。

　　(2)中山楼

　　中山楼位于南京市汉口路 22 号南京大学鼓楼校区南园北门东侧,松林楼对面。此楼为砖木结构,屋墙为银灰色,屋顶为红色铁质,是二层西式别墅风格建筑。门口建有雨棚,四根西方古典式立柱托起二楼的露台。门前的柏树和屋东的槐树用浓荫将小楼装扮得典雅幽静。

图 3-1　中山楼

1911 年 10 月,辛亥革命爆发,同年 12 月 29 日,宣布光复的 17 个省的代表在南京集会,选举孙中山为临时大总统。1912 年元旦,孙中山携夫人宋庆龄从上海来到南京,举行临时大总统的就职典礼。孙中山在南京的其中一处居所,就是南京大学南园的中山楼。

（3）谭延闿旧居

谭延闿旧居位于南京市成贤街 112 号,建于 1927 年,坐北朝南,独院式三层砖木结构小楼,西式风格建筑。高两层带地下室,坡屋顶,下段仿石基座,主体青砖外墙,局部红砖镶嵌,两层之间有线脚和壁柱装饰,门窗均为弧形砖拱过梁,古典复兴主义风格,具有较高的设计水准。入口处设外八字台阶踏步,第一层檐前朝南方向伸出一个观景阳台,有六根爱奥尼立柱支撑着第二层向前空出。柱头弧面和雕花清晰可辨,典雅大气。此楼建成后至 1930 年去世前,谭延闿一直在此居住。

（4）白雅雨旧居

图 3-2　白雅雨旧居

白雅雨旧居位于南通市南大街原白陆巷 2 号（现新城桥北三百米处）,清末民初建筑,辛亥革命烈士白雅雨早年曾在此居住。旧居正屋为坐北朝南的二进平房,各 3 间。屋前小院与表门相接,表门系白雅雨后人遵冯玉祥之嘱,以所领抚恤金建造。

白毓崑（1869—1912）,字雅雨,江苏南通人。自幼聪颖过人,18 岁中秀才,即入江阴南菁书院学习,被视为"江南才子",平素精研舆地之学,结业后到上海,任南洋公学及澄衷学校教习,1908 年到天津,任北洋女子师范、法政学堂等校教习。次年与张相文等创设中国地学会,发刊《地学杂志》,自任编辑部长。时在北洋法政学堂读书的李大钊,深受白雅雨的革命思想影响,曾在《旅行日记》和《五峰游记》中表达了对白雅雨的深深怀念。

1899 年,白雅雨结识蔡元培等人,并与章太炎、邹容、章士钊等往来。1904 年随蔡元培加入光复会,后又随蔡一起入同盟会。1911 年武昌起义爆发,白雅雨组织红十字会,宣传革命,并组织"天津共和会",任会长,积极策动滦州新军起义,还派人赴西北与山东联络革命力量,拟共取北京。12 月与胡鄂公代表同盟会与其他革命团体联合组成"北方革命协会",宣布协助革命军北伐,崇奉三民主义。1912 年 1 月滦州宣布独立,成立北方革命军政府,被推为参谋长。旋因兵败被捕牺牲。

（5）熊成基故居

熊成基故居位于扬州东关街南韦家井 6 号,故居建筑面积为 280 多平方米,前后共三进,为"连体"的四合院,青砖小瓦,是扬州传统的"明三暗四"布局,建设采用了扬州传统建筑材料和工艺技术,复建后的建筑为木构架、乱砖墙和小瓦屋面,保留了扬州传统民居风格。故居内设"熊成基生平史料陈列馆",陈列馆展示面积近 170 平方米,展示的图片、文字、实物等,再现了熊成基从军报国、安庆起义、壮烈牺牲、光耀千秋等历史场面,供世人瞻仰。

　　熊成基(1887—1910),一名承基,字味根,江苏扬州人。幼年入私塾。稍长曾学医,以后立志学军事。1904 年夏,熊成基到达安庆,考入安庆武备学堂,很快受共和思想的影响,开始了革命生涯。1906 年,被派任南京新军陆军第九镇炮兵排长,后任安庆炮兵队官。1908 年率部起义,因准备未周而失败,逃亡日本。1909 年初,在日本加入同盟会,旋由日本返东北,只身至长春,和同仁密会,商定革命方略。1910 年初因人告密,被捕就义。

实践地点 3：纪念祠冢

(1) 粤军阵亡将士墓

　　粤军阵亡将士墓位于南京市莫愁湖公园西侧湖畔。墓冢为花岗石砌成,上呈半球形,底边仿须弥座式,直径 4 米,高约 2.6 米。墓后建有长达 30 米的弧形屏墙。墓前有石砌碑塔,平顶,上大下小,雕有图案画,塔身无装饰,须弥底座,宽 2.41 米,厚 2 米,高 1.01 米,通高 4.6 米,塔内嵌碑,碑高 2.82 米,宽 1.05 米,厚 1 米。正面镌刻孙中山手书“建国成仁”,碑阴阴刻黄兴所撰墓志。

　　1911 年 10 月 10 日武昌起义爆发,清廷调动军队进行镇压,黎元洪通电各省支援。广东革命党组织北伐军,由姚雨平率领抵达上海,加入江浙联军,参加光复南京战役。1912 年 1 月 1 日,中华民国临时政府在南京成立,孙中山为临时大总统,张勋率领的辫子军与山东、安徽的清军沿津浦路进攻南京。粤军发表《渡江誓师文》,挥师北上,在蚌埠车站设立司令部,抗击清军。

　　1912 年 3 月,粤军班师回到南京,在莫愁湖南岸,为 61 名阵亡官兵建立墓穴,以示纪念。后因战乱,年久失修,墓地杂草丛生,1948 年 1 月将群墓合为一冢。1979 年 3 月重修。

(2) 雨花台人马合冢

　　雨花台人马合冢位于南京市雨花台烈士陵园雕塑东北梅岗山麓坡道崖壁上。合冢为间隔 5 米的两座大小相同的圆形土冢,一南一北,周围围筑花岗石墓圈,高约 1 米,周长约 12 米,墓顶为高约 50 厘米的封土层。两冢之间立有一块高约 1.5 米的墓碑,上书“辛亥革命雨花台之役人马合冢”。合冢前方与墓碑相对的是墓葬的弧形照壁,用中、英文简要记述了当时战斗的经过。

　　武昌起义爆发后,驻防南京的新军第九镇率先响应,发动秣陵关起义,进攻南京,后因弹药缺乏,进攻失利,退至镇江。此役第九镇起义官兵阵亡甚多,仅经红十字会掩埋的就有 360 余具遗体。后第九镇与江浙各地革命军组成江浙联军,最终光复南京。民国初年,雨花台之役阵亡将士和战马被合葬于雨花台东岗山坡上,以为纪念。

实践地点 4：名人墓葬

(1) 中山陵

　　中山陵是中国民主革命的先行者孙中山的陵寝及其附属纪念建筑群,位于南京紫金山东峰小茅山的南麓,坐北朝南。孙中山生前曾表示,“吾死之后,可葬于南京紫金山麓,因南京为临时政府成立之地,所以不可忘辛亥革命也"。中山陵由吕彦直设计,整个墓地呈"警钟"形,有牌坊、墓道、石门、祭堂、碑亭和墓室等建筑。从牌坊前到平台顶部的墓室,700多米的距离全部由石阶连接,逐级升高,上下落差达70余米,放眼望去,气势宏伟,被誉为"中国近代建筑史上的第一陵"。

孙中山(1866—1925),名文,号逸仙,广东香山(今中山)人,因旅居日本时曾化名中山樵,故常被称为孙中山。1886年至1892年先后在广州、香港学医。毕业后,在澳门、广州行医,并致力于救国的政治活动。1894年上书李鸿章。后回檀香山创立兴中会,提出"驱除鞑虏,恢复中国,创立合众政府"的主张,并组织了广东惠州三洲田起义,失败后继续在国外组织革命活动。1905年,孙中山在东京成立中国同盟会,被推举为总理,确定了"驱除鞑虏,恢复中华,建立民国,平均地权"的资产阶级革命政治纲领,系统地提出了三民主义思想,并与改良派进行了激烈的论战。1895年至1911年,孙中山多次组织反清起义。1911年10月10日,革命党人在武昌发动起义,得到各省响应。十七省代表联合推举孙中山为中华民国临时大总统。

1912年元旦,孙中山在南京宣誓就任中华民国临时大总统,创立了中国历史上第一个共和政体。1912年4月让位于袁世凯。此后,袁世凯帝制自为,孙中山于1913年发动"二次革命"。1914年,在日本组织成立中华革命党。1917年,在广州召开非常国会,组织中华民国军政府,任大元帅,开展护法运动。1919年,将中华革命党改组为中国国民党,担任总理。1921年就任非常大总统,再举护法旗帜。1923年,孙中山第三次在广州建立政权,成立陆海军大元帅大本营,复任大元帅。同年接受苏俄和中国共产党的建议,决定实行国共两党合作,以推进国民革命。1924年1月召开中国国民党第一次全国代表大会,改组了国民党,提出新三民主义。同年秋,冯玉祥发动"北京政变",孙中山应邀北上共商国是,提出"召开国民会议和废除不平等条约"两大号召。1925年3月12日,因肝癌医治无效,于北京逝世。

(2)尤列墓

尤列墓位于南京市麒麟街道小白龙山西麓。1936年,尤列在南京逝世后葬于此。20世纪60年代墓被毁,1985年尤列后裔来宁将墓重修。现墓为圆形,水泥质,直径3.5米,高1.4米,墓前有甬道,四层台阶。白色大理石墓碑,高1米、宽0.5米、厚0.05米,上写"生于一八六五年二月二十二日 终于一九三六年十一月十二日 广东顺德尤列先生之墓 一九八五年重修"。

尤列(1865—1936),字令季,广东顺德人。早年入广州算学馆学习,结识孙中山、郑士良。后任香港华民政务司书记,创设兴利蚕子公司。1895年春,与孙中山在香港创立兴中会总会,10月发动广州起义,失败后逃亡西贡,被诬称为"兴中会四大寇"之一。1900年郑士良在惠州起义时,他在长江流域动员会党响应。后他在日本、南洋各地组织中和堂,创办《图南报》,进行革命活动。同盟会成立后,中和堂与之合并。中华民国成立后,他不务仕途,唯以著书教书为生;曾反对袁世凯专权复辟。日寇侵略中国时,多次通电呼吁抗战御侮。

（3）徐绍桢墓

徐绍桢墓位于南京市麒麟街道小白龙山西麓。墓园现有台阶数级,另有祭台一座和墓碑一通,正面刻文:"故国民政府委员徐固卿先生之墓",系孙科题书,民国三十七年(1948)国民政府所立。水泥墓包高 1.5 米,直径 2.5 米,墓园占地 600 平方米,园内种有松树,围墙高约 2 米。原墓在抗战期间被毁,现墓为 1986 年重修。

徐绍桢(1861—1936),字固卿,广东番禺人,举人出身。曾任福建武备学堂总办、江西常备军统领等职。1905 年任新军第九镇统制,兼江北提督。1911 年武昌起义后,11 月率第九镇官兵起义,攻打雨花台,因缺乏弹药而失败。遂组织江浙联军,被举为总司令,光复南京,任南京卫戍总司令。1917 年后,孙中山先后委以广州卫戍总司令、非常大总统府参军长等职。1927 年后,历任国民政府委员。1936 年 9 月病逝于上海。1937 年春,国民政府公葬于现址。

（4）卢师谛墓

卢师谛墓位于紫金山南麓钟灵街江苏省农业科学院内,原墓面积约 200 平方米。四周用砖块、铁门围成,铁门后为墓穴。园内立有八块碑,分别记载卢师谛事迹、国民政府"褒恤令"、卢师谛家属姓名及抚恤办法等内容。于 1949 年前和 1968 年两次遭到严重破坏,现墓为 1989 年重修。

卢师谛(1886—1930),字锡卿,四川成都人。1907 年加入同盟会。武昌起义时,在宜宾募兵五千人,被推为云阳军政府参谋长。1912 年后任团长,参加讨袁护国军战争,后任川军第四师师长。1917 年孙中山命为四川靖国联军副司令,次年任川滇黔联军援鄂第一路副总司令。1923 年参加平定陈炯明叛乱,三战皆捷,出任第三军军长。1930 年 4 月任军事参议院参议,12 月病逝于上海,次年附葬中山陵园。

（5）韩恢墓

韩恢墓位于南京市中山门外卫桥以东,宁杭公路卫岗段南侧。墓坐南朝北,原由牌坊、墓道、墓冢组成,距中山门约一千米,是南京东郊安葬最早的民国要人之墓。1988 年修复时,已无法恢复原墓道和原墓冢。现墓冢建筑在一块约 4.5 米见方的水泥平台上,呈半球形,底圈周边 7.6 米、高 1.3 米,水泥质。墓冢前树有青石墓碑,高 1.3 米、宽 0.55 米,正面隶书阴刻"烈士韩恢之墓",背面隶书阴刻碑文,简述韩恢生平,及重修该墓经过。墓前有石牌坊、祭台等。牌坊汉白玉质,单门冲天式,高约 3.5 米、宽 3 米,横额书"烈士韩恢墓道",侧联:"杀身以成仁志在党国,荣封建华表永慰英灵。"

韩恢(1887—1922),字复炎,江苏泗阳人。1909 年从军,后参加同盟会,曾参加黄花岗之役。辛亥革命时,率新军第九镇敢死队攻打雨花台,后加入江浙联军,任镇军炸弹队司令,参加光复南京之役。1915 年随孙中山去日本,加入"中华革命党"。历任讨袁军第二军军长、江苏招讨使,讨伐陈炯明时任讨逆军总司令。后被江苏军阀齐燮元逮捕,于 1922 年 11 月被枪杀于南京小营。孙中山追赠他为陆军上将,1928 年国民政府将其遗骸葬于今址。

（6）范鸿仙墓

范鸿仙墓与廖仲恺墓一起,作为中山陵的"附葬"而建造。原有享殿、碑亭和长达数里的墓道。20 世纪 60 年代范墓被毁,1973 年 5 月重修。重修时,其夫人李贞如的遗骸也从汤山迁来合葬。范墓现存墓包、墓碑、墓道等。碑高 1.78 米,宽 0.91 米,厚 0.14 米,上书"陆军上将范鸿仙之墓",系民国二十五年(1936)于右任题。墓高 2.14 米,宽 3.45 米,长 5.18 米。

范鸿仙(1882—1914),名光启,安徽合肥人。早年追随孙中山从事反清讨袁斗争。辛亥革命时,受同盟会委派负责南京光复工作,说服徐绍桢率部起义,组织江浙联军。南京光复后,经孙中山同意,招募江淮健儿五千,组成铁血军,任总司令,准备北伐,南北议和后作罢。1913 年被迫流亡日本,协助孙中山筹建中华革命党,并任上海地区讨袁军事负责人。1914 年,受孙中山派遣,回上海发动讨袁运动,被袁世凯派人暗杀。1936 年国民政府为其举行国葬,陪伴孙中山葬于紫金山东麓。

(7)廖仲恺墓

廖仲恺墓位于南京市紫金山南麓天堡城下,明孝陵西。廖仲恺墓由吕彦直设计。墓地范围约 20 亩,有碑亭、石阙、平台、墓穴等,除墓碑、祭台等少数建筑用花岗石外,大部分建筑用钢筋水泥浇灌而成,且依山就势而筑,气象庄严,设置朴素,布局对称。墓区前方墓道分左右两股盘旋而上,左右墓道入口处各筑两岗亭,东西对称。墓道的顶端是一片开阔的广场。广场东西两侧各矗立一座仿六朝陵墓式样的华表,上有莲花形柱盖,顶置辟邪;广场南侧是半圆形的平台。广场北端,有门壁两堵,门壁两侧高大的冬青屏蔽墓区。穿过门壁,便是宽大笔直的水泥甬道,甬道逐渐向上坡起,两侧遍植雪松、龙柏、紫薇、桂花、黄杨、女贞等观赏树木。甬道尽头,拾级而上,有长方形的平台。平台左右,又各有一个方亭,用水泥仿木结构建成。由平台再上数级台阶是一个 330 平方米的大平台,廖仲恺的墓室就建在平台之上。墓室的上半部呈圆形,直径 9 米,下半部为八角形,四周环绕着 24 根水泥圆柱。墓前方有一方高大的石碑,碑文原是林森题写的"廖仲恺先生之墓"几个大字,何香凝逝世后,合葬于此,碑文改写为"廖仲恺何香凝之墓",由廖承志题写。墓碑前还置有一方大供台,供台两侧各有一只大花垛,亦均用水泥制成。墓后是半月形的石砌护壁。

廖仲恺(1877—1925),原名恩煦,又名夷白,字仲恺,出生于美国旧金山,祖居广东梅县程江镇。早年参加同盟会,协助孙中山制定"联俄、联共、扶助农工"三大政策。此后,全力辅佐孙中山改组国民党,并极力促成第一次国共合作,是孙中山"联俄、联共、扶助农工"三大政策的忠实执行者和捍卫者。廖仲恺与中国共产党人精诚合作,支持工农革命运动,推动了中国国民革命发展。廖仲恺是中国国民党左派领袖、中国近代著名的民主革命活动家、伟大的爱国主义者、中国民主主义革命的先驱。1925 年 8 月在广州被国民党右派暗杀。1935 年自广州迁葬南京。

(8)谭延闿墓

谭延闿墓位于南京市紫金山东峰下,灵谷寺东北侧。占地面积 300 亩,依山就势而建,具有浓郁的江南园林风格。该墓于 1933 年落成,是中山陵园内最早建成的附葬墓。

谭延闿墓由一组建筑物构成,从墓葬入口处开始,依次为龙池、墓碑("灵谷深松"碑)、牌坊、石刻、祭堂、华表、墓室等。谭延闿墓与孙中山陵墓明显不同,中山陵布局严谨对称,极尽人工之美;而谭延闿墓则是借助自然山势之高下,构筑曲折幽深的墓道,具有自然与人文相结合的江南园林景观的特色。在谭延闿墓附近,还建有临瀑阁、千秋坊、水亭、心亭和香竹亭等纪念性建筑,成为谭延闿墓的一个有机组成部分。20 世纪 60 年代,谭延闿墓室遭到破坏,1981 年按历史原貌重新修复。

谭延闿(1880—1930),字组安、组庵,号畏三,湖南茶陵人,生于浙江杭州。光绪进士,授翰林院编修,旋回湘,结交官绅商界,参与办学。1907 年组织“湖南宪政公会”,积极进行立宪活动。宣统元年(1909)任湖南谘议局议长。后赴北京,参加立宪派联合举行的第三次请愿活动,要求速开国会。1911 年参加各省谘议局联合会第二次会议,任主席,并与汤化龙等发起成立“宪友会”。1912 年加入国民党,任湖南支部部长。“二次革命”时,被袁世凯解职。1916 年被北京政府委为湖南省长兼督军。次年 8 月辞职。1918 年利用直皖矛盾,集湖南军政大权于一身。1924 年国民党召开第一次全国代表大会,当选为中央执行委员,旋任中央政治委员会主席。1926 年任国民革命军第二军军长。1927 年后,历任国民政府主席、行政院院长等职。1930 年病逝于南京。

(9)邓演达墓

邓演达墓位于南京市紫金山东峰下,灵谷寺东侧约 200 米处。原为“国民革命军阵亡将士第二公墓”,1957 年冬迁葬邓演达遗骸于此,并建造墓园,何香凝书写碑文。1981 年重新修缮时,中国农工民主党中央委员会撰写简历,刻于墓碑阴面。邓演达墓设在九个弧形组成的半环形罗城中间。墓前有甬通、紫藤覆盖的长廊、一对四出形墓亭。墓以花岗石砌成,呈半球形,周长 29 米,高 4.5 米。墓顶置有水泥花环。墓前立花岗石墓碑,碑高 3 米,宽 1.20 米。碑前为祭坛,上置水泥花环一只。

邓演达(1895—1931),字择生,广东归善(今惠州)人,早年参加同盟会,追随孙中山,曾参加 1911 年光复汕头之役和 1913 年的讨袁斗争,是黄埔军校七名筹委之一,并任教育长。北伐期间任国民革命军总司令部政治部主任。1927 年国民党二届三中全会上,被选为中央执行委员、中央农民部部长。四一二反革命政变之后,邓演达发表《讨蒋通电》。南昌八一起义时,他为革命委员会委员之一。蒋汪合流时,离开武汉去苏联,与宋庆龄一道发表反蒋宣言。1930 年回上海,成立中国国民党临时行动委员会(中国农工民主党前身),并在 14 个省建立了组织,准备倒蒋。1931 年 8 月,由于叛徒告密,邓演达于上海被捕,并于 11 月 29 日夜,在南京麒麟门西村外砂子岗遇害。

实践地点 5:衙署旧址

(1)中华民国临时政府海军部旧址

中华民国临时政府海军部旧址位于今南京市中山北路 346 号,前身是江南水师学堂,始建于 1890 年,是清政府在洋务运动中创办的军事学校,培养了大批海军专门人才。

1912 年南京临时政府成立后,下设海军部,位居临时政府九部(南京临时政府共设陆军、海军、司法、财政、外交、内务、教育、实业、交通九部)之一。孙中山提名黄钟瑛、汤芗铭分任海军部总长、次长。海军部下设军政、教务、船政、经理、司法、舰政六司及军机处、上海要港司令部。临时政府迁往北京后,海军部也从南京迁至北京石驸马大街。

图 3-3 中华民国临时政府海军部旧址

（2）中华民国临时政府参议院旧址

中华民国临时政府参议院旧址位于南京市湖南路 10 号大院内。现大院占地面积 6 300 平方米，主要建筑仍为当年江苏省谘议局之遗存，为前后两进及东西厢房组成的四合院，占地面积 4 600 平方米。前进通面阔 10 间 73.6 米，中间入口有突出的门厅，蒙莎式屋顶，中间耸起钟塔楼。室内进深 10.5 米，前后有廊，廊深均为 2.9 米。后进面阔 10 间 57 米，室内进深 8 米，前后走廊 2.9 米。四合院中间原有大厅，1929 年奉安大典时，孙中山遗体自北京迁来南京，曾停柩厅内举行公祭。

宣统元年（1909）端方奏请建筑谘议局，由孙支厦仿法国文艺复兴建筑式样设计。同年 9 月 1 日，江苏省谘议局成立，张謇为议长。孙中山就任中华民国临时大总统后，原江苏省谘议局院址为中华民国临时政府参议院院址。临时政府在参议院通过了中国第一部体现资产阶级民主的《中华民国临时约法》。此后，该地成为国民党中央党部办公地。1937 年至 1945 年一度为汪伪政府所用。1949 年后由江苏省军区司令部接管。

（3）孙中山临时大总统府（清两江总督署）旧址

孙中山临时大总统府（清两江总督署）旧址位于南京市长江路 292 号，晚清时为两江总督署。辛亥革命光复南京后，曾短暂做过镇军司令林庆述（其时自任"宁军都督"）行辕。1912 年 1 月 1 日，孙中山在原两江总督署大堂西暖阁宣誓就任中华民国临时大总统，以此为临时政府总统府。

孙中山的办公室、起居室都在西花园内。办公室原是清两江总督端方在太平天国天王府西花园西侧建造的花厅，为巴洛克风格平房，内有大总统会议室、会客室、办公室、休息室。起居室在西花园东北，是一幢面阔 3 间的两层木结构小楼。孙中山在此工作、生活了三个月，直至 1912 年 4 月初卸任离开南京。

六、素质训练

（一）单项选择题

1. 1905 年至 1907 年间，资产阶级革命派和改良派进行了一场大论战，双方论战的焦点是（ ）

A. 要不要以革命手段推翻清王朝

B. 要不要推翻帝制实行共和

C. 要不要社会革命

D. 要不要发动广大民众

【答案】A

【要点】B项、C项虽是论战内容，但并非焦点。D项并非双方论战内容。资产阶级革命派和改良派论战的焦点即在于要不要以革命手段推翻清王朝。改良派说，革命会引起下层社会暴乱，招致外国的干涉、瓜分，使中国"血流成河""亡国灭种"，所以要爱国就不能革命，只能改良、立宪。革命派则指出，清政府是帝国主义的"鹰犬"，因此爱国必须革命，只有通过革命，才能"免瓜分之祸"，获得民族独立和社会进步。

2. 毛泽东在谈到辛亥革命时指出，辛亥革命有它胜利的地方，也有它失败的地方，"辛亥革命把皇帝赶跑，这不是胜利了吗？说它失败，是说辛亥革命只把一个皇帝赶跑"。毛泽东这里所说的"只把一个皇帝赶跑"是指（ ）

A. 没有推翻帝制

B. 反帝反封建的革命任务没有完成

C. 孙中山没有继续革命

D. 袁世凯窃取了胜利果实

【答案】B

【要点】A项、C项不符合史实，辛亥革命最重要的意义之一便是推翻了中国延续了两千多年的帝制；而面对北洋军阀的黑暗统治，以孙中山为首的资产阶级革命派仍坚持革命的立场，先后发动了"二次革命""护国运动""护法运动"等。D项与题意无关。毛泽东说辛亥革命"只把一个皇帝赶跑"，意指辛亥革命之后，中国仍在帝国主义和封建主义的压迫之下，反帝反封建的革命任务并没有完成。

（二）多项选择题

1. 孙中山先生是伟大的民族英雄、伟大的爱国主义者、中国民主革命的伟大先驱，一生以革命为己任，立志救国救民，为中华民族作出了彪炳史册的贡献。孙中山先生的伟大表现在（ ）

A. 领导了辛亥革命

B. 重新解释了三民主义并提出了联俄、联共、扶助农工三大政策

C. 发动了以推翻北洋军阀统治为目标的北伐战争

D. 坚定维护民主共和制度和国家完整统一

【答案】ABD

【要点】C项不符合史实。北伐战争发生于 1926 年至 1927 年，孙中山已逝世了。习近平总书记在纪念孙中山诞辰 150 周年的讲话中指出，孙中山先生的伟大，不仅在于他领导了辛亥革命，而且在于他为了实现革命理想，与时俱进完善自己的革命理念和斗争方略，毫不妥协同逆时代潮流而动的各种势力进行斗争。他坚决反对军阀分裂割据，坚定维护民主共和制度和国家完整统一。中国共产党成立后，孙中山先生同中国共产

党人真诚合作,在中国共产党帮助下,把旧三民主义发展为新三民主义,实行联俄、联共、扶助农工三大政策,改组中国国民党,推动后来的北伐战争取得胜利,把反帝反封建的民主革命推向前进。

2. 1912年3月,中华民国临时参议院颁布的《中华民国临时约法》是中国历史上第一部具有资产阶级共和国宪法性质的法典。毛泽东曾称赞它"带有革命性、民主性"。其"革命性、民主性"主要体现在(　　)

A. 它不承认清政府与列强签订的一切不平等条约

B. 它规定中华民国国民一律平等

C. 它规定中华民国之主权属于国民全体

D. 它以根本大法的形式废除了封建君主专制制度

【答案】BCD

【要点】A项与史实不符。南京临时政府在《告友邦书》中,企图以承认清政府与列强所订的一切不平等条约和清政府所欠的一切外债,来换取列强的承认。1912年3月,南京临时参议院颁布《中华民国临时约法》,规定"中华民国之主权属于国民全体",中华民国国民一律平等,同时以根本大法的形式废除了两千年来的封建君主专制制度。

第四章

中国共产党成立和中国革命新局面

一、基本要求

（一）认识中国共产党成立的历史必然性；

（二）了解中国共产党在中国历史前进中的推动作用；

（三）理解党的领导、统一战线和武装斗争的重要性；

（四）增强对党的先进性的认识，坚定跟党走的信念。

二、重点难点

（一）正确认识新文化运动的性质及其影响；

（二）正确认识五四运动的历史意义；

（三）深刻把握中国共产党的创建历程及其历史特点；

（四）深刻理解国共合作的政治基础，国民革命的教训及意义。

三、关联内容

（一）五四运动的意义

1919 年爆发的五四运动，是中国近代史上一个划时代的事件。五四运动的直接导火线，是巴黎和会上中国外交的失败。五四运动开始时，英勇地出现在斗争前面的是学生。学生的爱国行动遭到北洋政府的严厉镇压。在此关口，中国工人阶级开始以独立的姿态登上政治舞台。从 6 月 5 日起，上海六七万工人为声援学生先后举行罢工。工人罢工推动了商人罢市、学生罢课。随后，这场反帝爱国运动扩展到了 20 多个省区、100 多个城市。这时，五四运动突破了知识分子的狭小范围，成为有工人阶级、小资产阶级和民族资产阶级参加的全国规模的革命运动。斗争的主力由学生转向了工人，运动的中心由北京转到了上海。迫于人民群众的压力,北洋政府不得不释放被捕学生,罢免亲日派官僚曹汝霖、章宗祥、陆宗舆。6 月 28 日,中国政府代表没有出席巴黎和约签字仪式。五四运动的直接斗争目标得以实现。

五四运动的意义,主要包括:

第一,五四运动是中国旧民主主义革命走向新民主主义革命的转折点,在近代以来中华民族追求民族独立和发展进步的历史进程中具有里程碑意义。即它以彻底反帝反封建的革命性、追求救国强国真理的进步性、各族各界群众积极参与的广泛性,推动了中国社会进步,促进了马克思主义在中国的传播,促进了马克思主义同中国工人运动的结合,为中国共产党的成立做了思想上干部上的准备,为新的革命力量、革命文化、革命斗争登上历史舞台创造了条件。因此,五四运动成为中国新民主主义革命的开端。

第二,五四运动以全民族的力量高举起爱国主义的伟大旗帜,孕育了以爱国、进步、民主、科学为主要内容的伟大五四精神,其核心是爱国主义。五四运动中,面对国家和民族生死存亡,一批爱国青年挺身而出,全国民众奋起抗争,奏响了浩气长存的爱国主义壮歌。

第三,五四运动以全民族的行动激发了追求真理、追求进步的伟大觉醒。它改变了以往只有觉悟的革命者而缺少觉醒的人民大众的斗争状况,实现了中国人民和中华民族自鸦片战争以来的第一次全面觉醒。经过五四运动的洗礼,越来越多中国先进分子集合在马克思主义旗帜下。

第四,五四运动以全民族的搏击培育了永久奋斗的伟大传统。在五四运动中,中国青年、中国人民、中华民族发现了自己的力量。中国人民和中华民族从斗争实践中懂得,国家发展、民族振兴、人民幸福,必须依靠自己的英勇奋斗来实现。

(二)中国共产党成立的历史意义

随着中国工人阶级开始作为独立的政治力量登上历史舞台和马克思主义在中国的逐步传播,建立一个以马克思主义为指导的工人阶级政党的任务被提上了日程。最早酝酿在中国建立共产党的是陈独秀和李大钊。1920 年 8 月,共产党早期组织在上海《新青年》编辑部成立,陈独秀任书记。11 月,共产党早期组织拟定了《中国共产党宣言》。在上海成立的共产党早期组织,实际上是中国共产党的发起组织,是各地共产主义者进行建党活动的联络中心。同年 10 月,李大钊等在北京成立共产党早期组织;11 月,将其定名为中国共产党北京支部,李大钊任书记。1920 年秋至 1921 年春,董必武、陈潭秋、包惠僧等在武汉,毛泽东、何叔衡等在长沙,王尽美、邓恩铭等在济南,谭平山、谭植棠等在广州,都成立了共产党早期组织。在日本、法国成立了由留学生和华侨中先进分子组成的共产党早期组织。在共产党早期组织领导下,1920 年 8 月,上海社会主义青年团成立。随后,北京、广州、长沙、武昌等地也成立了团组织。各地团组织通过引导青年学习马克思主义,参加实际斗争,为党造就了一批后备力量。共产党早期组织进行的这些活动,促进了马克思列宁主义的传播及其与中国工人运动的结合。在中国创建共产党的条件基本具备了。中国共产党第一次全国代表大会于 1921 年 7 月 23 日在上海法租界望志路 106 号(今兴业路 76 号)开幕。中共一大确定党的名称为"中国共产党",通过了中国共产党第一个纲领,宣告了中国共产党正式成立。

中国共产党的成立,是中华民族发展史上一个开天辟地的大事变,具有伟大而深远的意义。

首先,近代以后中国人民的反帝反封建斗争之所以屡遭挫折和失败,最重要的原因就是没有先进的坚强的政党作为凝聚力量的领导核心。中国共产党的诞生,从根本上改变了这种局面。

其次,中国共产党一经成立,就把实现共产主义作为党的最高理想和最终目标,义无反顾肩负起实现中华民族伟大复兴的历史使命。中国人民由此踏上了争取民族独立、人民解放的光明道路,开启了实现国家富强、人民幸福的历史征程。

再次,中国共产党的先驱们在创建中国共产党的过程中,形成了坚持真理、坚守理想,践行初心、担当使命,不怕牺牲、英勇斗争,对党忠诚、不负人民的伟大建党精神,这是中国共产党的精神之源。正是对这一精神的坚守与践行、光大与发扬,构建起中国共产党人的精神谱系,激励中国共产党和中国人民创造了人间奇迹。

最后,中国共产党的成立,深刻改变了近代以后中华民族发展的方向和进程,深刻改变了中国人民和中华民族的前途和命运,深刻改变了世界发展的趋势和格局。

(三) 大革命失败的原因及教训

1923 年 2 月 7 日,京汉铁路罢工遭到反动军阀血腥镇压,造成二七惨案。此后,中国工人运动暂时转入低潮。中国共产党从中看到,这时的中国革命力量远不如帝国主义和封建势力强大。所以二七惨案后,中国共产党决定采取更为积极的步骤,联合孙中山领导的中国国民党。此时的孙中山因依靠军阀打军阀屡遭挫折,陷于苦闷。他看到中国共产党领导工人运动所产生的影响,认识到中国共产党是一支新兴的、生机勃勃的革命力量,愿意与中国共产党合作。1924 年 1 月,中国国民党第一次全国代表大会由孙中山主持在广州举行。大会审议通过的《中国国民党第一次全国代表大会宣言》,对三民主义作出新的解释,即"新三民主义"。新三民主义的政纲同中国共产党在民主革命阶段的纲领基本一致,因而有了国共合作的政治基础。国民党一大确认了共产党员以个人身份加入国民党的原则,事实上确认了联俄、联共、扶助农工的三大革命政策,标志着第一次国共合作正式形成。国共合作实现后,以广州为中心,汇集全国革命力量,很快开创了反对帝国主义和封建军阀的革命新局面。1926 年 7 月,以推翻北洋军阀统治为目标的北伐战争开始。至同年 11 月,基本摧毁了北洋军阀吴佩孚、孙传芳的主力,革命势力发展到长江流域和黄河流域的大部分地区。1924 年至 1927 年中国反帝反封建的革命,比以往任何一次革命,包括辛亥革命和五四运动,群众的动员程度更为广泛,斗争的规模更加宏伟,革命的社会内涵更为深刻,因此被称作大革命。随着北伐的胜利进军,蒋介石的反共活动日益公开化。1927 年 4 月 12 日,蒋介石在上海发动反共政变,以"清党"为名,在东南各省大规模捕杀共产党员和革命群众。7 月 15 日,时任武汉国民政府主席的汪精卫在武汉召开"分共"会议,并在其辖区内对共产党员和革命群众实行搜捕和屠杀。国共合作全面破裂,大革命最终失败。

1. 原因

大革命的失败,从客观方面讲,是由于反革命力量强大,资产阶级发生严重动摇,蒋介石集团、汪精卫集团先后叛变革命。从主观方面说,是由于这时的中国共产党还处在幼年时期,缺乏应对复杂环境的政治经验,缺乏对中国社会和中国革命基本问题的深刻认识,还不善于将马克思列宁主义基本原理同中国革命的具体实际结合起来;是由于党内以陈独秀为代表的右倾思想发展为右倾机会主义错误并在党的领导机关中占了统治地位,党和人民不能组织有效抵抗,致使大革命在强大的敌人突然袭击下遭到惨重失败。

2. 教训

大革命从兴起到失败的经验教训包括:

第一,中国共产党能否将马克思主义基本原理同中国革命的具体实际紧密结合,对中国革命至关重要。1922 年 7 月,中共二大决定加入共产国际,作为共产国际的一个支部,直接受共产国际的领导。幼年的中国共产党还难以摆脱共产国际那些错误的指导思想,这对大革命后期右倾机会主义错误在中共中央领导机关中占据统治地位有直接影响。

第二,中国共产党不但要建立革命的统一战线,而且要始终保持自身的独立性,实行“又团结又斗争”的方针,争取无产阶级在革命中的领导权。

第三,根据中国当时的国情,要取得革命胜利,必须坚持武装斗争,组建由党直接统率和指挥的军队;必须解决农民的土地问题,以充分发动农民参加革命,扩大革命力量;党必须加强自身建设,加强党的民主集中制,既要发展党的组织和注重党员数量,更要巩固党的组织和注重党员质量。

只有正确认识和解决以上问题,党才能领导中国革命事业走向成功。

四、文献研读

(一)案例

窃以少年老成,中国称人之语也;年长而勿衰(Keep young while growing old),英美人相勖之辞也。此亦东西民族涉想不同现象趋异之一端欤?青年如初春,如朝日,如百卉之萌动,如利刃之新发于硎,人生最可宝贵之时期也。青年之于社会,犹新鲜活泼细胞之在人身。新陈代谢,陈腐朽败者无时不在天然淘汰之途,与新鲜活泼者以空间之位置及时间之生命。人身遵新陈代谢之道则健康,陈腐朽败之细胞充塞人身则人身死;社会遵新陈代谢之道则隆盛,陈腐朽败之分子充塞社会则社会亡。

准斯以谈,吾国之社会,其隆盛耶?抑将亡耶?非予之所忍言者。彼陈腐朽败之分子，一听其天然之淘汰，雅不愿以如流之岁月，与之说短道长，希冀其脱胎换骨也。予所欲涕泣陈词者，惟属望于新鲜活泼之青年，有以自觉而奋斗耳！

自觉者何？自觉其新鲜活泼之价值与责任，而自视不可卑也。奋斗者何？奋其智能，力排陈腐朽败者以去，视之若仇敌、若洪水猛兽，而不可与为邻，而不为其菌毒所传染也。

呜呼！吾国之青年，其果能语于此乎？吾见夫青年其年龄，而老年其身体者十之五焉；青年其年龄或身体，而老年其脑神经者十之九焉。华其发，泽其容，直其腰，广其膈，非不俨然青年也；及叩其头脑中所涉想所怀抱，无一不与彼陈腐朽败者为一丘之貉。其始也未常①不新鲜活泼，浸假而为陈腐朽败分子所同化者有之；浸假而畏陈腐朽败分子势力之庞大，瞻顾依回，不敢明目张胆，作顽狠之抗斗者有之。充塞社会之空气，无往而非陈腐朽败焉，求些少之新鲜活泼者，以慰吾人窒息之绝望，亦杳不可得。

循斯现象，于人身则必死，于社会则必亡。欲救此病，非太息咨嗟之所能济，是在一二敏于自觉勇于奋斗之青年，发挥人间固有之智能，决择②人间种种之思想——孰为新鲜活泼而适于今世之争存，孰为陈腐朽败而不容留置于脑里——利刃断铁，快刀理麻，决不作牵就依违之想，自度度人，社会庶几其有清宁之日也。青年乎！其有以此自任者乎？若夫明其是非，以供决择，谨陈六义，幸平心察之：

（一）自主的而非奴隶的

等一人也，各有自主之权，绝无奴隶他人之权利，亦绝无以奴自处之义务。奴隶云者，古之昏弱对于强暴之横夺，而失其自由权利者之称也。自人权平等之说兴，奴隶之名，非血气所忍受。世称近世欧洲历史为"解放历史"：破坏君权，求政治之解放也；否认教权，求宗教之解放也；均产说兴，求经济之解放也；女子参政运动，求男权之解放也。

解放云者，脱离夫奴隶之羁绊，以完其自主自由之人格之谓也。我有手足，自谋温饱；我有口舌，自陈好恶；我有心思，自崇所信；绝不认他人之越俎，亦不应主我而奴他人；盖自认为独立自主之人格以上，一切操行，一切权利，一切信仰，唯有听命各自固有之智能，断无盲从隶属他人之理。非然者，忠孝节义，奴隶之道德也〔德国大哲尼采（Nietzsche）别道德为二类：有独立心而勇敢者曰贵族道德（Morality of Noble），谦逊而服从者曰奴隶道德（Morality of Slave）〕；轻刑薄赋，奴隶之幸福也；称颂功德，奴隶之文章也；拜爵赐第，奴隶之光荣也；丰碑高墓，奴隶之纪念物也。以其是非荣辱，听命他人，不以自身为本位，则个人独立平等之人格，消灭无存，其一切善恶行为，势不能诉之自身意志而课以功过，谓之奴隶，谁曰不宜？立德立功，首当辨此。

（二）进步的而非保守的

不进则退，中国之恒言也。自宇宙之根本大法言之，森罗万象，无日不在演进之途，

---

① 原文如此。今为"尝"。
② 原文如此。今为"抉择"。

万无保守现状之理；特以俗见拘牵，谓有二境，此法兰西当代大哲柏格森（H.Borgson）之创造进化论（L'Evolution Creatrice）所以风靡一世也。以人事之进化言之：笃古不变之族，日就衰亡；日新求进之民，方兴未已。存亡之数，可以逆睹。矧在吾国，大梦未觉，故步自封，精之政教文章，粗之布帛水火，无一不相形丑拙，而可与当世争衡？

举凡残民害理之妖言，率能征之故训，而不可谓诬，谬种流传，岂自今始！固有之伦理、法律、学术、礼俗，无一非封建制度之遗，持较皙种之所为，以并世之人，而思想差迟，几及千载；尊重廿四朝之历史性，而不作改进之图；则驱吾民于二十世纪之世界以外，纳之奴隶牛马黑暗沟中而已，复何说哉！于此而言保守，诚不知为何项制度文物，可以适用生存于今世。吾宁忍过去国粹之消亡，而不忍现在及将来之民族，不适世界之生存而归削灭①也。

呜呼！巴比伦人往矣，其文明尚有何等之效用耶？"皮之不存，毛将焉傅？"②世界进化，骎骎未有已焉。其不能善变而与之俱进者，将见其不适环境之争存，而退归天然淘汰已耳，保守云乎哉！

（三）进取的而非退隐的

当此恶流奔进之时，得一二自好之士，洁身引退，岂非希世懿德；然欲以化民成俗，请于百尺竿头，再进一步。夫生存竞争，势所不免，一息尚存，即无守退安隐之余地。排万难而前行，乃人生之天职。以善意解之，退隐为高人出世之行；以恶意解之，退隐为弱者不适竞争之现象。欧俗以横厉无前为上德，亚洲以闲逸恬淡为美风；东西民族强弱之原因，斯其一矣。此退隐主义之根本缺点也。

若夫吾国之俗，习为委靡：苟取利禄者，不在论列之数；自好之士，希声隐沦，食粟衣帛，无益于世，世以雅人名士目之，实与游惰无择也。人心秒浊，不以此辈而有所补救，而国民抗往之风、植产③之习，于焉以斩。人之生也，应战胜恶社会，而不可为恶社会所征服；应超出恶社会，进冒险苦斗之兵，而不可逃遁恶社会，作退避安闲之想。呜呼！欧罗巴铁骑，入汝室矣，将高卧白云何处也？吾愿青年之为孔、墨，而不愿其为巢、由；吾愿青年之为托尔斯泰与达噶尔（R.Tagore 印度隐遁诗人），不若其为哥伦布与安重根！

（四）世界的而非锁国的

并吾国而存立于大地者，大小凡四十余国，强半与吾有通商往来之谊。加之海陆交通，朝夕千里。古之所谓绝国，今视之若在户庭。举凡一国之经济政治状态有所变更，其影响率被于世界，不啻牵一发而动全身也。立国于今之世，其兴废存亡，视其国之内政者半，影响于国外者恒亦半焉。以吾国近事证之：日本勃兴，以促吾革命维新之局；欧洲战起，日本乃有对我之要求。此非其彰彰者耶？投一国于世界潮流之中，笃旧者固速其危亡，善变者反因以竞进。

---

① 原文如此。
② 原文如此。
③ 原文如此。同今之"殖产"。

吾国自通海以来,自悲观者言之,失地偿金,国力索矣;自乐观者言之,倘无甲午、庚子两次之福音,至今犹在八股垂发时代。居今日而言锁国闭关之策,匪独力所不能,亦且势所不利。万邦并立,动辄相关,无论其国若何富强,亦不能漠视外情,自为风气。各国之制度文物,形式虽不必尽同,但不思驱其国于危亡者,其遵循共同原则之精神,渐趋一致,潮流所及,莫之能违。于此而执特别历史国情之说,以冀抗此潮流,是犹有锁国之精神,而无世界之智识。国民而无世界智识,其国将何以图存于世界之中?语云:"闭户造车,出门未必合辙。"今之造车者,不但闭户,且欲以《周礼·考工》之制,行之欧美康庄,其患将不止不合辙已也!

(五) 实利的而非虚文的

自约翰·弥尔(J.S.Mill)"实利主义"唱道[①]于英,孔特(Comte)之"实验哲学"唱道于法,欧洲社会之制度,人心之思想,为之一变。最近德意志科学大兴,物质文明造乎其极,制度人心为之再变。举凡政治之所营,教育之所期,文学技术之所风尚,万马奔驰,无不齐集于厚生利用之一途。一切虚文空想之无裨于现实生活者,吐弃殆尽。当代大哲,若德意志之倭根(R.Eucken),若法兰西之柏格森,虽不以现时物质文明为美备,咸揭橥生活(英文曰 Life,德文曰 Leben,法文曰 La vie)问题为立言之的。生活神圣,正以此次战争,血染其鲜明之旗帜。欧人空想虚文之梦,势将觉悟无遗。

夫利用厚生,崇实际而薄虚玄,本吾国初民之俗;而今日之社会制度,人心思想,悉自周、汉两代而来——周礼崇尚虚文,汉则罢黜百家而尊儒重道——名教之所昭垂,人心之所祈向,无一不与社会现实生活背道而驰。倘不改弦而更张之,则国力将莫由昭苏,社会永无宁日。祀天神而拯水旱,诵《孝经》以退黄巾,人非童昏,知其妄也。物之不切于实用者,虽金玉圭璋,不如布粟粪土。若事之无利于个人或社会现实生活者,皆虚文也,诳人之事也。诳人之事,虽祖宗之所遗留,圣贤之所垂教,政府之所提倡,社会之所崇尚,皆一文不值也!

(六) 科学的而非想像的

科学者何?吾人对于事物之概念,综合客观之现象,诉之主观之理性而不矛盾之谓也。想像者何?既超脱客观之现象,复抛弃主观之理性,凭空构造,有假定而无实证,不可以人间已有之智灵明其理由、道其法则者也。在昔蒙昧之世,当今浅化之民,有想像而无科学。宗教美文,皆想像时代之产物。近代欧洲之所以优越他族者,科学之兴,其功不在人权说下,若舟车之有两轮焉。今且日新月异,举凡一事之兴,一物之细,罔不诉之科学法则,以定其得失从违;其效将使人间之思想云为,一遵理性,而迷信斩焉,而无知妄作之风息焉。

国人而欲脱蒙昧时代,羞为浅化之民也,则急起直追,当以科学与人权并重。士不知科学,故袭阴阳家符瑞五行之说,惑世诬民;地气风水之谈,乞灵枯骨。农不知科学,

---

　① 原文如此。今为"倡导"。下同。

故无择种去虫之术。工不知科学,故货弃于地,战斗生事之所需,一一仰给于异国。商不知科学,故惟识罔①取近利,未来之胜算,无容心焉。医不知科学,既不解人身之构造,复不事药性之分析,菌毒传染,更无闻焉,惟知附会五行生克寒热阴阳之说,袭古方以投药饵,其术殆与矢人同科。其想像之最神奇者,莫如"气"之一说。其说且通于力士羽流之术,试遍索宇宙间,诚不知此"气"之果为何物也!

凡此无常识之思,惟无理由之信仰,欲根治之,厥维科学。夫以科学说明真理,事事求诸证实,较之想像武断之所为,其步度诚缓;然其步步皆踏实地,不若幻想突飞者之终无寸进也。宇宙间之事理无穷,科学领土内之膏腴待辟者,正自广阔。青年勉乎哉!

(陈独秀《敬告青年》,选自《独秀文存·论文》)

(二) 研讨

1.《敬告青年》发表的时代背景是什么?

2.《敬告青年》的主要内容是什么?

3.《敬告青年》对当代青年有哪些启示?

五、社会实践

实践活动一:通过实地考察调研,了解五四运动的历史、意义及影响

实践地点:南京高等师范学校旧址　金陵大学旧址

（1）南京高等师范学校

1915 年,在两江师范学堂旧址上,成立了南京高等师范学校,原江苏省教育司司长江谦被任命为校长,招收国文、理化两部预科各一级,国文专修科一级。南高师与北京高师、武昌高师、广州高师一起,成为中国创办最早的四所高等师范学校。1918 年 3 月,江谦因病休养,经教育总长傅增湘批准,由教务主任郭秉文代理校长。翌年 9 月,教育部正式委任郭秉文为校长。郭秉文正式接任校长之后,于 1919 年 10 月聘请陶行知为教务主任,以接替自己原来的工作。1919 年 12 月,陶行知提出《女子旁听办法案》,在校务会议上获得通过。1920 年暑期南高招收了第一届女学生,实行男女同学制。此为南高开放女禁之始,在全国亦属于首开女禁的 2 所国立高校之一。

1919 年的五四运动,对南高产生了深刻的影响。学校采纳师生的意见积极进行改革。于领导体制方面,采用责任制和评议制相结合的原则,重大问题,均交校务会议先行讨论。于学生方面,则积极支持和指导学生自治会的各种活动,各种学术学会、研究会相继成立,报告会、演讲会经常举办,学术性刊物纷纷创刊。1921 年,以南京高等师范学校各专修科组建国立东南大学,1923 年南京高师全部并入国立东南大学。

---

① 原文如此。今为"网"。

1927 年,国立东南大学等江苏省 9 所专科以上学校合并为国立第四中山大学,1928 年更名江苏大学,同年定名国立中央大学。

1949 年中央大学更名为南京大学。1952 年,全国高校院系调整,南京大学保留文、理学院,同时并入金陵大学等校有关院系(迁至原金陵大学汉口路校址)。工学院组成南京工学院,后更名为东南大学(位于原中央大学四牌楼校址),文、理、农等学院迁出。

图 4-1　南京高等师范学校

(2) 金陵大学

金陵大学旧址位于南京市汉口路 22 号,现为南京大学鼓楼校区。金陵大学历史可追溯至清光绪十四年(1888)由美国基督教会创办的汇文书院。20 世纪初为贯彻基督教在中国传教的"本色化",1910 年美国基督教会创办金陵大学。1952 年金陵大学建制撤销,主体并入南京大学。

金陵大学建校时,校长包文(A.J.Bowen)明确要求建筑式样必须以中国传统为主,其因西方式的校园布局以及西式结构加中式大屋顶的独特形态成为中国近代建筑史上"中西合璧"的典型案例,早于后来的燕京大学和金陵女子大学。其校园规划设计由美国芝加哥的帕金斯建筑事务所承担,1910 年开始规划、设计、动工,1925 年陆续建成了东大楼(1912 年,后焚毁,1958 年重建)、礼拜堂(1917 年)、北大楼(1919 年)、西大楼(1925 年)、学生宿舍四栋(1925 年),之后又陆续建起由齐兆昌设计的小礼拜堂(1923 年)以及在北大楼正南由杨廷宝设计的图书馆(1936 年)等建筑。主要建筑沿一条南北向的主轴线布置,北大楼是整组建筑的中轴线,为当时南京最高大雄伟的一幢建筑。建筑物之间安排有形状规则的绿地、广场,与美国大学校园的特点相似。

图 4-2   南京大学北大楼

　　1919 年五四运动爆发后,全国各地纷纷响应。5 月 7 日,南京高等师范学校、金陵大学等 13 所学校的代表,为声援北京学生在鸡鸣寺召开会议。决定以当天全体到会者的名义,致电北京政府。同时,会议决定响应北京学生联合会的号召,开展反帝爱国斗争,组成"国耻"纪念筹备委员会,于 5 月 9 日国耻纪念日(1915 年 5 月 9 日,袁世凯承认"二十一条")举行大规模游行示威。9 日上午 8 时,"五九国耻纪念大会"在南京小营演武厅举行,参加大会的有大中学校师生、人力车夫和商界代表 6 000 余人。会上,公立法政专门学校校长钟叔进、南京高等师范学校教务主任陶知行(行知)等作演讲。会后,学生整队游行。游行队伍高举着各种标语牌和彩色小旗,上面写着"还我青岛""惩办卖国贼""快来救国""勿做亡国奴"等字句。学生们边高呼爱国反帝口号,边散发传单,呼吁各界群众赶快行动起来,反抗外侮,共诛国贼,齐雪国耻。游行队伍先后来到督军公署、省长公署、省议会,向江苏督军李纯、省长齐耀琳请愿。下午 4 时,游行队伍到三牌楼英、美两国驻宁领事馆,派代表入馆,请领事转告两国政府对中日交涉主持公道。

　　5 月 13 日,南京 20 多所中等以上学校推举代表 75 人,在省教育会事务所,组成南京学界联合会筹备会,议定联合会章程 12 条。15 日开评议员会,选举正、副会长及各部职员。月底,因正、副会长辞职,学界联合会名义亦即取消。嗣后,以学生为主,成立了南京学生联合会,南京高等师范学校学生黄曝寰、金陵大学学生吉斌俊为正、副会长。6 月 2 日,三四千名学生在公共体育场举行宣誓典礼。南京学生联合会成立后,迅速成为江苏省内规模最大、组织最严密、开展活动最多的爱国学生组织。

　　实践活动二:通过实地考察调研,了解马克思主义在中国的早期传播

　　实践地点:张闻天陈列馆(张闻天铜像)

　　张闻天陈列馆位于南京市西康路 1 号(河海大学校园内)。1985 年 8 月张闻天生平陈列室在河海大学图书馆 3 楼落成,面积 100 平方米。1990 年 8 月陈列室搬至图书馆 1 楼,并对外开放。此后,张闻天陈列室扩充为生平陈列馆并搬至新图书馆 10 楼。1995 年中共中央决定在张闻天诞辰 95 周年之际,在中国革命博物馆举行张闻天生平图片展。图片展结束后,原件由河海大学张闻天陈列馆保管和展出。张闻天陈列馆的内容包括中央领导同志题词、前言、"寻求真理,探索革命道路"、"主持中央日常工作,执行毛泽东正确路线"、"理论联系实际的光辉典范"、"坚持真理、奋斗终身"等 6 个部分,每个部分有展板和展台。

　　张闻天铜像于 1990 年 9 月完成。塑像全身高度为 2.6 米,铜质,由中国军事博物馆程允贤教授雕塑。铜像坐落于校园中心区十字路口西北山麓,东靠科学馆建筑群,南依工程馆教学楼,西邻图书馆。铜像周围苍松簇拥,红枫映彩。铜像基座周围根据地形设计成 4 个不同标高的布局自由的平台,最下面是用卵石铺砌的扇形纪念台,平台外周正面用左右两个斜面花坛分割出 3 个不同高差的台阶。

图 4-3　张闻天铜像

　　张闻天(1900—1976),化名洛甫,江苏南汇(今属上海市浦东新区)人。早年就读于河海工程专门学校(今河海大学前身)。当时,校园里已经成立了校友会。他来校后不久,被选举为校友会评议部评议员,结识了比他高一级的时任校友会音乐部部长的沈泽民,并成为至交。他们一起成为《新青年》的热心读者,一起讨论"改造中国"的问题,萌发了献身于建设"光明中国"的意愿。五四运动爆发后,河海工程专门学校成为南京地区的中坚力量,校长许肇南被公推为南京学界联合会临时主席(后改任评议长),张闻天、沈泽民、刘英士、丁绳武、董开章等学生成为南京学生联合会的骨干,他们忘我地投身运动,撰文抨击旧制度、旧道德、旧思想、旧习惯,宣传新思想、新文化。张闻天在这场伟大的运动中,撰文 10 余篇,初显了他作为革命家和理论家的才华。他对《共产党宣言》的宣传和介绍,使他成为南京和江苏地区传播马克思主义的第一人。张闻天毕生致力于中国人民的解放事业,对中国新民主主义革命、社会主义革命和建设事业的胜利,对毛泽东思想的形成和发展,作出了重要贡献。

实践活动三:通过实地考察调研,了解中国共产党的早期组织及其活动

实践地点 1:周恩来故居

周恩来故居位于淮安市驸马巷 7 号,是周恩来祖辈从绍兴迁居淮安后买下的一座老式平房。周恩来故居总占地面积 1 987.4 平方米,由东西相连的两个宅院组成,共有大小房屋 32 间,为青砖、灰瓦、木结构,具有明清时期典型的苏北城镇民居建筑风格。东院是周恩来诞生及童年读书和生活的地方。西院现为周恩来家世、童年与故乡纪念展览陈列室。两院之间有主堂屋、乳母住房、厨房、水井、榆树、菜地、嗣父母住房。故居后院有周恩来墨迹碑廊、观音柳、一品梅、日本樱花、八婶母住房、"瞻仰故居缅怀总理"名人题词留影展览等。附属设施有邓颖超纪念园、周恩来书画苑等。1898 年 3 月 5 日周恩来诞生在东院西间,并在这里度过了 12 个童年春秋。1910 年春,周恩来随伯父离家去东北求学,此后便再也没有回过家乡。

图 4-4 周恩来故居

实践地点 2:瞿秋白故居

瞿秋白故居位于常州市延陵西路 188 号,原为瞿氏宗祠,建于 1898 年,由瞿秋白叔祖瞿赓甫出资重建。瞿秋白生于常州青果巷 82 号,1912 年全家迁至此地,至 1916 年一直在此居住。故居坐北朝南,分东西两院,各有四进,共有房屋 19 间。西院为正屋,

东院为厢房。瞿秋白家住在东厢屋,由东侧门出入。第三进屏门前为起居间,后面东首为瞿秋白父母卧室,弟妹住第四进屏门前,瞿秋白住后部翻轩。少年时的瞿秋白常在这里与张太雷等学友温习功课、议论时事。瞿秋白喜欢音乐,尤爱吹箫,屋内常常挂着一支铜箫。连接三、四进的"穿堂"是瞿秋白与父亲的画室。

图 4‑5　瞿秋白故居

瞿秋白(1899—1935),又名霜,江苏常州人。1922 年加入中国共产党。1923 年,在上海负责《新青年》《前锋》等刊物的编辑工作,参与创办上海大学。1927 年主持召开八七会议,任中共中央临时政治局常委、主席。1928 年当选为中共中央政治局委员、中共驻共产国际代表团团长和共产国际执委会委员、主席团委员。1931 年后与鲁迅在上海一起领导左翼文化运动。后任中共苏区中央分局宣传部部长兼中央办事处教育部部长。1935 年 2 月在福建长汀遭国民党军队逮捕,6 月 18 日遇害。遗著编有《瞿秋白文集》等。

实践地点 3:两浦铁路工人"二七"大罢工指挥所旧址("二七"纪念馆)

两浦铁路工人"二七"大罢工指挥所旧址位于南京市浴堂街 34 号,这里也是当年浦镇机车厂工人团体"中华工会"的活动场所以及南京地区第一个中国共产党组织——"浦口党小组"成立的地点。浴堂街 34 号是一座江南民居式青砖小瓦木架梁建筑,建于清末民初,坐东朝西,分正房和厢房,平面为"凹"字形,通面阔 11.5 米,进深 15 米,建筑面积 243.2 平方米,占地面积 278.15 平方米。1965 年,此处作为浦镇车辆厂的厂史陈列室。1989 年得以重修,并补充了有关中华工会、浦口党小组、两浦铁路工人"二七"大罢工卧轨斗争的史料,以及王荷波等烈士的文物、图片资料等。

图 4-6 两浦铁路工人"二七"大罢工指挥所旧址

五四运动后,南京工人阶级中的一批先进分子如饥似渴地寻求革命真理,王荷波由自觉的革命者成为南京地区最早的中共党员之一。1922年夏,他在北京经罗章龙介绍加入了中国共产党。随后,王荷波回到南京,同浦口车务段行车司事、共产党员王国珍及北方劳动组合书记部派来的共产党员王振翼,在今浴堂街34号内成立了南京地区第一个党小组"浦镇党小组",王荷波任小组长。党小组成立后,积极从事工人运动,培养运动骨干。1923年1月,浦镇机车厂和城内大学生有20多人在这里宣誓入党,同时还发展了一批共青团员。

1923年2月1日,京汉铁路总工会在郑州召开成立大会,王荷波作为津浦铁路总工会筹备委员会的代表前去祝贺。大会遭到军阀吴佩孚的武力阻挠和破坏。4日,京汉铁路工人举行总同盟罢工。7日,吴佩孚对罢工工人进行血腥屠杀,造成震惊中外的"二七"惨案。为了声援京汉铁路工人的斗争,王荷波于6日回到南京,当晚便召集两浦党员和中华工会的骨干分子举行紧急会议,决定举行两浦铁路工人罢工。当时的罢工指挥部就设在浴堂街34号中华工会办公处。8日晨,港务处工人首先进行罢工,将"澄平""陵通"过江渡轮等所有交通船只开到江北,切断长江南北交通;中午,机车工人罢工,火车停驶;晚上,浦镇机车厂工人从车库里开出一辆机车,翻倒在车库总道岔上,使机车完全不能进出。此时军阀之间的直奉战争正打得激烈,急于用火车调运兵力和物资,军阀当局收买了一个司炉用货车车头牵引客车北上,并加派士兵护送。王荷波率领几百名两浦铁路工人,冲向浦镇车站南首卧在钢轨上。被收买的司炉被工人们的凛然正气所震慑,不敢再往前开。军阀急于恢复津浦铁路交通,不得已答应工人提出的部分复工条件。此时,王荷波获悉京汉铁路工人大罢工已被血腥镇压,为了保存两浦工人的革命实力,罢工指挥部果断作出了复工决定。

实践地点 4:王荷波纪念馆

王荷波纪念馆位于南京市行知路 5 号行知教育基地内,建于 2012 年。王荷波纪念馆展示内容分"王荷波——首任中共中央监察委员会主席""中国共产党反腐倡廉建设历程""浦口廉政文化实践"三部分,其中"王荷波——首任中共中央监察委员会主席"是该馆的核心板块。该板块由"在艰难岁月中铸造品质""在工运怒潮中担当重任""在大革命洪流中英勇献身"三个单元组成,以王荷波革命斗争伟业为主线,通过大量珍贵的史料、图片和文物,采用场景复原、雕塑绘画、情景剧等手段,展示王荷波在南京地区工会组织建设、南京第一个党小组建设过程中发挥的重要作用,缅怀以王荷波为代表的中央历任纪检监察负责人的丰功伟绩。全馆采用多媒体现代科技手段,共展出 200 幅照片、20 则故事、40 件实物,集中展示了王荷波为共产主义事业奋斗的革命生涯和清正廉洁的优秀品质。

图 4-7　王荷波纪念馆

王荷波(1882—1927),福建闽侯(今福州市)人。1916 年夏,他来到南京,考入津浦铁路浦镇机厂任钳工,很快成为工人群众的主心骨,在他 40 岁生日的时候,工友们特地制作了一块书有"品重柱石"的油漆木匾赠送给他。十月革命胜利后,王荷波接受了马克思主义和社会主义思想,积极在工人中传播革命道理,组织工人与资本家、封建把头进行斗争。1922 年 6 月加入中国共产党。10 月,在浦镇浴堂街 34 号,王荷波等人成立了南京地区第一个共产党组织——浦口党小组,并任组长。1923 年 2 月 9 日,王荷波组织两浦铁路工人举行卧轨斗争,有力地支援了京汉铁路工人大罢工。两浦铁路工人"二七"大罢工之后,江苏军阀、督军齐燮元下令逮捕王荷波等人,王荷波被迫离开南京,前往上海参加劳动组合书记部的工作,继续领导工人运动。王荷波曾任中共中央执行委员会委员、全国铁路总工会执委会委员长、中共中央监察委员、中共中央临时政治局委员、中共中央北方局委员。1927年10月因叛徒出卖,王荷波在北京被捕,虽受尽酷刑,但坚贞不屈,11月被奉系军阀张作霖杀害。

实践地点 5:中共南京地方执行委员会机关驻地旧址

中共南京地方执行委员会机关驻地旧址位于南京市居安里 20 号。居安里 20 号当时是中共党员陈君起租住的一所独门独院的民宅,党组织出于对陈君起的信任,又综合考虑地理位置和周围环境等各项客观因素,将陈君起家作为中共南京地委机关驻地之一。由于城市改造,居安里 20 号中共南京地委机关驻地被拆除,原址处已建成民居。

1923 年 11 月 8 日,中共上海区执行委员会批准建立中共南京地方执行委员会。12 月,南京地方委员会成立,负责人谢远定,属中共上海区委领导。1924 年 4 月,中共中央取消了上海区的建制,中共南京地委改属中共中央领导。

中共南京地委建立后,一方面努力巩固、发展党和团的组织,另一方面积极开展革命宣传活动。党组织通过多种渠道,组织了几十个社会团体。党组织通过这些团体,组织群众学习马克思主义和反帝反封建的革命道理。南京市社会科学研究会经常采用读书报告、轮流演讲、互相辩论、公开演讲等办法学习和宣传马克思主义,研究改造中国的问题。同时,党组织还发动党、团员撰写文章,宣传党的纲领。

1924 年 5 月 1 日,南京举行大规模纪念活动,宣传劳工神圣。青年会学生部在下关怡和码头组织七八千工人集会,纪念国际劳动节,中共党员宛希俨带领一批团员和进步青年,在下关及城南等地散发传单,举行演讲。河海工程学校团员学生石愈白在南京造币厂门前演讲时被警察逮捕。事后,2 000 多名学生到警察厅请愿,官方迫于群众压力,终将石愈白无罪开释。

中共南京地委成立之日,正是第一次国共合作刚刚形成之时。南京党组织刚登上江苏的政治舞台,就表现出很强的战斗力,使南京地区很快出现了国共合作的新局面。

实践地点 6:中共南京地方执行委员会联络点遗址

中共南京地方执行委员会联络点遗址位于大纱帽巷 10 号。这里也是中共南京党组织第一次遭到大破坏的地方。

1911 年北伐军光复南京后,3 月 25 日成立市总工会和工人纠察队。在建立政府前,有共产党员参加的国民党市党部起到了临时政权的作用。4 月初,蒋介石将江右军第二、第六军调离南京,其嫡系的第一军进驻。9 日上午,蒋介石由上海来南京。下午,反动组织劳工总会的百余名流氓打手持凶器捣毁了国民党左派的省、市党部和市总工会。正在公园路体育场集会的 20 万各界群众闻讯,立即到蒋介石的总司令部请愿,蒋被迫出见。次日上午,25 万群众在公园路体育场召开市民肃清反革命派大会,会后举行游行示威,再次至总司令部请愿,蒋拒不出见。下午 5 时,从总司令部内冲出几百名流氓打手和武装军警,向群众乱打并开枪,当场打死数十人,伤数百人。当晚,中共南京地委召开紧急扩大会议,商量对策。凌晨 2 时,大纱帽巷 10 号会场被侦缉队包围,除地委委员、国民党市党部负责人刘少猷一人逃脱外，地委书记谢文锦，国民党省党部负责人、共产党员侯绍裘等 10 人均被捕，后被秘密杀害。这就是发生在南京的"四一〇"反革命事件，也是中共南京党组织遭到的第一次大的破坏。随着城市的改造，原大纱帽巷 10 号在 20 世纪 90 年代被拆除，旧址已建成民居。

实践活动四：通过实地考察调研，了解第一次国共合作与北伐战争

实践地点 1：南京市第一个总工会旧址

南京市第一个总工会旧址——明远楼，位于南京市金陵路 1 号江南贡院内。江南贡院东接桃叶渡、南抵秦淮河、西临状元境、北对建康路，为古之"风水宝地"。明远楼位于江南贡院建筑群的中轴线上，共三层，作四方形，四面皆窗。据《贡院碑刻》所载：明远楼修建于嘉靖十三年(1534)，虽距今已有近 500 年历史，但仍保存完好。

图 4-8　南京第一个总工会旧址

1927 年国民革命军北伐期间，以李富春、林伯渠为党代表的第二、第六军光复南京后，积极组织人民群众，组建各行各业工会。3 月 25 日，在江右军和中共南京地委书记谢文锦的领导下，200 多名基层工会代表参加南京工人代表大会，宣布南京市总工会成立。大会选举出执行委员会，由中共南京地委委员、共青团南京地委书记、国民党（左派）南京市党部工人部部长文化震担任秘书主任兼总务主任，同时成立工人纠察队，由共产党员程铺之任总指挥。总工会和工人纠察队办公机关设在明远楼，成为北伐时期南京工人运动的中心。

实践地点 2：国民革命军阵亡将士公墓

国民革命军阵亡将士公墓位于南京灵谷寺旧址上。与明孝陵东西对峙，与中山陵、明孝陵鼎立，共同构成中山陵园的主要景观。

公墓建于 1929 年，主要安葬北伐及淞沪抗战中阵亡的将士。公墓建筑群沿南北向

的中轴线布置,由南至北依次是正门、牌坊、祭堂、公墓、纪念馆和纪念塔。

祭堂是利用原有的无梁殿改建而成。无梁殿又名无量殿,因殿中供奉无量寿佛而得名。该殿建于明朝,重檐歇山顶,小瓦屋面,整个建筑全部用砖砌成,结构独特。5檐3进,东西长50米,南北宽34米,殿内顶部呈穹隆状,高达22米。前后各辟有3个拱门,四面辟有窗户。无梁殿虽历时久远,但结构坚固,气势宏伟。20世纪30年代建造国民革命军阵亡将士公墓时,按照原来式样修葺,殿内改为祭堂。

祭堂以北为第一公墓,建在灵谷寺五方殿遗址上,内辟蜘蛛网式的小路,分列大、中、小各式墓穴1 642座,每一座墓穴下用砖砌,上面用水泥盖板,设有小石碑一块。墓地北侧墓墙东西两端,各立有一个纪念碑,分别是国民革命军第十九路军和第五军淞沪抗战阵亡将士纪念碑。第二公墓、第三公墓分别在无梁殿东、西各约1 000米的山坳中,它们与第一公墓共同构成一个钝角三角形,但这两座墓区均未启用。1949年以后,第一墓区改为花圃、草坪;第二墓区改为邓演达墓;第三墓区荒废。

图 4-9 国民革命军阵亡将士纪念塔

纪念馆在第一公墓正北面。东西长41.7米,南北宽19.7米,歇山顶,屋面覆绿色琉璃瓦,钢筋混凝土仿木结构,上下两层,造价21.5万元。纪念馆9楹,走马楼式,楼上下均有走廊。楼下中间为穿堂,楼上下均不用墙壁分隔,遍设架柜,用以陈列阵亡将士遗物或举办展览。1933年完工后,定名为"革命纪念馆"。

国民革命军阵亡将士纪念塔(又称灵谷塔),在纪念馆之后约100米处,造型属于楼阁式塔。始建于1931年,1933年竣工。塔基为八角形的大平台,直径30.4米,平台周围围以雕花栏杆,平台四面设有石阶。纪念塔每层都设有8个壶门,四隐四显,相间开辟。塔高约60米,平面为八角形,分为9层,钢筋混凝土结构,底层直径14米,向上逐层缩小,顶层直径9米,是南京地区最高的传统式样的塔。

六、素质训练

(一) 单项选择题

1. 中国共产党一经成立,中国革命就展现了新的面貌。不久中国共产党就开始采取民族资产阶级、小资产阶级的政党和政治派别没有采取过也不可能采取的路线,即
(   )

A. 土地革命的方法

B. 群众路线的方法

C. 统一战线的方法

D. 武装斗争的方法

【答案】B

【要点】A 项是农村包围城市、武装夺取政权的道路。C 项是新民主主义革命时期的三大法宝之一。D 项资产阶级革命派采用过。中共二大指出："我们既然是为无产群众奋斗的政党,我们便要'到群众中去',要组成一个大的'群众党'。"这是民族资产阶级、小资产阶级的政党和政治派别没有采取过,也不可能采取的革命方法,即群众路线的方法。

2. 中国共产党成立后,积极发动工农群众开展革命斗争,中国共产党第一次独立领导并取得完全胜利的工人斗争是(　　　)

A. 京汉铁路工人罢工

B. 香港海员罢工

C. 安源路矿工人罢工

D. 开滦五矿工人罢工

【答案】C

【要点】A 项、B 项、D 项皆不符合题意。京汉铁路工人罢工以失败结束,香港海员罢工是中共领导的第一次工人运动高潮的起点,开滦五矿工人罢工不是中共领导的第一次工人罢工。中共第一次独立领导并取得完全胜利的工人罢工是安源路矿工人罢工。

3. 第一次世界大战,德国战败。1918 年 12 月,陈独秀在《每周评论》发刊词中说大战结果是"公理战胜强权",并把美国总统威尔逊称作"现在世界第一好人"。然而陈独秀在 1919 年 5 月 4 日出版的《每周评论》上的一篇文章中又写道:"什么公理,什么永久和平,什么威尔逊总统十四条宣言,都成了一文不值的空话。"导致陈独秀认识发生变化的直接原因是(　　　)

A. 美国不愿放弃在华种种特权

B. 日本对德宣战,出兵山东

C. 苏俄宣布废除以前同中国签订的一切不平等条约

D. 中国在巴黎和会上的外交失败

【答案】D

【要点】题干中先是提到"公理战胜强权",后提到公理、永久和平、十四条宣言是空话,皆意指巴黎和会上中国外交的失败。1919 年召开的巴黎和会上,中国政府代表提出的一系列正义要求被列强拒绝,不仅如此,会议还规定将德国在中国山东的一切特权转交给日本。巴黎和会的外交失败激起了中国社会各阶层的强烈愤怒,也是导致陈独秀认识发生变化的直接原因。

4. 1914 年至 1918 年的第一次世界大战,是一场空前残酷的大屠杀,它改变了世界

政治的格局,也改变了各帝国主义国家在中国的利益格局,对中国产生了巨大的影响。第一次世界大战使中国的先进分子(　　)

　　A. 对中国传统文化产生怀疑

　　B. 对西方资产阶级民主主义产生怀疑

　　C. 认识到工人阶级的重要作用

　　D. 认识到必须优先改造国民性

【答案】B

【要点】A项不符合史实,C项是五四运动的影响,D项是五四运动之前的新文化运动的影响。一战爆发,北洋政府寄希望于参战以提升中国的世界地位,但战后巴黎和会的失败,既使中国蒙受了巨大的民族屈辱,也使中国知识分子对列强失去了信任。正如李大钊所说:"此次战争,使欧洲文明之权威大生疑念。欧人自己亦对于其文明之真价不得不加以反省。"

5. 1915年9月,陈独秀在上海创办《青年杂志》。他在该刊发刊词中宣称:"盖改造青年之思想,辅导青年之修养,为本志之天职。批评时政,非其旨也。"此时陈独秀把主要注意力倾注于思想变革的原因是(　　)

　　A. 他认为批评时政不利于改造青年思想

　　B. 他对资产阶级民主主义产生了怀疑

　　C. 他对政治问题不感兴趣

　　D. 他认定改造国民性是政治变革的前提

【答案】D

【要点】A项非题干之意,陈独秀教育青年要改造思想、迅速觉醒,积极改造旧社会。B项不符合史实,新文化运动的基本口号是民主和科学,其中的民主即指资产阶级民主主义。C项也不符合史实,陈独秀虽表示办刊的宗旨不在批评时政,但并不表明他不关心政治。陈独秀曾明确指出,国民性不改造,"不但共和政治不能进行,就是这块共和招牌,也是挂不住的"。

6. 1924年1月,中国国民党第一次全国代表大会在广州召开,大会通过的宣言对三民主义做出了新的解释。新三民主义成为第一次国共合作的政治基础,是因为新三民主义的纲领(　　)

　　A. 同中国共产党在民主革命阶段的纲领基本一致

　　B. 把斗争的矛头直接指向北洋军阀

　　C. 体现了联俄、联共、扶助农工三大革命政策

　　D. 把民主主义概括为"平均地权"

【答案】A

【要点】B项不完整,新三民主义的民族主义中突出了反帝的内容,强调对外实行中华民族的独立。C项不符合题意,联俄、联共、扶助农工是第一次国共合作的政策基础。D项也不完整,新三民主义中的民生主义包括"平均地权"和"节制资本"两大原则。新三民主义包含了反帝反封建的内容,这同中国共产党在民主革命阶段的纲领是基本

一致的,因而成为国共合作的共同纲领和政治基础。

(二) 多项选择题

1. 五四运动以后,社会主义思潮在中国蓬勃兴起,马克思主义开始在知识界得到传播,中国早期信仰马克思主义的人物,就类型而言,主要包括(　　)

A. 五四以前的新文化运动的精神领袖

B. 五四运动的左翼骨干

C. 原中国同盟会会员、辛亥革命时期的活动家

D. 工人群众中的活跃分子

【答案】ABC

【要点】D项不符合史实,马克思主义最初在知识界传播时尚未与工人运动结合。中国早期信仰马克思主义的人物,主要包括三类:一是五四以前的新文化运动的精神领袖,如陈独秀、李大钊;二是五四爱国运动的左翼骨干,如毛泽东等;三是一部分原中国同盟会会员、辛亥革命时期的活动家,如董必武等。

2. 在北洋军阀反动统治和艰难环境中,以李大钊为代表的早期马克思主义者掀起了一场研究传播马克思主义的运动。这场运动从一开始(　　)

A. 注意从中国实际出发学习运用马克思主义理论

B. 重视对马克思主义基本理论的学习

C. 提出知识分子同劳动群众相结合的思想

D. 明确提出马克思主义与中国实际相结合的命题

【答案】ABC

【要点】D项不符合史实,是毛泽东在中共六届六中全会上提出来的。早期马克思主义者在中国掀起的研究、传播马克思主义的思想运动具有以下特点:一是重视对马克思主义基本理论的学习,从一开始就坚持了马克思主义的革命原则和正确方向,明确地同第二国际的社会民主主义划清界限;二是注意从中国的实际出发,学习、运用马克思主义的理论去研究和解决中国面临的实际问题;三是开始提出知识分子应当同劳动群众相结合的思想。

3. 1915 年 9 月,陈独秀在上海创办《青年杂志》(后改名《新青年》),吹响了新文化运动的号角。新文化运动高举民主和科学两面大旗,向封建主义思想文化发起了前所未有的猛烈冲击。新文化运动的历史意义表现在它(　　)

A. 是中国历史上一次前所未有的启蒙运动

B. 在社会上掀起了一股思想解放的潮流

C. 为马克思主义在中国的传播创造了有利条件

D. 彻底否定了孔学的历史作用

【答案】ABC

【要点】D项不符合史实,新文化运动虽提出了"打倒孔家店"的口号,但对孔学的批判并不意味着全盘否定。新文化运动是中国历史上一次前所未有的启蒙运动和空前

深刻的思想解放运动,在新文化运动的推动和影响下,一批先进的知识分子接受俄国十月革命的影响,为马克思主义在中国的广泛传播准备了思想的和文化的条件。

4. 1924 年至 1927 年的大革命规模宏伟,内涵丰富,与辛亥革命相比较,其不同点在于(　　)

A. 它的主要斗争形式是武装斗争

B. 它广泛而深刻地发动了工农群众

C. 它的革命对象是帝国主义和封建军阀

D. 它是在以国共合作为基础的统一战线的组织下进行的

【答案】BCD

【要点】A 项与题意不符,辛亥革命、国民大革命都发动了武装斗争。辛亥革命没有提出彻底的反帝反封建的革命纲领,未能充分发动和依靠人民群众;国民大革命通过国共合作广泛地发动了工农群众,沉重打击了帝国主义在华势力,基本推翻了北洋军阀的封建统治。

(三) 分析题

1. 结合材料回答问题

材料 1

马克思主义不仅深刻改变了世界,也深刻改变了中国。中华民族在几千年的历史进程中创造了灿烂的中华文明,为人类文明进步作出了重大贡献。1840 年鸦片战争以后,西方列强凭着坚船利炮野蛮轰开了中国的大门,中华民族陷入内忧外患的悲惨境地。

近代以后,争取民族独立、人民解放和实现国家富强、人民幸福就成为中国人民的历史任务。在旧式的农民战争走到尽头,不触动封建根基的自强运动和改良主义屡屡碰壁,资产阶级革命派领导的革命和西方资本主义的其他种种方案纷纷破产的情况下,十月革命一声炮响,为中国送来了马克思列宁主义,给苦苦探寻救亡图存出路的中国人民指明了前进方向,提供了全新选择。

中国共产党诞生后,中国共产党人把马克思主义基本原理同中国革命和建设具体实际结合起来,团结带领人民经过长期奋斗,完成新民主主义革命和社会主义革命,建立起中华人民共和国和社会主义基本制度,进行了社会主义建设的艰辛探索,实现了中华民族从东亚病夫到站起来的伟大飞跃。

改革开放以来,中国共产党人把马克思主义基本原理同中国改革开放的具体实际结合起来,团结带领人民进行建设中国特色社会主义新的伟大实践,使中国大踏步赶上了时代,实现了中华民族从站起来到富起来的伟大飞跃。

——摘自习近平《在纪念马克思诞辰 200 周年大会上的讲话》

材料 2

经过长期努力,中国特色社会主义进入了新时代,这是我国发展新的历史方位。

中国特色社会主义进入新时代,意味着近代以来久经磨难的中华民族迎来了从站起来、富起来到强起来的伟大飞跃,迎来了实现中华民族伟大复兴的光明前景;意味着科学社会主义在二十一世纪的中国焕发出强大生机活力,在世界上高高举起了中国特色社会主义伟大旗帜;意味着中国特色社会主义道路、理论、制度、文化不断发展,拓展了发展中国家走向现代化的途径,给世界上那些既希望加快发展又希望保持自身独立性的国家和民族提供了全新选择,为解决人类问题贡献了中国智慧和中国方案。

——摘自习近平《决胜全面建成小康社会 夺取新时代中国特色社会主义伟大胜利——在中国共产党第十九次全国代表大会上的报告》

(1) 如何理解马克思列宁主义给中国人民"指明了前进方向,提供了全新选择"?

(2) 中华民族实现了从东亚病夫到站起来,从站起来到富起来,并迎来了从富起来到强起来的伟大飞跃说明了什么?

【要点】(1) 进入近代,争取民族独立、人民解放和实现国家富强、人民幸福成为摆在中国人民面前的两大历史任务。旧式的农民战争、洋务运动、戊戌维新、资产阶级革命派领导的革命及西方资本主义的其他种种方案皆无法完成这两大历史任务。俄国十月革命的胜利,给予中国的先进分子新的革命方法的启示,表明在经济文化落后的国家也可以用社会主义思想指引自己走向解放之路。十月革命以后,中国的先进分子经过反复比较,在各种社会主义的思想中,选择了马克思主义的科学社会主义,由此产生了一批赞成俄国十月社会主义革命、具有初步共产主义思想的知识分子。

(2) 中国共产党诞生后,中华民族实现了从东亚病夫到站起来的伟大飞跃,证明只有社会主义才能救中国;改革开放以来,中华民族实现了从站起来到富起来的伟大飞跃,证明只有中国特色社会主义才能发展中国;在新时代,中国共产党人团结带领人民进行伟大斗争、建设伟大工程、推进伟大事业、实现伟大梦想,推动党和国家事业取得全方位、开创性历史成就,发生深层次、根本性历史变革,中华民族迎来了从富起来到强起来的伟大飞跃,证明只有坚持和发展中国特色社会主义才能实现中华民族伟大复兴。

实践证明,马克思主义的命运早已同中国共产党的命运、中国人民的命运、中华民族的命运紧紧连在一起,它的科学性和真理性在中国得到了充分检验,它的人民性和实践性在中国得到了充分贯彻,它的开放性和时代性在中国得到了充分彰显。

马克思主义为中国革命、建设、改革提供了强大思想武器,使中国这个古老的东方大国创造了人类历史上前所未有的发展奇迹。实践证明,历史和人民选择马克思主义是完全正确的,中国共产党把马克思主义写在自己的旗帜上是完全正确的,坚持马克思主义基本原理同中国具体实际相结合、不断推进马克思主义中国化时代化是完全正确的。

2. 结合材料回答问题

材料1

从一八四〇年的鸦片战争到一九一九年的五四运动的前夜,共计七十多年中,中国人没有什么思想武器可以抗御帝国主义。旧的顽固的封建主义的思想武器打败仗了,抵不住,宣告破产了,不得已,中国人被迫从帝国主义的老家即西方资产阶级革命时代的武器库中学来了进化论、天赋人权论和资产阶级共和国等项思想武器和政治方案,组织过政党,举行过革命,以为可以外御列强,内建民国。但是这些东西也和封建主义的思想武器一样,软弱得很,又是抵不住,败下阵来,宣告破产了。

——摘自《毛泽东选集》第四卷

十月革命一声炮响,给中国送来了马克思列宁主义。中国先进分子从马克思列宁主义的科学真理中看到了解决中国问题的出路。在近代以后中国社会的剧烈运动中,在中国人民反抗封建统治和外来侵略的激烈斗争中,在马克思列宁主义同中国工人运动的结合过程中,一九二一年中国共产党应运而生。从此,中国人民谋求民族独立、人民解放和国家富强、人民幸福的斗争就有了主心骨,中国人民就从精神上由被动转为主动。

——习近平《决胜全面建成小康社会　夺取新时代中国特色社会主义伟大胜利——在中国共产党第十九次全国代表大会上的报告》

材料 2

2017 年 10 月 18 日,中国共产党第十九次全国代表大会在北京隆重举行。大会的主题是:不忘初心、牢记使命,高举中国特色社会主义伟大旗帜,决胜全面建成小康社会,夺取新时代中国特色社会主义伟大胜利,为实现中华民族伟大复兴的中国梦不懈奋斗,习近平总书记代表十八届中央委员会向大会做报告,指出"不忘初心,方得始终"。中国共产党的初心和使命,就是为中国人民谋幸福,为中华民族谋复兴,这个初心和使命就是共产党人不断前进的根本动力。

10 月 31 日,党的十九大闭幕仅一周,习近平总书记带领中共中央政治局常委专程从北京前往上海和浙江嘉兴,瞻仰上海中共一大会址和浙江嘉兴南湖红船。在瞻仰中共一大会议室原址时,习近平总书记动情地说,毛泽东同志称这里是中国共产党的"产床",这个比喻很形象,我看这里也是我们中国共产党人的精神家园。在参观南湖革命纪念馆时,习近平总书记说,在浙江工作期间,我曾经把"红船精神"概括为开天辟地、敢为人先的首创精神,坚定理想、百折不挠的奋斗精神,立党为公、忠诚为民的奉献精神。我们要结合时代特点大力弘扬"红船精神"。参观结束时,习近平总书记发表了重要讲话,指出,上海党的一大会址、嘉兴南湖红船是我们党梦想起航的地方,我们党从这里诞生,从这里出征,从这里走向全国执政,这里是我们党的根脉。习近平总书记强调:"其作始也简,其将毕也必巨。"96 年来,我们党团结带领人民取得了举世瞩目的伟大成就,这值得我们骄傲和自豪。同时,事业发展永无止境,共产党人的初心永远不能改变。唯有不忘初心,方可告慰历史、告慰先辈,方可赢得民心、赢得时代,方可善作善成、一往无前。

——摘编自《人民日报》(2017 年 11 月 1 日)

(1) 为什么说中国共产党是"应运而生"?

(2) 中国共产党为什么能由"简"而"巨"团结带领人民取得举世瞩目的伟大成就?

【要点】(1) 进入近代,争取民族独立、人民解放和实现国家富强、人民幸福成为摆在中国人民面前的两大历史任务。旧式的农民战争、洋务运动、戊戌维新、资产阶级革命派领导的革命及西方资本主义的其他种种方案皆无法完成这两大历史任务。完成这两个任务,客观上要求有能够指导中国人民进行反帝反封建革命的先进理论,有能够领导中国社会变革的先进社会力量,中国共产党的诞生成为历史发展的必然。100多年前,十月革命一声炮响,给中国送来了马克思列宁主义。中国先进分子从马克思列宁主义的科学真理中看到了解决中国问题的出路。在近代以后中国社会的剧烈运动中,在中国人民反抗封建统治和外来侵略的激烈斗争中,在马克思列宁主义同中国工人运动的结合过程中,1921年中国共产党应运而生。

(2)中国共产党之所以能由"简"而"巨",团结带领人民取得举世瞩目的伟大成就,就是因为中国共产党自建党伊始,就不忘初心、牢记使命。中国共产党人的初心和使命,就是为中国人民谋幸福,为中华民族谋复兴。这个初心和使命是激励中国共产党人不断前进的根本动力。

百年来,为了实现中华民族伟大复兴的历史使命,无论是弱小还是强大,无论是顺境还是逆境,中国共产党都初心不改、矢志不渝,团结带领人民历经千难万险,付出巨大牺牲,敢于面对曲折,勇于修正错误,攻克了一个又一个看似不可攻克的难关,创造了一个又一个彪炳史册的人间奇迹,团结带领人民取得了举世瞩目的伟大成就。这包括建立了中华人民共和国,实现了中国从几千年封建专制政治向人民民主的伟大飞跃;完成社会主义革命,确立社会主义基本制度,推进社会主义建设,完成了中华民族有史以来最为广泛而深刻的社会变革,为当代中国一切发展进步奠定了根本政治前提和制度基础;带领人民进行改革开放新的伟大革命,破除阻碍国家和民族发展的一切思想和体制障碍,开辟了中国特色社会主义道路,使中国大踏步赶上时代。

第五章
中国革命的新道路

一、基本要求

（一）了解中国共产党探索中国革命新道路的历史背景；

（二）懂得农村包围城市、武装夺取政权这一革命新道路对中国革命最终取得胜利的伟大意义。

二、重点难点

（一）准确把握中国革命新道路——农村包围城市、武装夺取政权道路的探索历程；

（二）客观分析与评价第五次反"围剿"的失败与红军长征的胜利；

（三）准确评价八七会议；

（四）深刻认识党内"左"倾错误反复出现的原因。

三、关联内容

（一）土地革命战争时期中国红色政权存在和发展的原因及条件

大革命失败后，集中体现中国革命正确方向的是毛泽东、朱德领导的井冈山革命根据地的斗争。井冈山根据地的建立，点燃了工农武装割据的星星之火，为中国革命开辟出了农村包围城市、武装夺取政权这样一条前人没有走过的正确道路。大革命失败后，中国共产党人正是沿着这条独特的道路，引导中国革命走向复兴并逐步赢得胜利的。到 1930 年夏，共产党领导人民群众建立了大小十几块农村根据地，红军发展到约 7 万人，连同地方武装共约 10 万人。红军游击战争实际上已经成为中国革命的主要形式，农村根据地成为积蓄和锻炼革命力量的主要战略阵地。

在白色恐怖之下，中国红色政权存在和发展的原因及条件包括：

第一，中国是一个由几个帝国主义国家间接统治的政治经济发展极端不平衡的半殖民地半封建的大国，由此形成的中国的特殊国情，是红色政权能够存在和发展的根本原因。

第二，良好的群众基础，是红色政权存在和发展的必备的客观条件。

第三，全国革命形势的继续向前发展，这是红色政权存在和发展的客观条件。

第四，相当力量的正式红军的存在，这是红色政权存在和发展的必要的客观条件。

最后，共产党组织的坚强有力和各项政策的正确贯彻执行，这是红色政权存在和发展的两个主观条件。

（二）长征胜利的历史意义

从 1927 年 7 月大革命失败到 1935 年 1 月遵义会议召开前，"左"倾错误先后三次在党中央领导机关取得了统治地位，尤其是以王明为代表的"左"倾教条主义错误，使中国革命遭受严重挫折。这次错误使红军和根据地损失了 90%，国民党统治区党的力量几乎损失了 100%。其最大的恶果，就是使红军在第五次反"围剿"作战中遭到失败，不得不退出南方根据地实行战略转移——长征。

1935 年 6 月中央红军抵达四川懋功（今小金）地区，与红四方面军会师。之后，党同张国焘的分裂主义进行了坚决斗争。为了贯彻北上方针，红军经过茫茫草地，历尽艰险。随后党中央决定将北上红军改称陕甘支队，先行北上，这支红军于 10 月 19 日到达陕北吴起镇；11 月初，在甘泉地区同在陕甘根据地的红十五军团会合，中国共产党所领导的革命力量有了新的落脚点和战略基地。至此，中央红军主力行程二万五千里、纵横11 个省的长征胜利结束。1936 年 10 月 9 日，红四方面军指挥部到达甘肃会宁，同红一方面军会合。22 日，红二方面军指挥部到达甘肃隆德将台堡（今属宁夏），同红一方面军会合。至此，三大主力红军的长征胜利结束。

长征的胜利，具有极其重要的历史意义。

第一，中国工农红军长征是一次理想信念的伟大远征，是一次检验真理的伟大远征，是一次唤醒民众的伟大远征，是一次开创新局的伟大远征。

第二，长征的胜利，极大地促进了党在政治上和思想上的成熟。中国共产党进一步认识到，只有把马克思主义基本原理同中国革命具体实际结合起来，独立自主解决中国革命的重大问题，才能把革命事业引向胜利。

第三，长征的胜利，粉碎了国民党"围剿"红军、消灭革命力量的企图，是中国革命转危为安的关键，宣告了国民党反动派消灭中国共产党和红军的图谋彻底失败。

第四，长征的胜利，宣告了中国共产党和红军肩负着民族希望，胜利实现了北上抗日的战略转移，实现了中国共产党和中国革命事业从挫折走向胜利的伟大转折，开启了中国共产党为实现民族独立、人民解放而斗争的新的伟大进军。

第五，长征铸就了伟大的长征精神，这就是：把全国人民和中华民族的根本利益看得高于一切，坚定革命的理想和信念，坚信正义事业必然胜利的精神；为了救国救民，不怕任何艰难险阻，不惜付出一切牺牲的精神；坚持独立自主、实事求是，一切从实际出发的精神;顾全大局、严守纪律、紧密团结的精神;紧紧依靠人民群众,同人民群众生死相依、患难与共、艰苦奋斗的精神。长征精神为中国革命不断从胜利走向胜利提供了强大精神动力。

长征结束后,随着中国共产党倡导建立广泛的抗日民族统一战线,中国革命的新局面开始了。

四、文献研读

(一)案例

在对于时局的估量和伴随而来的我们的行动问题上,我们党内有一部分同志还缺少正确的认识。他们虽然相信革命高潮不可避免地要到来,却不相信革命高潮有迅速到来的可能。因此他们不赞成争取江西的计划,而只赞成在福建、广东、江西之间的三个边界区域的流动游击,同时也没有在游击区域建立红色政权的深刻的观念,因此也就没有用这种红色政权的巩固和扩大去促进全国革命高潮的深刻的观念。他们似乎认为在距离革命高潮尚远的时期做这种建立政权的艰苦工作为徒劳,而希望用比较轻便的流动游击方式去扩大政治影响,等到全国各地争取群众的工作做好了,或做到某个地步了,然后再来一个全国武装起义,那时把红军的力量加上去,就成为全国范围的大革命。他们这种全国范围的、包括一切地方的、先争取群众后建立政权的理论,是于中国革命的实情不适合的。他们的这种理论的来源,主要是没有把中国是一个许多帝国主义国家互相争夺的半殖民地这件事认清楚。如果认清了中国是一个许多帝国主义国家互相争夺的半殖民地,则一,就会明白全世界何以只有中国有这种统治阶级内部互相长期混战的怪事,而且何以混战一天激烈一天,一天扩大一天,何以始终不能有一个统一的政权。二,就会明白农民问题的严重性,因之,也就会明白农村起义何以有现在这样的全国规模的发展。三,就会明白工农民主政权这个口号的正确。四,就会明白相应于全世界只有中国有统治阶级内部长期混战的一件怪事而产生出来的另一件怪事,即红军和游击队的存在和发展,以及伴随着红军和游击队而来的,成长于四围白色政权中的小块红色区域的存在和发展(中国以外无此怪事)。五,也就会明白红军、游击队和红色区域的建立和发展,是半殖民地中国在无产阶级领导之下的农民斗争的最高形式,和半殖民地农民斗争发展的必然结果;并且无疑义地是促进全国革命高潮的最重要因素。六,也就会明白单纯的流动游击政策,不能完成促进全国革命高潮的任务,而朱德毛泽东式、方志敏式之有根据地的,有计划地建设政权的,深入土地革命的,扩大人民武装的路线是经由乡赤卫队、区赤卫大队、县赤卫总队、地方红军直至正规红军这样一套办法的,政权发展是波浪式地向前扩大的,等等的政策,无疑义地是正确的。必须这样,才能树立全国革命群众的信仰,如苏联之于全世界然。必须这样,才能给反动统治阶级以甚大的困难,动摇其基础而促进其内部的分解。也必须这样,才能真正地创造红军,成为将来大革命的主要工具。总而言之,必须这样,才能促进革命的高潮。

　　犯着革命急性病的同志们不切当地看大了革命的主观力量，而看小了反革命力量。这种估量，多半是从主观主义出发。其结果，无疑地是要走上盲动主义的道路。另一方面，如果把革命的主观力量看小了，把反革命力量看大了，这也是一种不切当的估量，又必然要产生另一方面的坏结果。因此，在判断中国政治形势的时候，需要认识下面的这些要点：

　　（一）现在中国革命的主观力量虽然弱，但是立足于中国落后的脆弱的社会经济组织之上的反动统治阶级的一切组织（政权、武装、党派等）也是弱的。这样就可以解释现在西欧各国的革命的主观力量虽然比现在中国的革命的主观力量也许要强些，但因为它们的反动统治阶级的力量比中国的反动统治阶级的力量更要强大许多倍，所以仍然不能即时爆发革命。现时中国革命的主观力量虽然弱，但是因为反革命力量也是相对地弱的，所以中国革命的走向高潮，一定会比西欧快。

　　（二）一九二七年革命失败以后，革命的主观力量确实大为削弱了。剩下的一点小小的力量，若仅依据某些现象来看，自然要使同志们（作这样看法的同志们）发生悲观的念头。但若从实质上看，便大大不然。这里用得着中国的一句老话："星星之火，可以燎原。"这就是说，现在虽只有一点小小的力量，但是它的发展会是很快的。它在中国的环境里不仅是具备了发展的可能性，简直是具备了发展的必然性，这在五卅运动及其以后的大革命运动已经得了充分的证明。我们看事情必须要看它的实质，而把它的现象只看作入门的向导，一进了门就要抓住它的实质，这才是可靠的科学的分析方法。

　　（三）对反革命力量的估量也是这样，决不可只看它的现象，要去看它的实质。当湘赣边界割据的初期，有些同志真正相信了当时湖南省委的不正确的估量，把阶级敌人看得一钱不值；到现在还传为笑谈的所谓"十分动摇""恐慌万状"两句话，就是那时（一九二八年五月至六月）湖南省委估量湖南的统治者鲁涤平的形容词。在这种估量之下，就必然要产生政治上的盲动主义。但是到了同年十一月至去年二月（蒋桂战争尚未爆发之前）约四个月期间内，敌人的第三次"会剿"临到了井冈山的时候，一部分同志又有"红旗到底打得多久"的疑问提出来了。其实，那时英、美、日在中国的斗争已到十分露骨的地步，蒋桂冯混战的形势业已形成，实质上是反革命潮流开始下落，革命潮流开始复兴的时候。但是在那个时候，不但红军和地方党内有一种悲观的思想，就是中央那时也不免为那种表面上的情况所迷惑，而发生了悲观的论调。中央二月来信就是代表那时候党内悲观分析的证据。

　　（四）现时的客观情况，还是容易给只观察当前表面现象不观察实质的同志们以迷惑。特别是我们在红军中工作的人，一遇到败仗，或四面被围，或强敌跟追的时候，往往不自觉地把这种一时的特殊的小的环境，一般化扩大化起来，仿佛全国全世界的形势概属未可乐观，革命胜利的前途未免渺茫得很。所以有这种抓住表面抛弃实质的观察，是因为他们对于一般情况的实质并没有科学地加以分析。如问中国革命高潮是否快要到来，只有详细地去察看引起革命高潮的各种矛盾是否真正向前发展了，才能作决定。既然国际上帝国主义相互之间、帝国主义和殖民地之间、帝国主义和它们本国的无产阶级之间的矛盾是发展了，帝国主义争夺中国的需要就更迫切了。帝国主义争夺中国一迫切，帝国主义和整个中国的矛盾，帝国主义者相互间的矛盾，就同时在中国境内发展起来,因此就造成中国各派反动统治者之间的一天天扩大、一天天激烈的混战,中国各派反动统治者之间的矛盾,就日益发展起来。伴随各派反动统治者之间的矛盾——军阀混战而来的,是赋税的加重,这样就会促令广大的负担赋税者和反动统治者之间的矛盾日益发展。伴随着帝国主义和中国民族工业的矛盾而来的,是中国民族工业得不到帝国主义的让步的事实,这就发展了中国资产阶级和中国工人阶级之间的矛盾,中国资本家从拼命压榨工人找出路,中国工人则给以抵抗。伴随着帝国主义的商品侵略、中国商业资本的剥蚀和政府的赋税加重等项情况,便使地主阶级和农民的矛盾更加深刻化,即地租和高利贷的剥削更加重了,农民则更加仇恨地主。因为外货的压迫、广大工农群众购买力的枯竭和政府赋税的加重,使得国货商人和独立生产者日益走上破产的道路。因为反动政府在粮饷不足的条件之下无限制地增加军队,并因此而使战争一天多于一天,使得士兵群众经常处在困苦的环境之中。因为国家的赋税加重,地主的租息加重和战祸的日广一日,造成了普遍于全国的灾荒和匪祸,使得广大的农民和城市贫民走上求生不得的道路。因为无钱开学,许多在学学生有失学之忧;因为生产落后,许多毕业学生无就业之望。如果我们认识了以上这些矛盾,就知道中国是处在怎样一种皇皇不可终日的局面之下,处在怎样一种混乱状态之下。就知道反帝反军阀反地主的革命高潮,是怎样不可避免,而且是很快会要到来。中国是全国都布满了干柴,很快就会燃成烈火。"星火燎原"的话,正是时局发展的适当的描写。只要看一看许多地方工人罢工、农民暴动、士兵哗变、学生罢课的发展,就知道这个"星星之火",距"燎原"的时期,毫无疑义地是不远了。

上面的话的大意,在去年四月五日前委给中央的信中,就已经有了。那封信上说:(略)

这封信对红军的行动策略问题有如下的答复:(略)

这一段话的缺点是:所举不能分兵的理由,都是消极的,这是很不够的。兵力集中的积极的理由是:集中了才能消灭大一点的敌人,才能占领城镇。消灭了大一点的敌人,占领了城镇,才能发动大范围的群众,建立几个县联在一块的政权。这样才能耸动远近的视听(所谓扩大政治影响),才能于促进革命高潮发生实际的效力。例如我们前年干的湘赣边界政权,去年干的闽西政权,都是这种兵力集中政策的结果。这是一般的原则。至于说到也有分兵的时候没有呢? 也是有的。前委给中央的信上说了红军的游击战术,那里面包括了近距离的分兵:

> 我们三年来从斗争中所得的战术,真是和古今中外的战术都不同。用我们的战术,群众斗争的发动是一天比一天扩大的,任何强大的敌人是奈何我们不得的。我们的战术就是游击的战术。大要说来是:"分兵以发动群众,集中以应付敌人。""敌进我退,敌驻我扰,敌疲我打,敌退我追。""固定区域的割据,用波浪式的推进政策。强敌跟追,用盘旋式的打圈子政策。""很短的时间,很好的方法,发动很大的群众。"这种战术正如打网,要随时打开,又要随时收拢。打开以争取群众,收拢以应付敌人。三年以来,都是用的这种战术。

这里所谓"打开",就是指近距离的分兵。例如湘赣边界第一次打下永新时,二十九团和三十一团在永新境内的分兵。又如第三次打下永新时,二十八团往安福边境,二十九团往莲花，三十一团往吉安边界的分兵。又如去年四月至五月在赣南各县的分兵，七月在闽西各县的分兵。至于远距离的分兵，则要在好一点的环境和在比较健全的领导机关两个条件之下才有可能。因为分兵的目的，是为了更能争取群众，更能深入土地革命和建立政权，更能扩大红军和地方武装。若不能达到这些目的，或者反因分兵而遭受失败，削弱了红军的力量，例如前年八月湘赣边界分兵打郴州那样，则不如不分为好。如果具备了上述两个条件，那就无疑地应该分兵，因为在这两个条件下，分散比集中更有利。

中央二月来信的精神是不好的，这封信给了四军党内一部分同志以不良影响。中央那时还有一个通告，谓蒋桂战争不一定会爆发。但从此以后，中央的估量和指示，大体上说来就都是对的了。对于那个估量不适当的通告，中央已发了一个通告去更正。对于红军的这一封信，虽然没有更正，但是后来的指示，就没有那些悲观的论调了，对于红军行动的主张也和我们的主张一致了。但是中央那个信给一部分同志的不良影响是仍然存在的。因此，我觉得就在现时仍有对此问题加以解释的必要。

关于一年争取江西的计划，也是去年四月前委向中央提出的，后来又在于都有一次决定。当时指出的理由，见之于给中央信上的，如下：（略）

上面争取江西的话，不对的是规定一年为期。至于争取江西，除开江西的本身条件之外，还包含有全国革命高潮快要到来的条件。因为如果不相信革命高潮快要到来，便决不能得到一年争取江西的结论。那个建议的缺点就是不该规定为一年，因此，影响到革命高潮快要到来的所谓"快要"，也不免伴上了一些急躁性。至于江西的主观客观条件是很值得注意的。除主观条件如给中央信上所说外，客观条件现在可以明白指出的有三点：一是江西的经济主要是封建的经济，商业资产阶级势力较小，而地主的武装在南方各省中又比哪一省都弱。二是江西没有本省的军队，向来都是外省军队来此驻防。外来军队"剿共""剿匪"，情形不熟，又远非本省军队那样关系切身，往往不很热心。三是距离帝国主义的影响比较远一点，不比广东接近香港，差不多什么都受英国的支配。我们懂得了这三点，就可以解释为什么江西的农村起义比哪一省都要普遍，红军游击队比哪一省都要多了。

所谓革命高潮快要到来的"快要"二字作何解释，这点是许多同志的共同的问题。马克思主义者不是算命先生，未来的发展和变化，只应该也只能说出个大的方向，不应该也不可能机械地规定时日。但我所说的中国革命高潮快要到来，决不是如有些人所谓"有到来之可能"那样完全没有行动意义的、可望而不可即的一种空的东西。它是站在海岸遥望海中已经看得见桅杆尖头了的一只航船，它是立于高山之巅远看东方已见光芒四射喷薄欲出的一轮朝日，它是躁动于母腹中的快要成熟了的一个婴儿。

[毛泽东《星星之火，可以燎原》（节选），《毛泽东选集》（第一卷）]

（二）研讨

1. 毛泽东撰写《星星之火，可以燎原》的背景是什么？
2.《星星之火，可以燎原》的主要内容是什么？
3.《星星之火，可以燎原》揭示了中国革命道路及中国共产党探索中国革命新道路的哪些特点？

<h1 style="text-align:center">五、社会实践</h1>

实践活动一：通过实地考察调研，了解南京国民政府的建立及其性质

实践地点 1：南京国民政府主席官邸旧址

国民政府主席官邸旧址位于南京市东郊四方城以东 200 米的小红山上，原名小红山官邸。兴建时原定为国民政府主席的官邸，后改为高级官员进谒中山陵的休息处。抗战胜利后，将其翻修为别墅，并将主楼中的会客厅改为内部教堂，供蒋氏夫妇与美国大使等人使用。后蒋介石、宋美龄常在此居住，遂称作美龄宫。美龄宫主体建筑是一座三层重檐歇山式宫殿，顶覆绿色琉璃瓦，其房檐的琉璃瓦上雕着 1 000 多只凤凰。整座建筑富丽堂皇，内部装饰奢侈豪华。四周林木茂盛，终年百花飘香。汽车可直抵官邸大门，地下一层有侍卫室、衣帽间、机要室、职员用房、厨房；一层有接待室、衣帽间、秘书办公室及卧室、厨房、配膳房、洗衣室、卫生间等；二层主要作会客室与休息室之用，设有大厅、客厅、大饭厅、配膳房、书房、秘书室等；三层为居住部分，内有女客厅、四间大卧室及小餐厅、厨房等。

图 5-1 南京国民政府主席官邸旧址

实践地点 2：南京国民政府考试院旧址

南京国民政府考试院旧址位于南京市北京东路 41—43 号。考试院建筑按东西两条平行的中轴线排列：东部分别为泮池、东大门、武庙大殿、宁远楼、华林馆、图书馆书库、宝章阁等；西部有西大门、孔子问礼图碑亭（已毁）、明志楼、衡鉴楼、公明堂等。目前

尚有八幢大屋顶建筑保存。

国民政府考试院建筑群规划整齐,建筑考究,新老建筑相互交融,建筑与庭院绿化相映成趣,整体格局和建筑风格都鲜明地体现出传统精神的内涵,是民国时期《首都计划》所倡导的官署建筑风格的示范作品,堪称近代中国传统复兴式建筑群的杰作。

图 5-2　南京国民政府考试院旧址

国民政府考试院是国民政府最高考试机关,1930 年 1 月 16 日正式成立。内设院长一人,由戴季陶担任,综理一切院务;设副院长一人,辅助院长办理院务。考试院的主要任务是依法独立行使考选权,掌理国家机关人员的考试、任用、铨叙、考绩、级俸、升迁、保障、褒奖、抚恤、退休、养老等事项,直接对国民党中央执行委员会负责。内部设有秘书、参事二处,法规、设计考核二委员会以及人事、统计、会计三室,分别办理院内有关事务。院内还设有考试院会议,由正、副院长及所辖各部会长组成,行使该院一切职权。

实践地点 3:南京国民政府时期美国驻中华民国大使馆旧址

美国驻中华民国大使馆旧址位于南京市西康路 33 号(原 18 号)。1930 年 1 月詹森任美国驻中华民国特命全权公使,公使馆设三牌楼。1935 年 9 月詹森改为首任大使,大使馆设上海路 82 号。1946 年 4 月大使馆由重庆迁回南京。7 月司徒雷登任大使,馆址迁西康路 18 号,原上海路馆舍改为美国新闻处。1949 年 8 月司徒雷登离开南京,大使馆不久关闭。1950 年 2 月 18 日最后一名美国外交官培根离宁返美。

西康路馆舍由 3 幢相同的 2 层西式楼房和 3 幢西式平房构成,依山坡地势而建。楼房属公寓式建筑,砖石结构,房屋平面呈"凹"字形,每幢楼房建筑面积 936 平方米。正面门廊上设阳台,四面坡屋顶,设有地下室。平房建在楼后,是随员及仆役住所,每幢建筑面积 96 平方米,砖木结构。

图 5-3　南京国民政府时期美国驻中华民国大使馆旧址

实践地点 4：南京国民政府时期美军顾问团公寓旧址

美军顾问团公寓旧址位于南京市北京西路 67 号,曾为美军顾问团公寓。公寓旧址包括两幢造型一致的四层楼房,俗称 A、B 大楼。始建于 1935 年,其间因抗日战争爆发,延至 1945 年抗战胜利方告竣工。

图 5-4　南京国民政府时期美军顾问团公寓旧址

　　两幢主体楼呈一字形东西排列,每幢楼东西长 125 米,南北宽 18.39 米,建筑面积15 000平方米,使用面积约 8 000 平方米,共 114 套 476 间。采用钢筋混凝土结构,外观打破中国传统的构图形式,是较为典型的现代派建筑样式,是 20 世纪 40 年代南京少数几幢大型公共建筑之一,也是中国现代建筑发展的重要实例之一。

　　1946 年 3 月 19 日,美国驻华军事顾问团在南京正式成立,初由美国将校军官 1 000 人组成,陆军 750 人,海军 250 人。总部设在南京,并在上海设有办事处。顾问团主要工作有以备忘录形式向委员长、国防部长、参谋总长提出"建议";由中美联席会议转达贯彻美方意图;通过检查督促,实现美方各项决定;仿照美国军制装备训练国民党军队;以航空测量为名,搜集中国军事情报等。

　　实践地点 5:和记洋行旧址

　　和记洋行旧址位于南京市宝塔桥西街 168 号。和记洋行由英国人韦恩典兄弟于民国元年(1912)创办,曾是南京最大、最现代化的食品加工工厂,先后在天津、沈阳、上海等地开办工厂,几乎垄断了中国的整个蛋品、肉类冷藏加工工业。

图 5-5　和记洋行旧址

　　和记洋行是 20 世纪西方列强对华经济侵略的代表性企业之一,和记洋行的工人为反对外国资本家的经济剥削和政治压迫,曾进行过多次斗争。1930 年 2 月初,和记洋行中共地下党支部决定在鸡蛋加工旺季到来之际,开展更大规模的斗争。经过酝酿,工人向资方提出八项要求。资方不但拒不接受工人的合理要求,反而勾结国民党当局镇压工人运动。义愤填膺的和记洋行工人,在厂党支部的领导下,从 2 月 10 日开始罢工。除坚持原来所提八项要求外,再增加五项复工条件。

　　和记洋行工人的罢工一直坚持到 3 月底。当时正值生产旺季,英国资本家经济上遭受很大损失,急于解决罢工问题。他们背着大多数工人代表,单方面同黄色工会签订了"劳资解决条件",规定由黄色工会介绍厂方同意的工人,由厂方雇用;厂方设法改善工人的待遇。南京特别市政府社会局和国民党南京特别市执行委员会于4月1日发出联合布告,通告工人于3日复工。和记洋行资方和黄色工会利用换发复工工牌之机,解雇了带头罢工的近百名工人。3日,当被解雇的工人到洋行去交涉复工条件时,在煤炭港三岔路口,突遭从芦柴滩里冲出的100多名手执大刀、铁棍的流氓的袭击,工人们有的被砍伤,有的被打倒,重伤10多人,轻伤数十人。闻讯赶来的军警,不制止流氓的暴行,反而逮捕了5名工人。这就是和记洋行"四三"惨案。

中共南京市委立即发动全市人民投入声援和记洋行工人的斗争。4月5日上午,中央大学、晓庄师范等学校的600多名学生在中大操场集会,声讨英国资本家和国民党当局的罪行,号召全市人民罢工、罢课、罢市、罢岗,并成立"四三"惨案后援会。会后,参加会议的学生列队游行。

许多群众团体,如上海的自由大同盟、反帝大同盟,纷纷表示声援南京和记工人的斗争。江苏省委和团省委发出通告,要求各地党、团组织发动群众,组织罢工、罢课运动,援助南京工人。4月8日,上海十多个民众团体几百名代表集会游行,在北京大戏院门前被英国巡捕和反动军警包围,沪西工人纠察队队长刘义清被当场打死,还有十多名代表被打伤,大批代表被捕,酿成"四八"惨案。

4月中旬,和记洋行工人复工。当局派警察、便衣进厂监视工人的行动,并逮捕了40多名工人。共产党员、和记洋行工人宋如海等被杀害,领导罢工的一些党员和积极分子被迫转移。中共南京市委委员、和记洋行党支部书记邓定海被当局通缉,转移至汉口,9月底被捕,不久在南京雨花台就义。

实践活动二:通过实地考察调研,了解土地革命战争时期党领导的革命斗争

实践地点1:雨花台烈士陵园(雨花台烈士殉难处)

雨花台烈士陵园风景区位于南京市中华门外雨花台丘陵中岗,是中国现代最大的革命烈士陵园。

雨花台因盛产晶莹圆润、色彩斑斓的卵石而称为玛瑙岗、聚宝山,又因传说南朝梁武帝时期高僧云光法师在岗上设坛讲经说法感动苍天落花如雨而得名。到了明、清两代,景区内的"雨花说法"和"木末风高"两处景点分别被列为"金陵十八景"和"金陵四十八景",为江南著名游览胜地。

1927年,蒋介石叛变革命后,雨花台成为屠杀共产党人和爱国志士的刑场。1927—1949年的22年间,近10万革命烈士在这里被残害。为了缅怀先烈,1949年12月12日,南京市第一届第二次各界人民代表会议决议,在雨花台兴建烈士陵园。后逐步形成了烈士陵园区、名胜古迹区、雨花石文化区、雨花茶文化区、游乐活动区和生态密林区六大功能区并举的格局。

烈士陵园区是风景区的核心,以主峰为中心形成南北向中轴线,以轴线统一环境与建筑,通过建筑与自然的围合、建筑的围合、半人工围合,直到开敞的空间,渐次达到空间序列的高潮。建筑群体体现了带有传统特色的现代建筑形式的特点,对传统建筑形

式加以改变,以简洁的手法表达了传统建筑精神。

陵园区包括雨花台烈士就义群雕、雨花台烈士纪念碑、雨花台烈士纪念馆、知名烈士墓、忠魂亭等建筑。通过宽阔的广场和花台,在当年烈士殉难最集中处——北殉难处有"革命烈士就义群雕像",雕像由大小179块花岗石拼装而成,于1980年落成,共塑造了9位烈士的光辉形象。雕像面对开阔的广场,周围松柏常青,象征着革命烈士的忠魂永垂不朽。在东岗的东殉难处、中岗北坡下的北殉难处和西侧坡下的西殉难处,建有3处"革命烈士殉难处"标志。1982年,江苏省少先队员每人捐献一分钱,在掩埋烈士遗体的西殉难处兴建了"红领巾广场",用花岗石建成少先台和两边的花廊。少先台高6.5米,宽5米,正中镌刻火炬,象征革命事业后继有人。沿群雕环陵大道而上,即可到达雄伟的烈士纪念碑。烈士纪念碑碑高423米,寓意为1949年4月23日南京获得解放。整个纪念碑由碑额、碑身、碑座三部分组成,碑额形如红旗和火炬,碑身正面为邓小平题写的碑名。烈士纪念馆位于陵园南侧,与纪念碑遥相对应。纪念馆是一组"U"形两层白色古典式建筑,长94米,宽49米,主堡高26米,建筑面积为6 000平方米。纪念馆门庭上方刻有邓小平手书的馆名。馆门庭南北两面均雕有2.5米见方的"日月同辉"花岗岩浮雕,象征着烈士精神与河山共存,与日月同辉。

实践地点2:中共南京市第一次代表大会遗址

中共南京市第一次代表大会旧址位于南京市浦镇附近的一座小山上(约在今江北新区顶山街道临泉社区西山)。

1927年,四一二反革命政变后,全国都处在白色恐怖之下,为了纠正陈独秀右倾错误,8月7日,中共中央在汉口举行紧急会议,会议确定了土地革命和武装反抗国民党反动派屠杀的方针。八七会议后,江苏省委派罗世藩、贺瑞麟来南京恢复党团组织,10月又派吴雨铭(北京大学早期党员,原在铁路从事工运)任中共南京市委书记。市委建立后,主要任务是整理、恢复党的基层组织,采取各种方式向群众宣传教育,领导工人、

图5-6　雨花台烈士陵园(雨花台烈士殉难处)

学生开展斗争，反对军阀混战。

11月上旬，市委根据中共江苏省委关于组织全省暴动计划的紧急决议案，决定举行全市暴动，但由于力量薄弱，计划未能实现。11月中旬，省委派孙津川来宁担任市委职工委员，加强南京市委的核心力量。不久，市委根据江苏省委《整顿党的组织决议案》的精神，召开了第十一次常务会议，检查前一时期的工作，并决定"全面改组南京党的组织"，吸收工农分子入党，充实到各级领导机构中。同时还确定了一个"改组周"，即从11月28日至12月3日为市委以下各支部改组时间；12月4日为"改组市委日"。

12月4日，南京市委在浦镇附近的山上召开了第一次党代表大会，出席会议代表25人，由开会前推定为临时主席的孙津川主持。会议讨论了中共中央临时政治局《中国现状与共产党的任务决议案》。选举吴雨铭、史砚芬（严文）、杨明清、罗世藩、孙津川、宋震寰等17人为市委委员。市委分工：书记吴雨铭、组织委员罗世藩、职工委员孙津川、农民委员宋震寰、军委委员苏爱吾。次年3月，中共江苏省委任命孙津川为中共南京市委书记。

实践地点3：孙津川秘密工作处旧址

图5-7　孙津川秘密工作处旧址

孙津川秘密工作处旧址位于南京市原北祖师庵49号（现北祖师庵45号附近），是土地革命战争时期，中共南京市委书记孙津川秘密工作处。旧址占地面积280平方米，为砖木结构，青砖小瓦，是典型的清末风格江南四合小院，占地面积280平方米，建筑面积140平方米，其厢房是孙津川当年的秘密办公处和卧室。

孙津川（1895—1928），安徽省寿县人。1925年加入中国共产党，并当选为沪宁铁路工人协进会委员。不久，中共吴淞机器厂特别支部成立，被选为特支书记。为配合北伐军进攻上海，中共中央决定在上海举行工人武装起义。1926年10月，按照党的要求，带领吴淞机器厂工人武装切断沪宁铁路，破坏北洋军阀的后勤军需补给线，为上海工人第一次武装起义创造条件，配合了北伐军作战。1927年3月，领导吴淞机器厂工人举行大罢工，揭开了上海工人第三次武装起义的序幕。四一二反革命政变后，往返奔走于武汉、九江、上海等地，代表全国铁路总工会接待和安置苏、浙、皖、赣等省的流亡同志，秘密整顿和恢复各地铁路工会和党组织。1928年3月至7月担任中共南京市委书记。在极其严重的白色恐怖中，着手整顿党的组织，传达八七会议关于开展土地革命和武装反抗国民党反动派的方针，发动和组织群众，坚持地下斗争，准备武装暴动。在以孙津川为首的南京市委领导下，中共南京地下组织不断壮大。1928年5月3日，济南惨案发生，5月5日，在南京市委领导下，南京各团体在金陵大学礼堂集会。会后，1 000多名学生到国民政府请愿示威，强烈要求政府当局对日抗议。由于孙津川工作中表现出的卓越才能，1928年6月在莫斯科召开的中共第六次全国代表大会上,他被选举为中央审查委员会委员。1928 年 7 月,孙津川因叛徒告密,身份暴露而被捕。在狱中,国民党军警特务妄图用高官厚禄和酷刑逼迫其交出党的机密和南京地下党的名单,但遭到坚决拒绝。1928 年 10 月 6 日,孙津川在南京雨花台英勇就义。

实践地点 4:中共南京地区第一个农村党支部旧址

南京地区第一个农村党支部——中共九袱洲支部旧址位于浦口区顶山街道大新村新立组 30 号。

大新村在新中国成立前被称为九袱洲。1927 年 11 月,中共南京市委农运委员宋振寰(宋日昌)带领 2 名团员到浦口,通过浦口码头工人、共产党员李鸿彦,浦口铁路工人、共产党员胥光亮,开展地下工作。胥光亮当时已在串联贫雇农,有了一定的群众工作基础,于是,宋震寰和胥光亮就在九袱洲农民中发展党员。不久,由胥光亮介绍,吴雨铭主持,发展杨明清等入党,成立了南京第一个农村党支部——九袱洲党支部,由杨明清任支部书记。1927 年 12 月 4 日,杨明清参加了南京市第一次党代表大会,被选为市委委员。

党支部成立后,孙津川、宋振寰、贺瑞麟等先后深入农村,用算账对比的方式,在贫雇农中宣传革命道理,启发他们的阶级觉悟,号召农民兄弟起来抗租抗税,打土豪、分田地。还帮助当地农民建立了农协会,有 50 多位农民加入其中。农民运动引起了土豪劣绅的恐慌。反动地主黄二勾结帮会组织"黄枪会"与农民对抗。在中共南京市委领导下,九袱洲党支部发动农民与"黄枪会"开展激烈斗争,将黄二处死,赶走了"黄枪会"。

1928 年,杨明清参加了市委在浦镇布置的红五月斗争的会议,准备在红五月里配合浦镇工人贴标语、散传单。但因国民党加紧了对革命力量的镇压,胥光亮、杨明清等人先后被捕,九袱洲党支部随之停止了活动。

实践地点 5:中共南京市第二次代表大会遗址

中共南京市第二次代表大会遗址位于南京市浦口江边芦苇滩(约在今江北新区顶山街道大新社区广西埂大街与定山大街交会处)。

1928 年 5 月上旬,南京党团组织在红五月行动中遭到破坏,为健全市委领导机构,应对紧急情况,五月中旬的一个晚上,中共南京市委召开了第二次代表大会,到会代表 12 人。会上研究了南京党组织如何在困难的条件下继续进行革命斗争等问题。会议选举了 13 人组成新的市委,孙津川任中共南京市委书记,罗世藩为组织委员,叶守信为职工运动委员,贺瑞麟为市委委员兼团市委书记。这次代表大会后,新的市委积极开展工作,至 6 月初,全市已有 10 个支部,240 名党员。7 月初,孙津川等先后被捕。市委领导机关和多数基层组织遭到严重破坏。1928 年 9 月,中共江苏省委派黄瑞生(黄子仁)来南京恢复党组织。

实践地点 6:恽代英烈士殉难处纪念碑(江东门中央军人监狱)

恽代英烈士殉难处纪念碑位于南京市水西门外江东门。1930 年国民党在江东门建造"中央军人监狱",又名"军政部军人监狱"或"中央海陆空军人监狱"。名为关押犯法的国民党军人,实际上关押的大都是共产党人和政治犯。

1931年2月,恽代英因叛徒出卖被关押在国民党中央军人监狱"智"字监单人监房。在狱中,恽代英一边坚持斗争,一边撰写革命著作,他用通俗语言编写了解释共产党十大政纲的工人课本一本,革命歌曲一首,七言、五言古诗各一首。1931年4月经党营救,恽代英即将出狱,但因叛徒顾顺章告密而暴露身份,4月29日,在国民党中央军人监狱操场附近的菜园古井旁英勇就义。

该处现存原中央军人监狱大门及部分监房。1985年8月纪念碑坛建成,并开始绿化。1986年8月恽代英烈士诞辰91周年之际,举行了纪念碑坛落成仪式。纪念碑坛占地面积180平方米。直径7米的深红色圆形碑坛上树立黑色大理石贴面的纪念碑,碑坐北朝南,东西长1.6米、南北宽1.2米、高2.6米。纪念碑上置恽代英烈士半身汉白玉雕像,像高1.25米。

图5-8 恽代英烈士殉难处纪念碑(江东门中央军人监狱)

恽代英(1895—1931),字子毅,江苏武进人,出生于湖北武昌,中国共产党早期青年运动领导人之一。1915年,考入武昌中华大学哲学系,参加新文化运动。1921年,加入中国共产党。1923年,任上海大学教授;同年8月,任中国社会主义青年团中央宣传部主任,创办主编《中国青年》。1926年,在国民党二大上当选国民党中央执行委员,5月起任黄埔军校政治主任教官。1927年1月,参加筹备南昌起义,为党的前敌委员会委员;参加领导广州起义,任广州苏维埃政府秘书长。后任中共中央宣传部秘书长、组织部秘书长,主编党刊《红旗》。1930年5月,在上海被捕,1931年2月转押南京江东门中央军人监狱。同年4月,在南京中央军人监狱就义。

实践地点 7：正元实业社遗址

正元实业社遗址位于南京中山东路 237 号东侧。南京国民政府时期,在中央饭店主建筑东侧,有一座二层的木质小楼,里面有一家卖无线电设备的商店——正元实业社,实为国民党中统前身,国民党中央组织部党务调查科设在中央饭店的情报站,用以监视进出中央饭店的众多达官贵人。中共情报人员钱壮飞曾以中统负责人徐恩曾秘书的身份潜伏在此。

图 5-9　正元实业社遗址

钱壮飞(1895—1935),原名壮秋,浙江吴兴(今湖州)人。1919 年毕业于北京医学专门学校。1926 年加入中国共产党。1928 年,根据党的指示,钱壮飞考入上海无线电训练班。1929 年底,根据中共中央指示,钱壮飞同李克农等一起打入国民党特务机关,从事党的秘密工作。1930 年,在国民党中央组织部总务科任机要秘书,同时兼任国民党公开情报机关长江通讯社和民智通讯社负责人。在这一特殊岗位上,他为中共中央和红军获取大量重要情报。1931 年 4 月及时将顾顺章叛变的消息报告中共中央,为保卫中共中央领导人和秘密机关的安全,作出了重大贡献。

1931 年 8 月,钱壮飞转入江西中央革命根据地。同年 11 月,任中央革命军事委员会政治保卫局局长。1932 年 6 月,任红一方面军政治保卫局局长。1933 年夏任中央革命军事委员会总参谋部第二局(情报局)副局长。其间,他先后参加了中央革命根据地第三至第五次反"围剿"作战。1934 年 10 月,参加中央红军长征,沿途从事侦察、情报工作。1935 年春,他被任命为红军总政治部副秘书长(未到职)。4 月 2 日在贵州遭敌袭击,英勇牺牲。被周恩来称赞为"党内情报三杰"之一。

实践地点 8:中国工农红军第十四军纪念馆

中国工农红军第十四军纪念馆位于如皋福寿东路中国工农红军第十四军公园内,由青少年素质拓展训练基地、青少年红军历史教育馆、广场景观共同组成。中国工农红军第十四军纪念馆展厅面积约 6 350 平方米,分为序厅、"江海曙光""长夜惊雷""斩木举义""军旗如画""革故鼎新""金戈铁马""碧血丹心""野火春风"和尾厅 10 个展厅。

图 5 - 10 中国工农红军第十四军纪念馆

1930 年在如皋成立的中国工农红军第十四军,是土地革命时期江苏省境内唯一的列入中央序列的正规红军武装,是周恩来、李维汉、陈云亲手培育,李硕勋亲自筹建的红军队伍。通海特委书记李超时、刘瑞龙先后领导和指导红十四军,张爱萍、黄火青等老一辈革命家在红十四军中担任重要领导职务。在中共通海特委的具体领导下,红十四军在南京国民党中央政府卧榻之侧横戈跃马,驰骋苏中七县,粉碎国民党军多次重兵"围剿",历经大小战斗近百次,红军主力发展至近两千人,赤卫队发展至数万人,在游击区内开展轰轰烈烈的土地革命,打土豪,分田地。1930 年,如皋在全省率先建立县、乡苏维埃政权。通海、如泰两块红军游击区逐步扩大,被列为全国 15 块红军游击区之一。红十四军艰苦卓绝的武装斗争虽然仅存续了短暂的七个月,但在江海大地上播下了武装斗争的火种,在一定程度上延滞了国民党对中央苏区根据地的大规模"围剿"行动,对中国革命战争发展作出了一定的贡献。

六、素质训练

（一）单项选择题

1930 年 1 月，毛泽东在《星星之火，可以燎原》一文中写道："我所说的中国革命高潮快要到来，决不是如有些人所谓'有到来之可能'那样完全没有行动意义的、可望而不可即的一种空的东西。它是站在海岸遥望海中已经看得见桅杆尖头了的一只航船，它是立于高山之巅远看东方已见光芒四射喷薄欲出的一轮朝日，它是躁动于母腹中的快要成熟了的一个婴儿。"这段话是针对当时党内和红军中存在的（　　）

A. "在全国范围内先争取群众后建立政权"的理论

B. "御敌于国门之外"的主张

C. "红旗到底能打多久"的疑问

D. "一省或数省的首先胜利"的设想

【答案】C

【要点】A 项是土地革命战争时期，党内出现的"城市中心论"错误思想；B 项是第五次反"围剿"时，临时中央的主要领导人在"左"倾教条主义指引下，犯的军事冒险主义错误；D 项是 1929 年到 1930 年间，当时的中共中央一些领导人形成的"左"倾冒险主义错误，其实质也是"城市中心论"。A 项、B 项、D 项皆与题意不符。1927 年大革命失败以后，中国革命暂时进入低潮，一系列的挫折使得党内和红军内笼罩着一种悲观情绪。针对这一问题，毛泽东在《星星之火，可以燎原》一文中进一步阐明了中国革命的道路，即农村包围城市、武装夺取政权的道路。

（二）多项选择题

1. 1927 年 10 月，毛泽东率领湘赣边界秋收起义的工农革命军，开始创建以宁冈为中心的井冈山农村革命根据地，走农村包围城市、武装夺取政权的革命新道路。毛泽东确定在井冈山建立革命根据地，是因为这个地区（　　）

A. 有较好的群众基础

B. 井冈山地势险要易守难攻

C. 易于部队筹款筹粮

D. 敌人统治力量比较薄弱

【答案】ABCD

【要点】毛泽东在领导秋收起义，攻打长沙失利后，率起义部队南下，来到江西宁冈县茅坪，开创了井冈山革命根据地。毛泽东选择井冈山建立革命根据地，因为此地：一是群众基础好，利于发动人民群众；二是地势险要，易守难攻，利于战斗；三是敌人控制比较薄弱，利于建立革命根据地；四是利于部队筹款筹粮。

2. 忠诚于党、听党指挥是我军的光荣传统,1929 年 12 月下旬,红四军党的第九次代表大会在福建上杭县古田村召开,这次会议史称古田会议。会议通过了毛泽东起草的决议案,确立了思想建党、政治建军原则,规定红军是一个执行革命的政治任务的武装集团,必须(　　)

    A. 实行全国军事的总动员

    B. 担负打仗、筹款和做群众工作的任务

    C. 加强政治工作

    D. 绝对服从共产党的领导

【答案】BCD

【要点】A 项不符合史实,是 1937 年 8 月的洛川会议提出的。1929 年 6 月,红四军在福建上杭县古田村召开了红四军党的第九次代表大会,即"古田会议"。根据"古田会议"决议案,红军必须绝对服从共产党的领导,必须担负打仗、筹款和做群众工作的任务,必须加强政治工作。

3. 1931 年 1 月至 1935 年 1 月,以王明为代表的"左"倾错误给中国革命带来严重危害,其主要错误有(　　)

    A. 排斥和打击中间势力

    B. 将反帝反封建与反资产阶级并列

    C. 集中力量攻打大城市

    D. 主张"一切经过统一战线"

【答案】ABC

【要点】D 项不符合史实,这是抗日战争时期,王明从莫斯科回到延安,思想转入右倾投降主义后提出的错误主张。1931 年 1 月至 1935 年 1 月,以王明为代表的"左"倾教条主义错误主要有:在革命性质和统一战线问题上,混淆民主革命与社会主义革命的界限,将反帝反封建与反资产阶级并列,一味排斥和打击中间势力;在革命道路上,坚持以城市为中心,要求积极攻打中心城市。

(三) 分析题

结合材料回答问题:

从 1934 年 10 月至 1936 年 10 月,红军第一、第二、第四方面军和第二十五军进行了伟大的长征。我们党领导红军,以非凡的智慧和大无畏的英雄气概,战胜千难万险,付出巨大牺牲,胜利完成震撼世界、彪炳史册的长征,宣告了国民党反动派消灭中国共产党和红军的图谋彻底失败,宣告了中国共产党和红军肩负着民族希望胜利实现了北上抗日的战略转移,实现了中国共产党和中国革命事业从挫折走向胜利的伟大转折,开启了中国共产党为实现民族独立、人民解放而斗争的新的伟大进军。

长征途中,英雄的红军,血战湘江,四渡赤水,巧渡金沙江,强渡大渡河,飞夺泸定桥,鏖战独树镇,勇克包座,转战乌蒙山,击退上百万穷凶极恶的追兵阻敌,征服空气稀薄的冰山雪岭,穿越渺无人烟的沼泽草地,纵横十余省,长驱二万五千里。

长征途中,党中央召开的遵义会议,是我们党历史上一个生死攸关的转折点,这次会议确立了毛泽东同志在红军和党中央的领导地位,开始确立了以毛泽东同志为主要代表的马克思主义正确路线在党中央的领导地位,开始形成以毛泽东同志为核心的党的第一代中央领导集体,这是我们党和革命事业转危为安、不断打开新局面最重要的保证。

长征途中,我们党通过艰苦卓绝的实践探索,成功把解决生存危机同拯救民族危亡联系在一起,把长征的大方向同建立抗日前进阵地联系在一起,实现了国内革命战争向抗日民族战争的转变,为夺取中国人民抗日战争胜利,进而夺取新民主主义革命胜利打下了坚实基础。

长征的胜利,不仅保存了革命力量,而且使我们党找到了中国革命力量生存发展新的落脚点,找到了中国革命事业胜利前进新的出发点。从长征的终点出发,我们党领导中国人民展开了中国革命波澜壮阔的新画卷。

历史是不断向前的,要达到理想的彼岸,就要沿着我们确定的道路不断前进。每一代人有每一代人的长征路,每一代人都要走好自己的长征路。今天,我们这一代人的长征,就是要实现"两个一百年"奋斗目标、实现中华民族伟大复兴的中国梦。

实现伟大的理想,没有平坦的大道可走。夺取坚持和发展中国特色社会主义伟大事业新进展,夺取推进党的建设新的伟大工程新成效,夺取具有许多新的历史特点的伟大斗争新胜利,我们还有许多"雪山""草地"需要跨越,还有许多"娄山关""腊子口"需要征服,一切贪图安逸、不愿继续艰苦奋斗的想法都是要不得的,一切骄傲自满、不愿继续开拓前进的想法都是要不得的。

长征永远在路上。一个不记得来路的民族,是没有出路的民族,不论我们的事业发展到哪一步,不论我们取得了多大的成就,我们都要大力弘扬伟大长征精神,在新的长征路上继续奋勇前进。

——摘自习近平《在纪念红军长征胜利 80 周年大会上的讲话》

(1) 为什么说长征的胜利既是"中国革命力量生存发展新的落脚点",也是"中国革命事业胜利前进新的出发点"?

(2) 如何理解"长征永远在路上"?

【要点】(1) 第一,长征出发前,由于党内"左"倾教条主义的错误领导,中央革命根据地第五次反"围剿"失败,其他根据地也遭受挫折,中国共产党到了生死存亡的危急关头,中国革命面临着方向和道路的抉择。中国共产党领导红军,以非凡的智慧和大无畏的英雄气概,战胜千难万险,付出巨大牺牲,胜利完成震撼世界、彪炳史册的长征,宣告了国民党反动派消灭中国共产党和红军的图谋彻底失败。

第二,长征途中,中国共产党通过艰苦卓绝的实践探索,成功把解决生存危机同拯救民族危亡联系在一起,把长征同建立抗日前进阵地联系在一起,实现了国内革命战争向抗日民族战争的转变,为夺取中国人民抗日战争胜利,进而夺取新民主主义革命胜利打下了坚实基础。

第三,长征的胜利,不仅保存了革命力量,而且找到了中国革命力量生存发展新的落脚点,找到了中国革命事业胜利前进新的出发点。从长征的终点出发,中国共产党领导中国人民展开了中国革命波澜壮阔的新画卷。

第四,长征胜利后,在中国共产党领导下,中国人民取得了抗日战争和解放战争的胜利,开启了中国共产党为实现民族独立、人民解放而斗争的新的伟大进军。

(2)今天,我们这一代人的长征,就是要实现"两个一百年"奋斗目标、实现中华民族伟大复兴的中国梦。今天的长征同当年的红军长征相比,同改革开放以来我们已经走过的新长征之路相比,虽然在环境、条件、任务、力量等方面有一些差异甚至有很大不同,但都是具有开创性、艰巨性、复杂性的事业。

实现伟大的理想,没有平坦的大道可走。夺取坚持和发展中国特色社会主义伟大事业新进展,夺取推进党的建设新的伟大工程新成效,夺取具有许多新的历史特点的伟大斗争新胜利,我们还有许多"雪山""草地"需要跨越,还有许多"娄山关""腊子口"需要征服,因此推进中国特色社会主义事业的新长征要持续接力、长期进行,我们每代人都要走好自己的长征路。

第六章
中华民族的抗日战争

一、基本要求

（一）体会民族生死存亡时刻，中华民族不当亡国奴、不怕牺牲、浴血抗战的伟大民族精神和力量；

（二）认识建立抗日民族统一战线的必要性和重要性；

（三）认识广大青年学生积极参加抗日救亡运动的重要意义；

（四）认识中国共产党在抗日战争中发挥的中流砥柱的作用；

（五）认识抗战胜利的伟大意义和经验；

（六）引导学生增强民族自尊心、自信心、自豪感，能够"以史为鉴，面向未来"，为中华民族伟大复兴而发奋读书。

二、重点难点

（一）深刻体会抗日民族统一战线形成及其意义；

（二）正确认识抗日战争胜利的原因及意义；

（三）准确把握国共两党及两个战场在抗日战争中的地位和作用；

（四）客观分析评价国共两党及两个战场在抗日战争中的地位和作用；

（五）充分认识中国共产党是抗日战争的中流砥柱。

三、关联内容

明治维新后，日本开始走上资本主义道路，逐渐发展为军国主义国家。第一次世界大战后，日本军国主义势力进一步控制本国政权，对内镇压人民，对外侵略扩张。

1927 年，日本首相田中义一主持召开"东方会议"，宣示了《对华政策纲要》，企图把"满蒙"从中国本土彻底分割出去，并决心为之诉诸武力。1931 年 9 月 18 日深夜，日军制造九一八事变,日本变中国为其独占殖民地的侵略战争由此开始。至 1932 年 2 月,中国东北全境沦陷。

1935 年,日本在华北制造一系列事端,中国在河北、察哈尔两省的主权大部丧失,华北成为日军可以自由出入的"真空地带"。接着,日本策动华北五省(河北、察哈尔、绥远、山西、山东)两市(北平、天津)"防共自治运动"制造傀儡政权。这就是华北事变。

1937 年 7 月 7 日,卢沟桥事变(七七事变)发生,日本全面侵华战争由此开始,中国由此进入全民族抗战阶段,并开辟了世界反法西斯战争的东方主战场。中国共产党领导开辟的敌后战场和国民党指挥的正面战场协力合作,形成了共同抗击日本侵略者的战略局面。

从卢沟桥事变到 1938 年 10 月广州、武汉失守,中国抗战处于战略防御阶段。在战略防御阶段,以国民党军队为主体的正面战场担负了抗击日军战略进攻的主要任务。抗日战争进入相持阶段后,国民党政府逐步转变为消极抗战。

与国民党的片面抗战路线不同,中国共产党实行全面抗战路线,即人民战争路线。1938 年 5 月至 6 月间,毛泽东发表《论持久战》的讲演,系统地阐明了持久战方针。为贯彻执行全面抗战路线,中国共产党作出了开辟敌后战场的战略决策。在全民族抗战中,游击战被提到战略地位,具有全局性意义。在全民族抗战过程中,中国共产党发挥了中流砥柱作用。

1945 年 7 月 26 日,中、美、英三国发表波茨坦公告,敦促日本投降。8 月 9 日,苏联红军进入中国东北,同中国军民一道对日作战。同日,毛泽东发表《对日寇的最后一战》的声明。随后,朱德总司令发布七道全面反攻命令。抗日战争进入全面反攻阶段。8 月 15 日,日本天皇裕仁发布《终战诏书》,日本无条件投降。9 月 2 日,日本代表在投降书上签字。至此,中国抗日战争胜利结束,世界反法西斯战争也胜利结束。

(一)中国共产党是抗日战争的中流砥柱

首先,中国共产党在抗日战争时期坚持全面抗战的路线。1937 年 8 月在陕北洛川召开的政治局扩大会议通过了《抗日救国十大纲领》,体现了中国人民的根本利益和要求,是彻底的抗日纲领。

其次,从民族大义出发,积极维护统一战线。提出了独立自主原则和抗日民族统一战线的策略总方针,并身体力行贯彻执行。

最后,坚持持久战方法,并领导人民军队开展独立自主的敌后游击战争,牵制和消灭了日军大量的有生力量。毛泽东《论持久战》的发表,抗日游击战战略的确定,八路军、新四军抗战初期的英勇抗战和相持阶段到来后敌后战场成为主要战场。

(二)抗日游击战争的战略地位和作用

在全民族抗战中,游击战被提到战略地位,具有全局性意义。

首先,八路军、新四军采取"基本是游击战,但不放松有利条件下的运动战"的作战方针。

其次,在战略防御阶段,从全局看,国民党正面战场的正规战是主要的,敌后游击战是辅助的。但是,游击战在敌后的广泛开展和敌后抗日根据地的开辟,迫使敌人不得不把用于进攻的兵力抽调回来保守其占领区,从而对阻止日军进攻、减轻正面战场压力、使战争转入相持阶段起了关键性作用。

最后,在战略相持阶段,敌后游击战争成为主要的抗日作战方式。日军逐步将主要兵力用于打击敌后战场的人民军队,以保持和巩固其占领地。为打击日本侵略者,人民军队在有利条件下也进行过运动战,但是,人民军队在大部分时间里所进行的主要是游击战。削弱敌人、壮大自己,逐步改变敌强我弱态势,为实行战略反攻准备条件,这个任务主要是由人民军队进行的游击战来完成的。

(三) 毛泽东《论持久战》的内容和意义

1. 内容

(1) 特点:中日战争是半殖民地半封建的中国和帝国主义的日本之间在 20 世纪 30 年代进行的一个决死的战争。中国已经有了代表中华民族和中国人民根本利益的、在政治上成熟的中国共产党及其领导的抗日根据地和人民军队。因此,最后胜利必将是属于中国的。

(2) 前途和规律:一方面,日本是强国,中国是弱国,这一对比,决定了抗日战争只能是持久战。另一方面,日本是小国,发动的是退步的、野蛮的侵略战争,在国际上失道寡助;而中国是大国,进行的是进步的、正义的反侵略战争,在国际上得道多助。

(3) 进程和方针:科学地预见了抗日战争的发展进程,即抗日战争将经过战略防御、战略相持、战略反攻三个阶段。其中,战略相持阶段是中国抗日战争取得最后胜利最关键的阶段。只要坚持持久抗战、坚持抗日民族统一战线,中国将在这个阶段中获得转弱为强的力量,乃至最后取胜。毛泽东还强调,"兵民是胜利之本",战胜日本的侵略,必须进行人民战争。

2. 意义

毛泽东阐明的持久战战略思想,抓住了中日战争发生的时代特点和战争性质,系统阐明了抗日战争的发展规律和坚持抗战、争取抗战胜利必须实行的战略总方针,是中国共产党领导抗日战争的纲领性文献,对全国抗战的战略指导产生了积极影响。

(四) 新民主主义理论体系的内容和意义

1. 内容

为了将丰富的中国革命实际经验马克思主义化,以更好地指导抗日战争和中国革命,1939 年、1940 年之交,毛泽东撰写了《〈共产党人〉发刊词》《中国革命和中国共产党》《新民主主义论》等一批重要理论著作。

(1) 揭示了中国半殖民地半封建社会的性质和主要特征,明确了近代中国社会的主要矛盾和中国革命发生及发展的原因,阐明了中国共产党领导的整个中国革命运动,包括民主主义革命和社会主义革命两个阶段。而五四运动以后的中国民主革命,已经是无产阶级领导的人民大众的反帝反封建的新民主主义革命,它的前途是社会主义。

（2）阐明了中国共产党在新民主主义革命阶段的基本纲领。政治上,推翻帝国主义和封建主义的压迫,建立一个以无产阶级为领导的、以工农联盟为基础的各革命阶级联合专政的新民主主义共和国;政体是民主集中制的人民代表大会制度。经济上,没收操纵国计民生的大银行、大工业、大商业归新民主主义国家所有,建立国营经济;没收地主阶级土地归农民所有,并引导个体农民发展合作经济;允许民族资本主义经济的发展和富农经济的存在。文化上,废除封建买办文化,发展无产阶级领导的人民大众的反帝反封建的中华民族的新文化,即民族的科学的大众的文化。

（3）总结了中国共产党成立以来的历史经验,指出统一战线、武装斗争、党的建设,是中国共产党领导革命的三个基本问题,是战胜敌人的三个法宝。

2. 意义

新民主主义理论是马克思主义中国化的重大理论成果。它的提出和系统阐明,标志着毛泽东思想得到多方面展开而趋于成熟。这个理论从思想上武装了中国共产党人,使他们极大地增强了参加和领导抗日战争以及整个新民主主义革命的自觉性。

（五）抗日战争胜利的原因与意义

1. 原因

抗日战争是近代以来中国人民反抗外敌入侵第一次取得完全胜利的民族解放斗争。其原因在于:

首先,以爱国主义为核心的民族精神是中国人民抗日战争胜利的决定因素。近代以来,中国人民为争取民族独立和解放进行的一系列抗争,是中华民族觉醒和民族精神升华的历史进程,这在抗日战争时期达到全新高度。中华儿女众志成城、共御外侮,谱写了伟大的爱国主义篇章。

其次,中国共产党的中流砥柱作用是中国人民抗日战争胜利的关键。中国共产党自成立之日起就把实现中华民族伟大复兴作为自己的历史使命。在日本帝国主义加紧侵略中国、民族危机空前严重的关头,党率先高举武装抗日旗帜,广泛开展抗日救亡运动,促成西安事变和平解决,对推动国共再次合作、团结抗日起了重大历史作用。七七事变后,党实行正确的抗日民族统一战线政策,坚持全面抗战路线,提出和实施持久战的战略总方针和一整套人民战争的战略战术,开辟广大敌后战场和抗日根据地,领导八路军、新四军、东北抗日联军和其他人民抗日武装英勇作战,成为全民族抗战的中流砥柱,直到取得中国人民抗日战争最后胜利。

再次,全民族抗战是中国人民抗日战争胜利的重要法宝。中国共产党坚持动员人民、依靠人民,推动形成了全民族抗战的历史洪流。全体中华儿女万众一心,各党派、各民族、各阶级、各阶层、各团体同仇敌忾，敌后战场和正面战场协力合作。中国人民抗日战争胜利是全体中华儿女勠力同心、以弱胜强的雄浑史诗，显示了中国人民和中华儿女坚不可摧的磅礴力量。

最后，中国人民抗日战争的胜利，同世界所有爱好和平和正义的国家和人民、国际组织以及各种反法西斯力量的同情和支持也是分不开的。

2. 意义

中国人民抗日战争是 20 世纪中国和人类历史上的重大事件。这一伟大胜利，是中华民族从近代以来陷入深重危机走向伟大复兴的历史转折点。

首先，中国人民抗日战争的胜利，彻底粉碎了日本军国主义殖民奴役中国的图谋，有力捍卫了国家主权和领土完整，彻底洗刷了近代以来抗击外来侵略屡战屡败的民族耻辱。

其次，中国人民抗日战争的胜利，促进了中华民族的大团结，形成了伟大的抗战精神。中国人民向世界展示了天下兴亡、匹夫有责的爱国情怀，视死如归、宁死不屈的民族气节，不畏强暴、血战到底的英雄气概，百折不挠、坚忍不拔的必胜信念。伟大抗战精神是中国人民弥足珍贵的精神财富。

再次，中国人民抗日战争的胜利，对世界各国夺取反法西斯战争的胜利，维护世界和平产生了巨大影响。中国人民为最终战胜法西斯势力作出了历史性贡献，国际地位显著提高，中国成为联合国安理会五个常任理事国之一。中国人民赢得了世界爱好和平人民的尊敬，中华民族赢得了崇高的民族声誉。

最后，中国人民抗日战争的胜利，坚定了中国人民追求民族独立、自由、解放的意志，开启了古老中国凤凰涅槃、浴火重生的历史新征程，为中国共产党团结带领全国人民继续奋斗，赢得新民主主义革命胜利，奠定了重要基础。

四、文献研读

（一）案例

为什么是持久战？

（三〇）现在我们来把持久战问题研究一下。"为什么是持久战"这一个问题，只有依据全部敌我对比的基本因素，才能得出正确的回答。例如单说敌人是帝国主义的强国，我们是半殖民地半封建的弱国，就有陷入亡国论的危险。因为单纯地以弱敌强，无论在理论上，在实际上，都不能产生持久的结果。单是大小或单是进步退步、多助寡助，也是一样。大并小、小并大的事都是常有的。进步的国家或事物，如果力量不强，常有被大而退步的国家或事物所灭亡者。多助寡助是重要因素，但是附随因素，依敌我本身的基本因素如何而定其作用的大小。因此，我们说抗日战争是持久战，是从全部敌我因素的相互关系产生的结论。敌强我弱，我有灭亡的危险。但敌尚有其他缺点，我尚有其他优点。敌之优点可因我之努力而使之削弱，其缺点亦可因我之努力而使之扩大。我方反是，我之优点可因我之努力而加强，缺点则因我之努力而克服。所以我能最后胜利，避免灭亡，敌则将最后失败，而不能避免整个帝国主义制度的崩溃。

（三一）既然敌之优点只有一个，余皆缺点，我之缺点只有一个，余皆优点，为什么不能得出平衡结果，反而造成了现时敌之优势我之劣势呢？很明显的，不能这样形式地看问题。事情是现时敌我强弱的程度悬殊太大，敌之缺点一时还没有也不能发展到足以减杀其强的因素之必要的程度，我之优点一时也没有且不能发展到足以补充其弱的因素之必要的程度，所以平衡不能出现，而出现的是不平衡。

（三二）敌强我弱，敌是优势而我是劣势，这种情况，虽因我之坚持抗战和坚持统一战线的努力而有所变化，但是还没有产生基本的变化。所以，在战争的一定阶段上，敌能得到一定程度的胜利，我则将遭到一定程度的失败。然而敌我都只限于这一定阶段内一定程度上的胜或败，不能超过而至于全胜或全败，这是什么缘故呢？因为一则敌强我弱之原来状况就是相对的，不是绝对的；二则由于我之坚持抗战和坚持统一战线的努力，更加造成这种相对的形势。拿原来状况来说，敌虽强，但敌之强已为其他不利的因素所减杀，不过此时还没有减杀到足以破坏敌之优势的必要的程度；我虽弱，但我之弱已为其他有利的因素所补充，不过此时还没有补充到足以改变我之劣势的必要的程度。于是形成敌是相对的强，我是相对的弱；敌是相对的优势，我是相对的劣势。双方的强弱优劣原来都不是绝对的，加以战争过程中我之坚持抗战和坚持统一战线的努力，更加变化了敌我原来强弱优劣的形势，因而敌我只限于一定阶段内的一定程度上的胜或败，造成了持久战的局面。

（三三）然而情况是继续变化的。战争过程中，只要我能运用正确的军事的和政治的策略，不犯原则的错误，竭尽最善的努力，敌之不利因素和我之有利因素均将随战争之延长而发展，必能继续改变着敌我强弱的原来程度，继续变化着敌我的优劣形势。到了新的一定阶段时，就将发生强弱程度上和优劣形势上的大变化，而达到敌败我胜的结果。

（三四）目前敌尚能勉强利用其强的因素，我之抗战尚未给他以基本的削弱。其人力、物力不足的因素尚不足以阻止其进攻，反之，尚足以维持其进攻到一定的程度。其足以加剧本国阶级对立和中国民族反抗的因素，即战争之退步性和野蛮性一因素，亦尚未造成足以根本妨碍其进攻的情况。敌人的国际孤立的因素也方在变化发展之中，还没有达到完全的孤立。许多表示助我的国家的军火资本家和战争原料资本家，尚在唯利是图地供给日本以大量的战争物资，他们的政府亦尚不愿和苏联一道用实际方法制裁日本。这一切，规定了我之抗战不能速胜，而只能是持久战。中国方面，弱的因素表现在军事、经济、政治、文化各方面的，虽在十个月抗战中有了某种程度的进步，但距离足以阻止敌之进攻及准备我之反攻的必要的程度，还远得很。且在量的方面，又不得不有所减弱。其各种有利因素，虽然都在起积极作用，但达到足以停止敌之进攻及准备我之反攻的程度则尚有待于巨大的努力。在国内，克服腐败现象，增加进步速度；在国外，克服助日势力，增加反日势力，尚非目前的现实。这一切，又规定了战争不能速胜，而只能是持久战。

持久战的三个阶段

（三五）中日战争既然是持久战，最后胜利又将是属于中国的，那末，就可以合理地设想，这种持久战，将具体地表现于三个阶段之中。第一个阶段，是敌之战略进攻、我之战略防御的时期。第二个阶段，是敌之战略保守、我之准备反攻的时期。第三个阶段，是我之战略反攻、敌之战略退却的时期。三个阶段的具体情况不能预断，但依目前条件来看，战争趋势中的某些大端是可以指出的。客观现实的行程将是异常丰富和曲折变化的，谁也不能造出一本中日战争的"流年"来；然而给战争趋势描画一个轮廓，却为战略指导所必需。所以，尽管描画的东西不能尽合将来的事实，而将为事实所校正，但是为着坚定地有目的地进行持久战的战略指导起见，描画轮廓的事仍然是需要的。

（三六）第一阶段，现在还未完结。敌之企图是攻占广州、武汉、兰州三点，并把三点联系起来。敌欲达此目的，至少出五十个师团，约一百五十万兵员，时间一年半至两年，用费将在一百万万日元以上。敌人如此深入，其困难是非常之大的，其后果将不堪设想。至欲完全占领粤汉铁路和西兰公路，将经历非常危险的战争，未必尽能达其企图。但是我们的作战计划，应把敌人可能占领三点甚至三点以外之某些部分地区并可能互相联系起来作为一种基础，部署持久战，即令敌如此做，我也有应付之方。这一阶段我所采取的战争形式，主要的是运动战，而以游击战和阵地战辅助之。阵地战虽在此阶段之第一期，由于国民党军事当局的主观错误把它放在主要地位，但从全阶段看，仍然是辅助的。此阶段中，中国已经结成了广大的统一战线，实现了空前的团结。敌虽已经采用过并且还将采用卑鄙无耻的劝降手段，企图不费大力实现其速决计划，整个地征服中国，但是过去的已经失败，今后的也难成功。此阶段中，中国虽有颇大的损失，但是同时却有颇大的进步，这种进步就成为第二阶段继续抗战的主要基础。此阶段中，苏联对于我国已经有了大量的援助。敌人方面，士气已开始表现颓靡，敌人陆军进攻的锐气，此阶段的中期已不如初期，末期将更不如初期。敌之财政和经济已开始表现其竭蹶状态，人民和士兵的厌战情绪已开始发生，战争指导集团的内部已开始表现其"战争的烦闷"，生长着对于战争前途的悲观。

（三七）第二阶段，可以名之曰战略的相持阶段。第一阶段之末尾，由于敌之兵力不足和我之坚强抵抗，敌人将不得不决定在一定限度上的战略进攻终点，到达此终点以后，即停止其战略进攻，转入保守占领地的阶段。此阶段内，敌之企图是保守占领地，以组织伪政府的欺骗办法据之为己有，而从中国人民身上尽量搜括东西，但是在他的面前又遇着顽强的游击战争。游击战争在第一阶段中乘着敌后空虚将有一个普遍的发展，建立许多根据地，基本上威胁到敌人占领地的保守，因此第二阶段仍将有广大的战争。此阶段中我之作战形式主要的是游击战，而以运动战辅助之。此时中国尚能保有大量的正规军，不过一方面因敌在其占领的大城市和大道中取战略守势，一方面因中国技术条件一时未能完备,尚难迅即举行战略反攻。除正面防御部队外,我军将大量地转入敌后,比较地分散配置,依托一切敌人未占区域,配合民众武装,向敌人占领地作广泛的和猛烈的游击战争,并尽可能地调动敌人于运动战中消灭之,如同现在山西的榜样。此阶段的战争是残酷的,地方将遇到严重的破坏。但是游击战争能够胜利,做得好,可能使敌只能保守占领地三分之一左右的区域,三分之二左右仍然是我们的,这就是敌人的大失败,中国的大胜利。那时,整个敌人占领地将分为三种地区:第一种是敌人的根据地,第二种是游击战争的根据地,第三种是双方争夺的游击区。这个阶段的时间的长短,依敌我力量增减变化的程度如何及国际形势变动如何而定,大体上我们要准备付给较长的时间,要熬得过这段艰难的路程。这将是中国很痛苦的时期,经济困难和汉奸捣乱将是两个很大的问题。敌人将大肆其破坏中国统一战线的活动,一切敌之占领地的汉奸组织将合流组成所谓"统一政府"。我们内部,因大城市的丧失和战争的困难,动摇分子将大倡其妥协论,悲观情绪将严重地增长。此时我们的任务,在于动员全国民众,齐心一致,绝不动摇地坚持战争,把统一战线扩大和巩固起来,排除一切悲观主义和妥协论,提倡艰苦斗争,实行新的战时政策,熬过这一段艰难的路程。此阶段内,必须号召全国坚决地维持一个统一政府,反对分裂,有计划地增强作战技术,改造军队,动员全民,准备反攻。此阶段中,国际形势将变到更于日本不利,虽可能有张伯伦一类的迁就所谓"既成事实"的"现实主义"的调头出现,但主要的国际势力将变到进一步地援助中国。日本威胁南洋和威胁西伯利亚,将较之过去更加严重,甚至爆发新的战争。敌人方面,陷在中国泥潭中的几十个师团抽不出去。广大的游击战争和人民抗日运动将疲惫这一大批日本军,一方面大量地消耗之,又一方面进一步地增长其思乡厌战直至反战的心理,从精神上瓦解这个军队。日本在中国的掠夺虽然不能说它绝对不能有所成就,但是日本资本缺乏,又困于游击战争,急遽的大量的成就是不可能的。这个第二阶段是整个战争的过渡阶段,也将是最困难的时期,然而它是转变的枢纽。中国将变为独立国,还是沦为殖民地,不决定于第一阶段大城市之是否丧失,而决定于第二阶段全民族努力的程度。如能坚持抗战,坚持统一战线和坚持持久战,中国将在此阶段中获得转弱为强的力量。中国抗战的三幕戏,这是第二幕。由于全体演员的努力,最精彩的结幕便能很好地演出来。

　　(三八)第三阶段,是收复失地的反攻阶段。收复失地,主要地依靠中国自己在前阶段中准备着的和在本阶段中继续地生长着的力量。然而单只自己的力量还是不够的,还须依靠国际力量和敌国内部变化的援助,否则是不能胜利的,因此加重了中国的国际宣传和外交工作的任务。这个阶段,战争已不是战略防御,而将变为战略反攻了,在现象上,并将表现为战略进攻;已不是战略内线,而将逐渐地变为战略外线。直至打到鸭绿江边,才算结束了这个战争。第三阶段是持久战的最后阶段,所谓坚持战争到底,就是要走完这个阶段的全程。这个阶段我所采取的主要的战争形式仍将是运动战,但是阵地战将提到重要地位。如果说,第一阶段的阵地防御,由于当时的条件,不能看作重要的,那末,第三阶段的阵地攻击,由于条件的改变和任务的需要,将变成颇为重要的。此阶段内的游击战,仍将辅助运动战和阵地战而起其战略配合的作用,和第二阶段之变为主要形式者不相同。

（三九）这样看来，战争的长期性和随之而来的残酷性，是明显的。敌人不能整个地吞并中国，但是能够相当长期地占领中国的许多地方。中国也不能迅速地驱逐日本，但是大部分的土地将依然是中国的。最后是敌败我胜，但是必须经过一段艰难的路程。

（四〇）中国人民在这样长期和残酷的战争中间，将受到很好的锻炼。参加战争的各政党也将受到锻炼和考验。统一战线必须坚持下去；只有坚持统一战线，才能坚持战争；只有坚持统一战线和坚持战争，才能有最后胜利。果然是这样，一切困难就能够克服。跨过战争的艰难路程之后，胜利的坦途就到来了，这是战争的自然逻辑。

[毛泽东《论持久战》（节选），《毛泽东选集》第二卷]

（二）研讨

1. 毛泽东发表《论持久战》的背景是什么？
2. 《论持久战》的主要内容是什么？
3. 《论持久战》体现了怎样的哲学思想？

五、社会实践

实践活动一：通过实地考察调研，了解抗战期间日本对华侵略恶行

实践地点 1：南京大屠杀遇难同胞遇难地和丛葬地

1937 年 12 月 13 日侵华日军攻陷南京，在以后的六周内，日军对中国平民和解除武装的士兵进行了惨绝人寰的大屠杀，遇难同胞 30 多万人。这是日本帝国主义侵华最凶残、最具有代表性与典型性的暴行之一，是第二次世界大战中的特大惨案之一。

1983 年初，南京市进行文物普查，查出南京大屠杀遇难同胞遇难处及丛葬地多处，并发现江东门遇难同胞万人坑遗址。1983 年 10 月，南京市人民政府决定在江东门、中山陵西洼子村、挹江门、清凉山、煤炭港、北极阁、中山码头、上新河、鱼雷营、汉中门、普德寺、五台山、正觉寺、花神庙、南京大学、燕子矶、草鞋峡等屠杀遗址及丛葬地建立纪念碑。1985 年 8 月 15 日，各处遗址纪念碑建成开放。[①]

（1）正觉寺遇难同胞纪念碑

正觉寺遇难同胞纪念碑位于南京市长乐路"武定门"古城墙下。该碑于 1987 年 12 月，即南京大屠杀五十周年时，立于正觉寺屠杀现场，后出于道路拓宽等原因，移至现址。

正觉寺原址位于当时的武定门内长乐路 444 号，寺有二殿，僧舍十间，僧人 20 人。1937 年 12 月 13 日上午，日军中岛第十六师团一个联队突入武定门，城上有中国守军 87 师十几个士兵未及撤退，全被刺落城下。日军沿长乐路向西、向南北两翼搜索屠杀，南北两边街巷多，留守房产，躲入寺庙、防空洞内的平民被屠杀一百多人。长乐路武定

---

① 现存 24 处遇难同胞遇难地和丛葬地。参见肖振才、顾茂富《纪念碑下——侵华日军南京大屠杀遇难同胞丛葬地田野调查》，江苏人民出版社，2021 年。

桥至武定门段,是繁荣的商业街道,沿街多为二层木结构商铺。日军冲砸商铺、抢走商品货物,杀死居民,最后焚烧商铺,许多老字号商铺被毁灭,正觉寺的屠杀就是在这种情况下发生的。

除碑文所记遇难者外,正觉寺内被屠杀者还有数十名避难的平民。该寺住持莲华于1946年7月18日所呈南京军事法庭诉状显示,"本寺僧道慧光等十五名(后又补充二人)均看守寺院,被日寇中岛部队集体均以步枪射死,或用

图6-1 正觉寺遇难同胞纪念碑

刺刀戳杀。同时并有不知姓名躲难者三十余名,亦在本寺空地遭屠杀……"

(2)东郊遇难同胞丛葬地纪念碑

东郊遇难同胞丛葬地纪念碑立于南京灵谷寺附近(中山陵园风景区西洼子)。据碑文所记,1937年12月,侵华日军疯狂实施南京大屠杀。南京东郊一带,惨遭杀害之无辜同胞,尸蔽丘陇,骨暴荒原。直到翌年4月,才由崇善堂等慈善团体从事收殓。计于中山门外至马群镇一带收尸33 000余具,就地掩埋于荒丘或田野。1938年12月,复经伪市政督办责成其卫生局,又于马群等处,收集死难者遗骨和残骸3 000余具,丛葬于灵谷寺之东。后于1939年1月,于丛葬处立"无主孤魂墓碑"为志。现碑于1985年立。

图6-2 煤炭港遇难同胞纪念碑

(3)煤炭港遇难同胞纪念碑

煤炭港遇难同胞纪念碑立于南京市东炮台街"南京铁路物资公司"斜对面,立于长江防护堤上,以防护堤一段为碑座,碑座高100厘米,宽278厘米,厚40厘米。碑身卧式,高90厘米,宽135厘米,厚12厘米。在堤、墙连接处斜塑一直径为30厘米的水泥花圈。

据碑文所记,煤炭港系侵华日军南京大屠杀主要遗址之一,1937年12月17日,日军从各处搜捕中国解除武装之士兵及平民3 000余人,拘禁于煤炭港下游江边,以机枪射杀;伤而未死者都被押入附近茅屋,纵火活焚致死,内有首都电厂职工45人,即死于此难。

(4)汉中门外遇难同胞纪念碑

汉中门外遇难同胞纪念碑位于南京市秦淮河汉中门大桥桥头,1985年立。该碑为标志性文物遗址,正面刻碑名,上端刻一花圈,背面刻有碑文,周围围以铁栏杆。

1937 年 12 月南京城沦陷之初,汉中门、汉西门外一带,曾多次发生侵华日军对中国军警、市民的血腥集体屠杀。

12 月 15 日,日军将"安全区"内司法院中军警、百姓 2 000 余名,押至汉中门里,自下午 1 时起,即以每批 100 余人,分批押往城外秦淮河边,用机枪密集扫射,其受伤未死者,又被用木柴、汽油焚烧,并用刺刀捅刺。当晚,又有王华、鲍关位等 100 余名被俘军民,被驱至汉西门外二道埂子一民院内,用刺刀乱刺,复以煤油焚烧,除王、鲍等少数人遇救生还外当场共死 96 人。

12 月间,日军还将四五百名难民,押至汉中门外,迫令立于河水中,用机枪进行集体屠杀。

此外,日军还自 12 月下旬起,在"安全区"内以办理所谓"良民登记"为由,捕杀青壮年。12 月 26 日,金陵大学难民收容所内,有 300 余名青壮年,被分别押往汉中门外、五台山等处,加以屠杀。1938 年 1—2 月间,日军又以同样花招,将华侨路兵工署大院内的青年难民装满三大卡车,拉到汉西门外河边,用机枪射杀。

1938 年 2 月 11 日、18 日,国际红卍字会先后在汉中门、汉西门外,收殓遇难者尸体 1 395 具,掩埋于汉中门外广东公墓、二道埂子一带。

（5）上新河遇难同胞纪念碑

上新河遇难同胞纪念碑立于南京市水西门外上新河棉花堤附近。1937 年 12 月,侵华日军攻占南京后,大批解除武装之士兵和群集上新河一带的难民,共 28 730 余人,悉遭日军杀害于此处。日军屠杀手段极其残酷,或缚之以溺水,或积薪而活焚,枪击、刀劈,无所不用其极,对妇女乃至女童,均先强奸而后杀害,惨绝人寰,世所罕见,以至尸积如山,血流成河。劫后,湖南木商盛世征、昌开运由私人捐款掩埋一批遗尸。后于 1938 年 1 月至 5 月又经南京红十字会在上新河一带收埋死难者遗尸计 14 批,共 8 459 具。

图 6-3　上新河遇难同胞纪念碑

（6）挹江门丛葬地纪念碑

挹江门丛葬地纪念碑立于南京绣球公园内。挹江门附近是侵华日军南京大屠杀遇难同胞尸骨丛葬地之一。该碑位于公园大门百米左右的小山坡上，南边靠城墙根，北边是绣球公园沿湖道路。沿小径而上，可见约 1 米高的方形墓冢，周围有半圆形矮墙环绕，墓顶一石刻大花圈覆盖其上。墓碑名称刻于正面，碑文刻于背面。据碑文所记，从1937 年 12 月至 1938 年 8 月，南京崇善堂、红卍字会等慈善团体先后 6 批共收死难者遗骸 5 100 多具，埋葬于挹江门东城根及其附近之姜家园、石榴园等地。

图 6 - 4　挹江门丛葬地纪念碑

（7）金陵大学难民收容所及遇难同胞纪念碑

金陵大学难民收容所及遇难同胞纪念碑立于南京大学天文系院内。该碑建于1996 年 5 月，由祭台、碑座和扇形碑身三部分组成，面朝东南，高约 3 米，砖石结构，其底座为三级半圆形台阶组成，碑身由方形毛石砌成，碑身的上部则镶有黑色长方形大理石，以示永久纪念。

1937 年 12 月，日军侵占南京时，留在南京的外侨代表为了收容难民，以原金陵大学等处为中心，在城内设立了"国际安全区"。安全区占地约 3.86 平方千米，内设 25 个难民收容所，收容难民约 25 万人。原金陵大学附近，也是侵华日军实施集体屠杀的场所之一。1937 年 12 月 26 日，日军以办理难民"登记"为由，将避难于原金陵大学图书馆内之 2 000 余名难民，迫令集中在网球场（现该地已建为地质实验楼）上，从中搜捕了300 余名青壮年，驱至五台山及汉中门外悉加杀害。

（8）清凉山遇难同胞纪念碑

清凉山遇难同胞纪念碑位于河海大学校园内,建于1985年。该碑底座为三层红色台阶,碑身主体呈白色三个人字形状,寓意南京大屠杀30万遇难同胞血流遍地;碑顶置一大古鼎,上刻"居安思危"四字,告诫人们不能让历史的悲剧重演。

1937年12月,在侵华日军南京大屠杀事件中,清凉山地区吴家巷、韩家桥、虎踞关等处,有数以千计的无辜同胞惨遭血腥屠杀。

据时年25岁的屠杀幸存者铁匠王鹏清所述,在虎踞关一个水塘边,有200多名百姓,被四人一排捆在一起,日本兵在四周居高临下架起机枪,"日军军官一声令下,机枪、步枪一起向我们射击,一颗子弹从我头上擦过,鲜血直流,我只觉得头上挨了一闷棍,顿时倒了下去"。后来,待到深夜,日军离开后,他才从尸堆中慢慢爬出。另一名当时在金陵大学农业专修科难民收容所担任小组长的刘世尧,目睹日军将数百名中国人带到清凉山附近的一个大防空洞口,将人推入洞中,先用汽油燃烧,再用机枪扫射,使这批市民全部惨死在洞中。

慈善团体红卍字会的埋尸资料记载,该会于1937年12月22日自收兵桥一带收殓129具尸体葬于清凉山后山;1938年2月6日又自龙蟠里一带收殓49具尸体,埋于清凉山坟地。

（9）花神庙地区丛葬地纪念碑

花神庙地区丛葬地纪念碑立于南京市"雨花功德园"门前小路路边,建于2001年。纪念碑是一个假山石,底座上刻有碑文。据碑文所记,1937年12月13日南京沦陷后,侵华日军即进行血腥大屠杀,惨不忍睹。南京红卍字会和崇善寺堂两慈善团体,自1937年12月22日至1938年4月18日,在中华门外雨花台、望江矶、花神庙一带,共掩埋遇难同胞尸体27 239具。南京市民芮芳缘、张鸿儒、杨广才等组织难民30余人,于1938年1—2月的40余日内,在花神庙一带,掩埋中国军民尸体7 000余具,其中难民尸体5 000余具,军人尸体2 000余具。特此立碑,悼念遇难同胞,永志不忘历史,振兴中华。

（10）江东门遇难同胞纪念碑

江东门遇难同胞纪念碑立于江东门侵华日军南京大屠杀遇难同胞纪念馆内,建于1985年。该碑立于纪念馆内鹅卵石广场路边,碑材取山石自然形态,中以绿色字体刻书碑文。

在侵华日军南京大屠杀期间,位于城西郊区的江东门一带,是日军对被俘军民进行集体屠杀的重点场所之一。据碑文所记,1937年12月16日,日军将被解除武装的中国士兵和平民万余人,囚禁于原陆军监狱院内,傍晚押至江东门,放火焚烧民房借以照明,骤以轻重机枪向被押人群猛烈扫射,受害者众声哀号,相继倒卧于血泊之中。数月之后,因天暖尸腐,始由南京慈善团体收尸万余具,就近掩埋于两大土坑内,故有"万人坑"之称。

（11）鱼雷营遇难者丛葬地纪念碑

鱼雷营遇难者丛葬地纪念碑位于南京市金陵造船厂厂区东北角防洪堤外,立于2015年。纪念碑采用卧式花圈式,花岗岩材质,宽5米左右,高1.5米,正反面雕刻着同样的样式。

1892年清政府在南京创立鱼雷分局。1929年,南京国民政府以鱼雷营为基础成立海军水鱼雷营,其旧址位于老虎山下、上元门一带,位置与金陵造船厂部分重合。

图6-5 鱼雷营遇难者丛葬地纪念碑

据南京大屠杀遇难同胞纪念馆内复刻的"鱼雷营遇难同胞纪念碑"碑文所记,1937年12月15日夜,侵华日军将被其搜捕的平民和已解除武装的守城官兵9 000余人,押至鱼雷营,以机枪集体射杀。同月,日军又在鱼雷营、宝塔桥一带杀害中国军民3万余人。死难者之遗骸,直至次年2月,犹曝露于军营码头等地,惨不可睹。后由红卍字会就地掩埋,仅2月19日、21日、22日三天,埋尸即达5 000余具。

（12）太平门遇难同胞纪念碑

太平门遇难同胞纪念碑立于南京市太平花园东北角(白马公园大门对面)。为悼念在太平门附近无辜的中国遇难者,侵华日军南京大屠杀遇难同胞纪念馆、旅日华侨中日友好交流促进会、日本纪念南京大屠杀遇难者60周年全国联络会、日本"铭心会(南京)"访华团于2007年联合在此立碑。

1937年12月13日,日军从中华门侵入南京城,随后光华门、通济门、中山门等地也失守,在此情形下,中国军队被迫撤退。在太平门守备的中国官兵大多战死,在突围过程中,部分官兵被日军俘虏,加之先前被日军抓住的平民,共计1 300人被日军押至太平门外城墙下全部屠杀,无一幸存。

图 6-6　太平门遇难同胞纪念碑

实践地点 2：侵华日军南京大屠杀遇难同胞纪念馆

　　侵华日军南京大屠杀遇难同胞纪念馆位于南京市水西门大街 418 号，于 1985 年 8 月 15 日建成开放，是国家建造的一座遗址型专类纪念馆，位于当年大屠杀的江东门集体屠杀遗址和被杀者的丛葬地，为悼念抗日战争时期在南京大屠杀中被侵华日军所杀遇难者而建。占地约 7.4 万平方米，主体建筑采用灰白色大理石垒砌而成，庄严肃穆。建筑面积 2.5 万平方米，展陈面积 9 800 平方米，全馆分有展览陈列、遗址悼念、和平公园和馆藏交流等几个区室。展览包括广场陈列、遗骨陈列和史料陈列三大部分，以史料、实物、图片、文物、建筑、雕塑、绘画、影视等多种形式，全面而真实地展示了"南京大屠杀"这一震惊中外的特大惨案。广场陈列由悼念广场、祭奠广场、墓地广场等室外陈列场

图 6-7　侵华日军南京大屠杀遇难同胞纪念馆

所构成。悼念广场中矗立着形如十字架的建筑标志，铭刻着大屠杀发生的时间。"倒下的 300 000 人""古城的灾难""和平大钟"等组合雕塑及和平鸽等造型，警钟长鸣，震撼人心。祭奠广场内用中英日三种文字镌刻的"遇难者 300 000 人"纪念石壁，在苍松翠柏簇拥之中，令人义愤填膺，难以忘怀。墓地广场路旁的 17 块石碑，是记录大屠杀的重

要遗址,是全市各处集体屠杀的集中陈列。此外,受难母亲石像、遇难者名单壁、赎罪之碑等都令人深思和震撼。棺椁状的遗骨陈列室展示着江东门"万人坑"中挖出的部分遇难者的累累白骨,是摆在人们面前日军大屠杀暴行的如山铁证。

实践地点 3:江南水泥厂难民收容所旧址

图 6-8　江南水泥厂难民收容所旧址

江南水泥厂难民收容所旧址位于南京市江南水泥厂老生活区,建于 1935 年,建筑群占地面积约 5 000 平方米,分为住宅和办公两类,均为砖木结构。其中住宅建筑又分为甲、乙、丙、丁四种,甲种亦称甲招,是建厂时期中方聘外籍厂长居住的招待所,德国人京特曾在此居住。小黄楼是建厂初期办公及外籍人员娱乐场地,京特等国际友人曾在这里与日军斡旋。小黄楼南侧的"凹"形平房,为日军侵华期间国际友人设立的难民营临时诊所。小黄楼与难民营临时诊所都曾出现在美国牧师约翰·马吉拍摄的记录日军大屠杀暴行的录像中。

江南水泥厂的前身是始建于 1889 年的中国首家水泥厂启新洋灰(水泥)公司。"九一八"事变后,启新洋灰公司所在地唐山沦为日本控制区域,董事会为应对战局变化,南迁金陵,并在石灰矿储量丰富,且水陆交通便利的栖霞山东麓筹建新厂。1937 年底,拥有世界上最先进水泥生产线和电器设备的江南水泥厂建成试机。然而时局突变,未等这座中国最大的水泥企业正式投产,战火已迅速蔓延至南京城郊。为保护工厂设备,京特受公司董事会委托,以德国禅臣洋行代表的名义南下,出任江南水泥厂代理厂长,与丹麦工程师辛德贝格共同担负护厂重任。面对大量涌入的难民,两人在江南水泥厂四周以绘有德丹两国旗帜的木牌为界,建立了整个南京城最大的一处难民收容所。

据记载,从 1937 年 12 月到 1938 年 4 月,来江南水泥厂避难的难民有三万之众,最多时甚至达到四五万人。京特和辛德贝格后将在江南水泥厂为中国难民设立难民营,保护厂产、保护难民的经历及日军的暴行记录下来并公之于众。

实践地点 4:拉贝旧居

拉贝旧居位于南京市广州路东口小粉桥 1 号,原为金陵大学农学院院长、中国农业改进所所长谢家声以其妻谢汤氏之名申请土地于 1934 年兴建。该处总共占地面积为 2.858 亩,计为 1 905.2 平方米。建筑为西式砖瓦结构的二层楼房一栋 13 间,汽车房 2 间,西式平房一进 6 间,共计 21 间。南临广州路 12 号,于 1933 年还建有西式平房一进 6 间，厨房 3 间，共计 9 间。1938 年 3 月以前德国人约翰·拉贝在此居住。

图 6-9　拉贝旧居

约翰·拉贝（1882—1950），德国汉堡人。1908 年来华，在中国工作生活了 30 年。从 1931 年起，任德国西门子驻南京办事处经理。1934 年在南京建了一所德国学校，任该校理事会理事长；同年加入了国社党。1937 年，在侵华日军侵占南京前后，出任南京安全区国际委员会主席。他目睹侵华日军在金陵古城犯下惨绝人寰的暴行，逐日记载了中国历史上最惨痛的一页——《拉贝日记》。1938 年 3 月被召回国。1950 年 1 月 5 日逝世。

实践地点 5：抗日蒙难将士纪念碑（侵华日军浦口战俘营）

抗日蒙难将士纪念碑位于南京市浦口新炭场新华街顺河里，于 1989 年 10 月修建。碑身正面镌刻"抗日蒙难将士纪念碑"9 个大字；背面刻有碑文；碑顶呈愤怒的拳头造型，寓意"前事不忘，后事之师"，同时表现了抗日将士宁死不屈的英勇气概。

日本全面侵华期间，曾在浦口新炭场建造三井洋行码头，并在码头临江地带（南京长江北岸，今南京港务三公司和南京市棉麻仓库一带）设立了 2 个战俘营。一个在新华街、合作街、场南街一带，一个在棉麻仓库一带，占地面积约 3 000 亩。日军在集中营周围架设三道铁丝网并在出口处建了一座碉堡。1941 年春，日军先后分 6 批从太原、北京、上海、武汉等地向浦口战俘营押送 5 000 多名新四军士兵、游击队员和国民党官兵。日军强迫他们装卸煤炭和矿石，用船运回日本本土。日军对战俘进行了惨无人道的折磨。战俘们为了反抗非人的虐待和压迫，先后举行四次暴动，除少数人越狱成功外，绝大多数惨遭杀害。至抗战胜利,幸存战俘只有 800 人左右。为纪念死难的将士,南京国民政府的官员曾集资在战俘营乱葬岗子和焚尸炉处(新炭场与坝子窑交界点)修建"抗日蒙难同志纪念塔"和纪念碑,后毁于 1950 年代。1989 年,南京市浦口区政府在泰山街道新炭场新炭街口战俘营遗址上建立"抗日蒙难将士纪念碑"。

图 6 - 10　抗日蒙难将士纪念碑(侵华日军浦口战俘营)

实践地点 6:利济巷慰安所旧址陈列馆

利济巷慰安所旧址位于南京利济巷 2 号。利济巷日军慰安所系原国民党中将杨普庆于 1935 年至 1937 年建造的高级"洋房",为两层砖木混合结构建筑物。日军占领南京后,将利济巷 2 号改造为"东云慰安所",将 18 号改造为"故乡楼慰安所",交给日侨千田经营。利济巷 2 号一楼有 14 间小房间,二楼有 16 间小房间,第 19 号房间是朝鲜籍"慰安妇"朴永心当年被拘禁的地方。2003 年 11 月 21 日,她曾经来现场进行指认。利济巷日军慰安所成为唯一经在世的外籍慰安妇指认的慰安所。

2015 年 12 月 1 日"南京利济巷慰安所旧址陈列馆"举办开馆仪式,作为侵华日军南京大屠杀遇难同胞纪念馆的分馆,这里是亚洲地区最大、保存最完整的一处日军慰安所旧址。陈列馆由 8 幢淡黄色的两层建筑组成,占地约 3 680 平方米,展陈面积约 3 000 平方米,全面介绍了侵华日军"慰安妇"制度的起源、确立与灭亡过程,中国、朝鲜半岛、东南亚及太平洋诸岛等地的慰安所,以及遗留的侵华日军"慰安妇"问题与相关历史记忆,共展出照片 680 多张,文物 1 600 多件,视频 19 部。

图 6-11　利济巷慰安所旧址陈列馆

实践活动二：通过实地考察调研，了解抗战期间中国人民英勇斗争的历史

（一）第二次国共合作，抗日民族统一战线的建立

实践地点 1：八路军驻京办事处旧址（八路军驻京办事处纪念馆）

八路军驻京办事处旧址位于鼓楼区青云巷 41 号。八路军驻京办事处旧址共有三处，分别位于鼓楼区青云巷 41 号（原傅厚岗 66 号）、高云岭 29 号（原高楼门 29 号）、西流湾 1 号。现址（原傅厚岗 66 号）是一座三层楼的花园洋房，整个庭院 397 平方米，小楼建筑面积 220 平方米。院内进大门靠西边小屋是收发室。中间是三层砖木结构的新式楼房，一、二楼是会客室和电台。楼后西北角小披屋是油印间，1937 年 9 月八路军取得平型关大捷，办事处就是在这间屋里印号外向市民散发的。

抗日战争全面爆发前后，在中国共产党倡导下，国共两党为建立抗日民族统一战线，实现合作抗日，进行了长期会谈。1937 年 7 月 7 日，卢沟桥事变爆发。8 月 9 日，周恩来、朱德、叶剑英应邀到南京代表中共中央和红军参加国防会议，同时继续与国民党当局谈判，协商将红军改编为八路军、新四军。8 月 19 日，周恩来和朱德离宁赴陕，叶剑英等人以八路军驻京代表身份留在南京组建八路军驻京办事处，并先后在傅厚岗、高云岭觅得两处住所，作为办事处办公及生活用房，后因住房不够，办事处在西流湾 1 号租下了一排平房作为宿舍兼办公用房。八路军驻京办事处是中国共产党及其领导的军队为团结抗战在国民党统治区设立的第一个公开办事机构。

1937 年 12 月，南京沦陷，八路军驻京办事处撤往武汉。虽然办事处在此只工作了 3 个月时间，却担负了繁重的任务，做了大量的工作。它继续同国民党谈判；宣传中国共产党的抗日救国主张和八路军的战绩；巩固和发展了抗日民族统一战线；营救了被关押在江、浙两省的1 000多名政治犯;恢复和建立了长江流域以及华南地区的中共组织;还为陕甘宁边区和八路军采办了大量的军需、民用物资;筹备出版《新华日报》。

图 6-12 八路军驻京办事处旧址(八路军驻京办事处纪念馆)

(二)南京国民政府及正面战场的抵抗

实践地点 2:南京保卫战遗迹

(1)紫金山碉堡群

全面抗战爆发前,南京紫金山上建有数量众多的碉堡。碉堡的外形大致分为两类:一类顶部呈平面形,一类为球形连体,采用圆柱形钢筋混凝土结构,高约2米,直径4米,周边3个狭小孔洞组成扇面3个射击孔,底部连隐蔽体,留有水平、垂直进出口。碉堡的体积有大有小,宽敞一点的可容纳9—10人,小一点的只能装下五六人。1937年南京保卫战时,中国军队曾在这里英勇战斗。

现存的紫金山抗日碉堡分布在梅花山、明孝陵、紫霞湖等处。其中,规模最大、结构最复杂的单体碉堡位于紫霞湖附近,靠近明孝陵入口的转盘处。该碉堡入口全部用明城砖和钢筋混凝土浇筑而成,十分坚固,碉堡主体的内部空间很大,士兵可以在里面生活。碉堡开有4个射击孔,可以将转盘周围的道路完全封锁。

图 6-13　紫金山碉堡群

（2）光华门抗战遗址

光华门原是明代十三座内城城门之一的正阳门，位于南京市秦淮区御道街南段（近光华路）。1911 年，辛亥革命期间，以徐绍桢为总司令的江浙联军从光华门攻打南京，12 月 2 日南京光复。1931 年，南京国民政府为了纪念辛亥革命江浙联军由此进入南京城，正阳门改名光华门，寓光复中华之意。

2006 年，在明城墙风光带月牙湖五期施工过程中发现明代正阳门西侧的一段明城墙遗址。经考古发掘，在该遗址上发现一座保存基本完整的民国城墙暗堡，此即是 1937 年 12 月"南京保卫战"期间中国守军的防御工事，它是惨烈的"光华门之役"的见证。

光华门是南京保卫战中，令日军伤亡最惨重的一处中国守军防线。从 1937 年 12 月 9 日开始，日军连续使用大炮轰击光华门城墙，并且利用装甲车掩护工兵爆破城墙，试图打开突破口冲进城内。12 月 10 日，城墙被日军大炮轰塌了一段，中国军队以猛烈反击堵住被突破的城墙缺口，同时围攻冲入城内的日军，最后将日本第 9 师团胁坂次郎第 36 联队大队长伊藤善光中佐击毙。一直到 12 月 13 日南京沦陷当天，日军第 36 联队在光华门伤亡多达 821 人，却仍突破不了中国军队以血肉筑成的防线。

实践地点 3：南京抗日航空烈士纪念馆（航空烈士公墓）

南京抗日航空烈士纪念馆位于南京蒋王庙街 289 号，是世界首座也是唯一集"公墓""纪念碑""纪念馆"为一体的国际抗日航空烈士纪念馆。

1932 年，南京国民政府在紫金山北麓建设了南京航空烈士公墓，陆续安葬了 170

余名在抗日战争期间牺牲的中国和援华的苏联、美国等国航空人员。

1995年,在公墓上方建成了抗日航空烈士纪念碑。2009年,建成抗日航空烈士纪念馆。纪念馆占地30亩,建筑面积2 200多平方米,由"奋勇抗战""国际援华""壮志凌云""缅怀先烈"4个室内馆区及陈列雕塑、战机模型的2个室外展区组成,通过文字、图片、实物、文物史料、多媒体、场景再现等多种手段,全面展示了中、美、苏等国空军共同抗击侵华日军的英雄事迹。

图6-14 南京抗日航空烈士纪念馆(航空烈士公墓)

实践地点4:南京菊花台外交九烈士墓

南京菊花台外交九烈士墓位于南京菊花台公园内。抗日外交九烈士墓背依菊花台主峰,由墓茔、墓碑、墓道三部分组成。墓碑通高2.5米,碑文为原南京国民政府外交部长王世杰所撰《九烈士殉难事略》。碑字为竖写繁体隶书,呈金色。20世纪60年代,墓、碑皆被毁。1982年重建九烈士墓,1990年重建墓碑。

1941年12月日军发动太平洋战争,翌年1月攻陷菲律宾马尼拉,当时中国政府驻马尼拉总领事杨光泩,领事朱少屏、莫介恩,随习领事姚竹修、萧东明、杨庆寿,主事卢秉枢,学习员王恭玮等守正不阿,坚贞不屈,坚持斗争,于4月17日被日军集体枪杀。同年1月19日,中国驻山打根领事卓还来被日军囚禁,后亦被害。抗战胜利后,外交九烈士遗骸由专机运回南京,于1947年安葬。

图 6 - 15 南京菊花台外交九烈士墓

(三) 中国共产党及其领导的敌后斗争

实践地点 5:云台山抗日烈士陵园

图 6 - 16 云台山抗日烈士陵园

云台山抗日烈士陵园位于南京市云矿路西 100 米云台山东南脚下的官塘山坡（云台村鸭塘自然村），占地面积 10 000 多平方米。1964 年 5 月，在云台山兴建新四军抗日烈士墓，分散埋葬的 87 名[①]烈士骨骸集中安葬于此，兴建纪念亭，并立大理石纪念碑。1979 年 8 月，重修云台山烈士墓，建立纪念塔。纪念塔碑高 16.5 米、宽 5.4 米，塔身正面雕刻着"云台山抗日烈士永垂不朽"贴金大字，塔前有宽敞的大理石平台，周围松青柏翠，庄严肃穆，平台之下有烈士陵园牌坊（宽 15.8 米、高 8 米）。2006 年，墓园再次重修，更名为云台山抗日烈士陵园，新建占地面积 300 多平方米的革命史料陈列馆，分为抗日铁军、挺进东南、江宁烽火、浩气长存、深切缅怀等五个篇章，展陈相关实物、照片、图书等史料。

实践地点 6：游子山烈士陵园

游子山烈士陵园位于南京市东坝镇环山路 6 号游子山南麓，建于 1994 年。陵园占地面积约 8 000 平方米，由革命烈士纪念碑和烈士墓园组成。沿着倚山而建的台阶拾级而上，一座长方形的革命烈士纪念碑耸立在面前，上面刻有"革命烈士永垂不朽"8 个大字。纪念碑后面是墓园，墓园内安葬着新民主主义革命时期牺牲的烈士，每个烈士墓前有墓碑，上刻碑文，下有平台，平台上有烈士的事迹简介。

图 6‑17　游子山烈士陵园

1938 年 6 月，新四军"东征初抵高淳"[②]，高淳成为苏南抗日活动中心。抗战期间，广大军民同仇敌忾、前仆后继，与日伪顽展开殊死斗争，著名的溧高、东坝战役战果赫赫。抗战胜利后，国民党发动全面内战。在解放战争期间，高淳人民不屈不挠，坚持斗

---

① 一说 65 名。
② 见陈毅《东征初抵高淳（四首）》。

争,抗丁、抗捐、抗粮,最终迎来革命的胜利。在民族独立、人民解放的伟大斗争中,在建设和保卫祖国的伟大壮举中,众多革命志士献出了宝贵生命。

实践地点 7:红色李巷

红色李巷位于南京市白马镇石头寨,由李巷及周边 25 个自然村的 20 处有较高价值的红色文化遗址遗迹组成,包括李家祠堂(十六旅旅部、中共苏皖区委、苏南行政公署驻地)、地下交通总站、溧水第一个农村党支部等旧址以及陈毅、江渭清、钟国楚、梅章、李坚真等新四军领导人旧居。

图 6 - 18　红色李巷

1938 年,新四军东进苏南到达溧水,新四军一支队一团和二支队四团先后以此为团部驻地。1941 年 11 月塘马战斗后,新四军十六旅旅部和苏南党政领导机关转移到李巷及周边地区,溧水成为中共领导的苏南抗日的中心区,新四军以此为起点开辟了苏浙皖根据地;李巷村成为苏南抗战的指挥中心,是中共中央华中局设在江南的唯一的省级党委机关——中共苏皖区委机关的长期所在地,是苏南敌后各级抗日民主政权的最高领导机关——苏南区行政公署的诞生地。李巷因此有"苏南小延安"之称。

实践地点 8:竹镇市抗日民主政府旧址(竹镇市抗日民主政府纪念馆)

竹镇市抗日民主政府旧址位于南京市竹镇社区市府街 19 号。竹镇市抗日民主政府原为古典式四合院砖墙瓦房,古老庄重,殿宇开阔。房屋坐东朝西,四进直贯到底,共58 间,计 1 091.4 平方米。1943 年秋,经过内部改造,拆除了第二、三进的房子,将四面房屋的檐墙及隔墙全部拆除,使之成为四合大院,并在庭院中间建造高大的塔亭式大会堂,亭的四周建有富于民族色彩的散热窗。在第四进正中央砌了一座 1 米多高、70 多平方米的舞台,坐东朝西,既可开会又能演出。1946年7月,全面内战爆发后,六合根据地的党、政、军北撤,国民党军占领竹镇,将竹镇市抗日民主政府内部设施和大会堂全部毁坏,仅剩空房漏屋。1983年,旧址得以修缮。2001年,再次进行大修。经过大修后的竹镇市抗日民主政府旧址,系四合院式砖墙瓦屋,为青灰色的滚砖小瓦、砖木结构。四进58间房屋,占地面积5 000多平方米,建筑面积1 000多平方米。市政府办公室坐东向西,南面为市长办公室,北面分别为回笼坊、警卫排、禁闭室。旧址房屋内设小型展馆,展出方毅、吴学谦、李代耕和各级老领导在1949年后多次来竹镇视察和参观竹镇市抗日民主政府旧址的照片和题词,以及有关新四军五支队在竹镇地区活动的图片100多幅,陈列实物(仿制品)200多件。展览分为日军入侵南京失守、六合军民奋起抗日、开辟抗日根据地建立竹镇市政府、地下交通、文化教育、金融财税、英烈传和中央、省、市领导视察竹镇市政府旧址等8个部分。

图6-19　竹镇市抗日民主政府旧址(竹镇市抗日民主政府纪念馆)

　　1939年8月,新四军江北五支队司令员罗炳辉、政委郭述申率八团、十五团挺进六合竹镇、马集一带,开辟了以半塔(属安徽来安)为中心的淮南津浦路东抗日民主根据地,打开了淮南津浦路东地区抗日斗争的新局面。与此同时,新四军一支队陶勇所部苏皖支队,也于12月初从苏南溧水渡江北上,到达六合的樊家集、八百桥、东沟镇等地开展抗日活动。1940年1月中旬,一支队与五支队胜利会师于竹镇。新四军进驻竹镇后,淮南津浦路东的党、政、军主要负责人方毅、邓子恢、张劲夫等经常到竹镇活动。同年4月上旬成立的六合县抗日民主政府也一度在竹镇办公。至此,竹镇成为苏皖两省三县抗日根据地内的政治、经济和文化比较繁荣的重镇。1942年8月下旬,淮南津浦路东行政公署根据形势的需要,成立竹镇市抗日民主政府。

　　实践地点9:皖南事变三烈士墓

　　皖南事变三烈士墓位于雨花台区花神大道雨花功德园内。三烈士是指在皖南事变中牺牲的新四军副军长项英、副参谋长周子昆和政治部主任袁国平。1952年,华东军区政治部赴泾县找到烈士遗骸。1955 年，华东军区将项英、周子昆、袁国平的遗骸迁葬于雨花台陵园西南的望江矶，时称三将军墓。1982 年改称三烈士墓。三烈士墓冢一字排开，墓前有石碑，墓高 3.4 米，碑高 3.8 米，墓道全长 380 米。还建成了新四军皖南事变史料陈列室，分前言、三烈士简介、新四军战斗历程、皖南事变经过、民族忠魂三烈士五个部分，介绍了皖南事变的历史，并陈列了近 200 幅照片和珍贵史料。

项英（1898—1941），原名项德隆，化名江钧，湖北武昌人。1922 年 4 月加入中国共产党。曾任平汉铁路总工会总干事、中华全国总工会副委员长、中共江苏省委书记、中共中央长江局委员等职。1930 年起，任中共中央长江局书记、苏区中央局代理书记、中华苏维埃共和国临时中央政府副主席等职。抗日战争全面爆发后，于 1937 年 9 月赴南昌，与国民党当局进行谈判。10 月任中共中央东南分局（后改为东南局）书记。后任中共中央军委新四军分会书记、新四军副军长，为组建新四军做了大量工作。1941 年 1 月，皖南事变发生后，隐蔽在泾县赤坑山蜜蜂洞。3 月 14 日凌晨，被叛徒刘厚总杀害。遗著有《项英将军言论集》等。

袁国平（1906—1941），原名袁幻成，字醉涵。湖南宝庆（今属邵东）人。1922 年在湖南省立第一师范读书时，参加学生运动。1924 年加入中国社会主义青年团。1925 年考入黄埔军校第四期，同年底加入中国共产党。1926 年参加北伐战争，任国民革命军左翼宣传队第四队队长，先后参加南昌起义和广州起义。历任红三军团政治部主任兼红八军政委、中共湘鄂赣特委代理书记、中华苏维埃共和国中央执行委员，参加长征。到陕北后，任后方留守处政治部主任，红军大学第三科政委。抗日战争全面爆发后，历任中共陇东特委书记兼八路军驻陇东办事处主任、新四军政治部主任兼新四军教导总队政治委员。1941 年 1 月在皖南事变中牺牲。

周子昆（1901—1941），原名周维宽，字仲和，广西桂林人。1920 年加入桂军。1925 年 5 月任国民革命军第四军独立团排长，参加北伐，历任连长、军官教导大队大队长、营长。同年 10 月加入中国共产党。1927 年参加南昌起义，历任红一军团第三军第三师师长、红三军参谋长、军长、红一方面军一局局长等职。参加长征。抗日战争全面爆发后，奉命从延安抗日军政大学赴新四军工作。1938 年 1 月，任新四军副参谋长。同年 4 月，兼任新四军教导总队总队长。亲自编写教材和授课，为部队输送大批干部。1941 年 1 月皖南事变突围时，与项英辗转隐蔽，同年 3 月 14 日凌晨在泾县茂林蜜蜂洞被叛徒刘厚总杀害。

实践地点 10：金牛山战斗纪念碑

金牛山战斗纪念碑位于南京市金牛湖街道金牛山山腰。原碑于 1968 年建在癞牛山西侧。2007 年，迁至金牛山南侧。

据碑文所记，1941 年初，新四军 2 师 4 旅 12 团转战在苏皖边界的天长、仪征、扬州、六合一带，与日伪军进行反"扫荡"斗争，在连续作战取得胜利后，于 4 月 16 日至六合金牛山一带休憩，并担负保卫当地群众夏收的任务。当日晚，驻扬州日军第 12 旅团一部和伪军共 700 余人，分两路向金牛山宿营之新四军第 2 师 4 旅 12 团发起进攻。第 12 团采取"梅花桩"式部署将敌包围。双方进行激烈战斗，在金牛山附近的大陈庄、五里墩、丁岗、陆家法等高地进行了肉搏战,敌狼狈逃窜。12 团第 3、第 8、第 9 连分路追击至平家河,用机枪封锁桥头,敌见无路可逃,作困兽斗。这时新四军战士弹药告罄,双方开展肉搏战。经 1 个多小时反复冲杀,残敌逃向仪征。此次战斗,毙伤日军 200 余人、伪军 300 余人,生俘日军 2 人,伪军 30 余人,缴获重机枪 4 挺、轻机枪 5 挺、掷弹筒、炮弹等军用物资一批,取得了金牛山反袭击战胜利。新四军 2 营教导员和 3 连连长等 54 人阵亡,伤 64 人。

图 6-20　金牛山战斗纪念碑

实践地点 11:苏南反顽战役阵亡将士纪念塔(纪念馆)

苏南反顽战役阵亡将士纪念塔位于南京市白马镇回峰山麓,建于 1985 年,由牌楼、碑亭、纪念塔三部分组成。牌楼建造在面阔 26.6 米、宽 10 米的平台上,四根斩假石立柱东西排列,门洞设雀替。柱头有额坊相连形成牌楼屋面,上覆金黄色筒子琉璃瓦。中门坊上胶贴汉白玉牌匾,上书"浩气长存"四个金字。碑亭建造在面阔 30 米、宽 16 米的平台上,由八根斩假石立柱撑托碑顶,上覆金黄色筒子琉璃瓦。门楣上置有汉白玉牌匾,上刻有"功垂千秋"四个凹形金字。碑亭中央立有花岗岩石碑,碑记系原新四军六师十六旅旅长王必成撰写。纪念塔建造在长 50 米、宽 30 米的瞻仰平台上,由塔基、塔身、塔帽组成。塔高 16.9 米(象征 1943 年新四军十六旅、九分校)。塔基分三层:中层北面镶嵌着汉白玉雕刻的回峰山突围战斗浮雕,上层中央镶嵌汉白玉雕刻成的花篮,塔身北面镶嵌长 9 米,上宽 1.6 米,下宽 1.8 米肉红色大理石,上刻有原十六旅政委江渭清书写的"苏南反顽战役阵亡将士纪念塔"13 个镏金大字。纪念塔自下而上共设 221 级台阶,分七段组成,即 4 级、9 级、16 级、46 级、47 级、48 级、51 级。象征参加反顽战役的新四军、九分校、十六旅、四十六团、四十七团、四十八团、五十一团。台阶与平台均为深红色涂料预制混凝土板铺成,象征烈士鲜血,两侧砌制白色混凝土挡土墙,中间绿化池栽有球柏、万年青、天竹,塔道台阶两侧植龙柏、雪松,象征纪念烈士的花圈和垂带。2003 年修建苏南反顽战役纪念馆。

图 6－21　苏南反顽战役阵亡将士纪念塔（纪念馆）

1943 年 4 月 12 日凌晨至 15 日凌晨,国民党顽固派调集了苏南、皖南、浙西所属 12
个团 15 000 余兵力与侵华日军共同大举进攻驻溧水境内回峰山、芸山、里佳山一带新
四军十六旅四十六团、四十八团、四十七团一营、五十一团二营、旅部特务营和抗大九分
校一、二、三大队共 5 000 余人的苏南党政军首脑机关和抗日根据地,企图全歼新四军
主力。新四军在王必成、江渭清、钟国楚等领导下奋起自卫还击,同顽军浴血奋战三昼
夜,六次激战,共歼顽军 2 000 余人,新四军伤亡 358 人。15 日凌晨新四军主动转移敌
后,取得了重大胜利。

实践地点 12：汪伪警卫三师起义处遗址

汪伪警卫三师起义处遗址位于南京横梁街道钟林社区。汪伪警卫第三师是汪伪政
权中央政府直属的三个警卫师之一,组建于 1944 年初,是保卫伪首都南京的精锐部队,
编制满员,装备精良,有汪伪"御林军"之称。全师军官均从伪军校毕业生及将校训练
团、教导团的受训人员中选拔而来。师部驻扎在南京通济门外,第七、八、九三个团分别
驻在句容、江宁、六合,全师约 5 000 人,全部日式装备。师长钟健魂是中共早期党员、
红军营长,后在攻打湖南浏阳的战斗中与党失去联系。

1942 年,八路军总部情报处派徐楚光前往南方做情报工作。徐楚光打入汪伪政权
后,先后担任南京伪中央军校上校战术教官、伪军委会武官公署兼任上校参赞武官、伪
陆军部第六科科长。徐楚光同伪中央军校第二大队政训员赵鸿学(赵维纲)结识后,了
解到他是一个爱国军人,对新四军有好感,遂于 1944 年 3 月,向赵公开身份,并动员赵

打入警卫军。在徐楚光的指导和帮助下,赵鸿学逐渐加强了争取钟健魂的工作。1945年4月,钟健魂任命赵鸿学为第九团团长,驻防六合。7月下旬,伪政府内传出钟健魂即将被免职的消息,原参谋总长鲍文樾拟将其弟、伪中央军校总队长鲍文沛任命为伪警卫三师师长。在徐楚光和赵鸿学的劝说下,钟健魂决定起义。8月11日晚,钟健魂亲率师部直属炮兵连和特务连携带全部武器弹药先从栖霞山北麓渡江到了划子口,而第七、第八团在栖霞山渡江时引起了日军怀疑,部队受阻于江南,仅第七团一个营和一个连队渡过长江。13日,钟健魂率汪伪警卫三师九团和七团一个营及师部直属炮兵、工兵、通讯和特务连共3 000余人,在六合新篁钟家集(亦称钟林)宣布起义。随后,第三师移驻竹镇进行学习整顿。不久,新四军军部决定:原警卫三师改编为新四军独立第一军,钟健魂任军长。

实践地点 13:盐城新四军纪念馆

盐城新四军纪念馆位于盐城市建军东路159号,是全面地、系统地反映新四军抗战征程的综合性纪念馆。主馆区南北长330米,东西宽110米,占地50亩。共分群雕、碑林、展厅、园林四个景区。广场正中立有一座11.75米高的"国民革命军新编第四军重建军部纪念碑",碑的正面为李先念的题字,背面刻有黄克诚写的《盐阜会师记》碑文,碑前有喷泉。广场东西两侧屹立着"英勇战斗"和"拥军支前"两组高5米、宽7米的红色花岗石雕塑。桥头两旁各有一座用整块汉白玉雕成的少先队员塑像。两侧碑廊分别陈列着石碑120余块。

展厅内陈列着较为完整、系统的新四军坚持华中敌后抗战的史料和文物。展出了新四军在华中坚持敌后抗战8年的1 000多幅照片、大批文物史料及一批发绣、铁画、泥塑、油画等文艺作品。在内容上,形成以时间为序,以新四军全面抗战为经、以新四军各师和各个抗日根据地为纬的4个部分、32个单元,全面系统反映新四军抗战斗争史,展示新四军与人民群众共同抗日的历史过程。

图6-22 盐城新四军纪念馆

全面抗战爆发后,根据中国共产党与国民党达成的关于红军改编的协议,1937年10月,湘、赣、闽、粤、浙、鄂、豫、皖8省的红军游击队和红军第二十八军改编为国民革命军陆军新编第四军(广东省琼崖红军游击队除外),简称新四军,叶挺任军长,项英任副军长,下辖4个支队,共1.03万余人。改编后的新四军深入华中敌后,开展抗日游击战争,建立抗日根据地。1941年1月,国民党突袭新四军,制造了震惊中外的"皖南事变",叶挺被扣,项英遇害,蒋介石下令取消新四军番号。1941年1月20日,中共中央军委命令重建新四军军部,任命陈毅为代理军长,刘少奇为政治委员,张云逸为副军长。1月25日下午,新四军军部重建大会在盐城召开。此后,新四军整编为7个师和1个独立旅,全军共9万余人,继续坚持华中敌后抗战,粉碎了日伪军反复的"扫荡""清乡"和国民党顽固派的多次进攻,巩固和发展了抗日根据地,为争取抗战胜利作出了重大贡献。

实践地点14:宿迁雪枫公园

宿迁雪枫公园位于宿迁市老城区大运河畔,建成于2007年9月,占地320亩,是为纪念以彭雪枫将军为代表的抗日民族英雄而建设的集纪念瞻仰、爱国主义教育、国防教育及旅游休闲等多功能于一体的城市公园。

公园分为纪念瞻仰、水景游览、励志教育和配套服务四大功能区。公园围绕主轴线规划布置了"一馆、一塔、一湖、二桥、三座雕塑、四个广场",并以彭雪枫将军的革命历程为主线,通过长征路、长淮大道、将军大道等道路,将有德广场、红星眺望台、九月湖、飞骑桥、捷胜亭、卖马坡、彭雪枫纪念馆、拂晓广场等主要景点有机串联,构成了公园的景观体系。雪枫公园纪念馆主馆分为展览馆、将军馆、拂晓影院、报告厅四部分。纪念馆外墙面建筑用材主要采用白色花岗岩石和红色花岗岩石,寓意白雪和枫叶。以彭雪枫将军名字中的"雪"和"枫"作为造型设计的立足点,着力体现雪的纯净与枫的热烈。纪念馆总长100米,隐寓纪念彭雪枫诞辰100周年;纪念塔高70米,隐寓纪念抗战70周年;塔前的大台阶宽37米,隐寓彭雪枫37年的革命生涯。纪念塔外墙用白色花岗岩石和透明玻璃构筑而成,其造型设计理念来源于彭雪枫将军为骑兵团设计的一把锋利宝剑,被人们称颂为"雪枫刀"。

彭雪枫(1907—1944),河南镇平人。1926年加入中国共产党。抗战爆发后,彭雪枫到鲁、豫、皖、苏等地发动群众,组建抗日游击队,创建抗日根据地。1939年,彭雪枫率部继续向东挺进,建立了以永城为中心的抗日民主政权。1942年至1943年,在洪泽湖地区坚持敌后抗日战争,取得了33天反"扫荡"斗争的胜利。1944年,日军发动中原战役,大举向河南腹地进攻。中共中央决定向河南敌后进军,收复失地,彭雪枫奉命西征。9月11日,在河南夏邑八里庄指挥战斗时牺牲。

(四)抗日战争的胜利

实践地点15:侵华日军战犯军事法庭旧址

侵华日军战犯军事法庭旧址位于南京市中山东路307号钟山宾馆黄埔厅。黄埔厅原是国民党励志社总部所在地,曾作为军事法庭审判制造侵华日军南京大屠杀的要犯谷寿夫、进行杀人比赛的恶魔向井敏明和野田毅等多名侵华日军战犯,见证了中国近代抗击外国侵略第一次取得完全胜利的庄严时刻。

图 6-23 侵华日军战犯军事法庭旧址

在远东国际军事法庭审判战犯的同时,南京国民政府在南京、上海、广州等地成立了 11 个"审判战犯军事法庭",对中国战区的战犯进行审判。中国共产党也在延安成立了"战犯调查委员会"。到 1949 年 1 月止,南京国民政府各地军事法庭共受理战犯案件 2 200 余例,判处死刑 145 人,有期与无期徒刑 400 余人。余皆宣判无罪,作为战俘遣返回国。

南京"审判战犯军事法庭"成立于 1946 年春,共审理 52 个案件。其中酒井隆、谷寿夫、矶谷廉介、高桥坦四人为日军高级将领。松本洁、三岛光义是直接杀害中国人民的宪兵。松本洁在浙江嘉善、三岛光义在江苏无锡罪恶极重,均有"活阎王"之称,民愤极大。另有野田毅和向井敏明两名日军士兵,于日军占领南京后,在紫金山下进行杀人比赛,野田毅杀了 105 人,向井敏明杀了 106 人。

在南京军事法庭所审理的案件中,罪大恶极者是日军华中派遣军松井石根所属第六师团中将师团长谷寿夫。日本投降后,松井石根与谷寿夫均被盟军俘虏,作为战犯关押在东京巢鸭监狱。松井石根后被远东国际军事法庭判处绞刑。1946 年初,南京军事法庭成立后,将谷寿夫经驻盟军总司令部作为二级战犯引渡到南京,关押在国防部军法看守所内。谷寿夫是南京大屠杀主犯。1937 年 12 月 13 日,日本华中派遣军进攻南京,谷寿夫指挥他的部队,首先从光华门、雨花台、中华门攻入城内,开始了举世震惊、惨绝人寰的大屠杀。在不到两个月的时间内,共杀害了 30 余万中国平民和解除了武装的士兵。

实践地点 16:侵华日军投降签字仪式旧址(南京军区军史馆)

侵华日军投降签字仪式旧址位于原南京军区(现为东部战区)大院内,原为南京国民政府中央陆军军官学校大礼堂。中央陆军军官学校校址原为清朝陆军学校旧址。1927 年,蒋介石在南京建立国民政府后,将广州黄埔军校迁到南京,在此建立中央陆军军官学校。抗战胜利后,改称陆军军官学校,直接隶属于陆军总司令部。从 1928 年至 1933 年,先后建造了大量校舍,计有西式平房 62 幢,西式洋楼 17 幢,共 1 075 间,形成以西洋式建筑为主调的建筑群。其中具有代表性的建筑有 1 号楼、大礼堂、憩庐和 122 号楼。如今的中央陆军军官学校大礼堂旧址被辟为"侵华日军投降签字仪式旧址"和"南京军区(东部战区)军史馆"。

图 6 - 24　侵华日军投降签字仪式旧址[南京军区(东部战区)军史馆]

抗战胜利后,1945 年 9 月 9 日上午 9 时,中国战区侵华日军投降签字仪式在中央陆军军官学校大礼堂内隆重举行。参加仪式的中外官员、记者共计 405 人,其中中国军官 219 人,中国文职官员 51 人,中国记者 52 人;同盟国代表 47 人,外国记者 36 人。

9 月 9 日上午 8 时 56 分,中国陆军总司令、一级上将何应钦由礼堂后方休息室进入会场。8 时 58 分,日本投降代表、驻华日军最高指挥官、陆军大将冈村宁次等 7 人在中国军训部次长王俊中将的引导下从大礼堂正门步入会场。9 时零 4 分,何应钦命令冈村宁次交验代表签降的证明文件,冈村宁次命小林浅三郎呈递给何应钦。何应钦检视后留下证明文件,旋即将日本投降书中文本两份,由萧毅肃转交给冈村宁次,冈村宁次在两份投降书上签名盖章后,由小林将投降书呈递给何应钦。何应钦检视后,在日本投降书上签名盖章,之后,将其中的一份投降书交给萧毅肃,命其交给冈村宁次,此时正好是 9 时 9 分。

六、素质训练

（一）单项选择题

1. 中国人民抗日战争的胜利，是近代以来中国抗击外敌入侵的第一次完全胜利。中国人民抗日战争胜利的关键是（　　）

A. 反侵略战争的正义性和进步性

B. 世界反法西斯力量的同情和支持

C. 民族意识的觉醒和全民族抗战

D. 中国共产党的中流砥柱作用

【答案】D

【要点】A项、B项、C项与题意不符。以爱国主义为核心的民族精神是中国人民抗日战争胜利的决定因素；中国共产党的中流砥柱作用是中国人民抗日战争胜利的关键；全民族抗战是中国人民抗日战争胜利的重要法宝；中国人民抗日战争的胜利，也离不开世界所有爱好和平和正义的国家和人民、国际组织以及各种反法西斯力量的同情和支持。

2. 1936 年 12 月 12 日，张学良、杨虎城发动“兵谏”，扣留了蒋介石。这就是震惊中外的西安事变。西安事变发生后，中共中央确定了促成西安事变和平解决的方针，其原因是中国共产党（　　）

A. 不赞成张学良、杨虎城的主张

B. 为了团结国民党共同抗日

C. 工作重心已向城市转移

D. 接受共产国际的指示

【答案】B

【要点】A项不符合史实，中国共产党赞成张学良、杨虎城的主张；C项不符合史实，此时，中国共产党的工作重心依然在农村；D项不符合史实，共产国际的指示不是根本原因。中共中央促成西安事变和平解决的原因是团结国民党共同抗日。

3. 20 世纪 40 年代前期，为了提高广大党员的思想建设水平，中国共产党在全党范围内开展了一场整风运动，主要目的是（　　）

A. 反对享乐主义以整顿作风

B. 反对宗派主义以整顿党风

C. 反对党八股以整顿文风

D. 反对主观主义以整顿学风

【答案】D

【要点】整风运动的主要内容是：反对主观主义以整顿学风，反对宗派主义以整顿党风,反对党八股以整顿文风。其中,反对主观主义是整风运动最主要的任务。主观主义是中国共产党内反复出现"左"、右倾错误的思想认识根源。主观主义的实质是理论脱离实际,它颠倒了认识和实践的关系,是实际工作中的唯心主义。当时它的主要表现形式是教条主义和经验主义,尤其教条主义是整风运动的重点。

4. 毛泽东思想是马克思主义中国化的第一大理论成果,是在中国革命和建设的实践中逐步形成和发展起来的,在土地革命战争后期和抗日战争时期,毛泽东思想得到多方面展开而达到成熟,其标志是(　　)

A. 思想政治工作和文化工作理论的系统提出

B. 新民主主义理论的系统阐明

C. 人民民主专政理论的完整论述

D. 农村包围城市和武装夺取政权理论的科学概括

【答案】B

【要点】以毛泽东为主要代表的中国共产党人创立的新民主主义理论,是马克思主义基本原理同中国具体实际相结合的成果。新民主主义理论的系统阐明,标志着毛泽东思想得到多方面展开而达到成熟。

5. 抗日战争是一场全民族反抗外敌入侵的正义战争。抗战初期,在华北战场上规模最大、最激烈的一次战役,也是国共两党军队合作抗日、配合最好的一次战役是(　　)

A. 台儿庄战役

B. 长城抗战

C. 平津战役

D. 忻口会战

【答案】D

【要点】A 项是国民党正面战场的第一次大捷,B 项发生于全面抗战打响之前,C 项是解放战争时期的三大战役之一。忻口会战是平津失陷、淞沪会战开始之后,国民党正面战场第二战区组织的一次以保卫太原为目的的大会战。双方激战半月之久,日军始终未能完全占领忻口中央阵地。忻口会战成为在华北战场上规模最大、最激烈的一次战役,也是国共两党军队合作抗日、配合最好的一次战役。

(二)多项选择题

1. 抗日民主根据地是认真贯彻和实现中国共产党全面抗战路线,坚持抗战和争取胜利的坚强阵地,中国共产党高度重视抗日民主根据地的政权建设。其主要举措有(　　)

A. 在少数民族聚集地区试行民族区域自治

B. 各级抗日民主政权机构领导人通过人民选举产生

C. 实行工农兵代表大会制度

D. 抗日民主政府在工作人员分配上实行"三三制"原则

【答案】BD

【要点】A 项是新中国成立后,C 项是土地革命时期工农民主政权的政权组织形式。抗战时期,中国共产党领导敌后抗日民主根据地建设,在根据地实行三三制的民主政权原则。抗日民主政权普遍采取民主集中制,努力发扬政治民主,保障人民的民主自由权利。

2. 钓鱼岛及其附属岛屿是中国领土不可分割的一部分。中国最早发现、命名、利用和管辖钓鱼岛。1895 年,清朝在甲午战争中战败,被迫与日本签署不平等的《马关条约》,割让"台湾全岛及所有附属各岛屿"。钓鱼岛等作为台湾"附属岛屿"一并被割让给日本。1941 年 12 月,中国政府正式对日宣战,宣布废除中日之间的一切条约。日本投降后,依据有关国际文件,钓鱼岛作为台湾的附属岛屿应与台湾一并归还中国。这些国际文件是(　　　)

A.《日本投降书》

B.《波茨坦公告》

C.《开罗宣言》

D.《德黑兰宣言》

【答案】ABC

【要点】D 项是 1943 年 11 月 28 日至 12 月 1 日,苏、美、英三国首脑斯大林、罗斯福和丘吉尔,在德黑兰会议结束时发表的宣言,没有涉及中国钓鱼岛问题。2012 年 9 月 25 日,国务院新闻办公室发表《钓鱼岛是中国的固有领土》白皮书,指出依据《开罗宣言》《波茨坦公告》和《日本投降书》,钓鱼岛作为台湾的附属岛屿应与台湾一并归还中国。

3. 抗日战争是近代以来中华民族反抗外敌入侵第一次取得完全胜利的民族解放战争,中国赢得抗日战争胜利的主要原因是(　　　)

A. 中国的国力空前强大

B. 中国共产党发挥了中流砥柱的作用

C. 得到了国际反法西斯力量的同情和支持

D. 中国实现了空前的民族觉醒和民族团结

【答案】BCD

【要点】A 项不符合史实,抗日战争期间中日双方的国力对比是敌强我弱。抗日战争胜利的主要原因有:以爱国主义为核心的民族精神是中国人民抗日战争胜利的决定因素;中国共产党的中流砥柱作用是中国人民抗日战争胜利的关键;全民族抗战是中国人民抗日战争胜利的重要法宝;中国人民抗日战争的胜利,也离不开世界所有爱好和平和正义的国家和人民、国际组织以及各种反法西斯力量的同情和支持。

第七章

为建立新中国而奋斗

一、基本要求

（一）了解抗战胜利后国内外的基本概况，进而理解中共参加重庆谈判的必要性；

（二）了解中共争取和平建国的诚意及彻底打败美蒋反动派的决心和信心；

（三）认识中共领导的多党合作和政治协商格局的形成；

（四）理解中国共产党执政地位的确立是历史和人民的选择。

二、重点难点

（一）正确认识抗战胜利后国民党政权迅速走向崩溃的原因；

（二）准确把握中国革命胜利的原因和基本经验；

（三）深刻体会中国共产党执政地位的确立是历史和人民的选择。

三、关联内容

　　抗日战争胜利后，中国广大人民热切希望实现和平、民主，为建设新中国而奋斗。由于全国人民强烈要求和平、反对内战，由于国民党军队大部分远在西南、西北后方，要把它们运往内战前线、完成内战部署需要相当的时间，由于国际上苏联、美国等都表示希望中国能够实行和平建国，因此，蒋介石在积极准备内战的同时，又表示愿意与中共进行和平谈判。基于对和平的真诚愿望和对局势的清醒认识，中共中央认为，同国民党进行和平谈判是必要的；即使是暂时的和平局面，也应该积极争取。

　　1945 年 8 月 28 日，毛泽东不顾个人安危，偕周恩来、王若飞赴重庆与国民党当局进行谈判。10 月 10 日，双方签署《政府与中共代表会谈纪要》，即"双十协定"，确认和平建国的基本方针，同意"长期合作，坚决避免内战"。

　　但国民党政权所代表的是大地主、大资产阶级的利益，其统治的社会基础极其狭隘,这决定了它既不能容忍,又经受不住任何的民主改革。待它认为相应的准备已经完成时,就全面彻底撕毁政协协议,悍然发动全国规模的内战。

1946 年 6 月 26 日,国民党军以进攻中原解放区为起点,挑起了全面内战。1946 年 6 月至 1947 年 6 月,人民军队处于战略防御阶段。战争主要在解放区进行。从 1946 年 11 月至 1947 年 2 月,国民党军侵占解放区城市 87 座;解放军则收复和解放城市 87 座、歼敌 41 万人。国民党军被迫放弃对解放区的全面进攻,而改为对陕北、山东两解放区的重点进攻。1947 年 3 月至 6 月,解放军经过内线作战,努力打退国民党军的重点进攻,并在东北、热河、冀东、豫南等地开始局部反攻。经过一年作战,战争形势发生重大变化。

1947 年 6 月底,根据中共中央的决策和部署,刘伯承、邓小平率领的晋冀鲁豫野战军主力,实施中央突破,千里跃进大别山。随后,陈毅、粟裕指挥的华东野战军主力为东路,挺进苏鲁豫皖地区。陈赓、谢富治指挥的晋冀鲁豫野战军一部为西路,挺进豫西。三路大军相互策应,机动歼敌。人民解放战争战略进攻的序幕由此揭开。

1948 年秋,人民解放战争进入夺取全国胜利的决定性阶段。国民党在军事上不得不放弃“全面防御”而实行“重点防御”。在毛泽东和中共中央军委的领导和指挥下,在人民群众的热烈支援下,中国人民解放军先后发动了辽沈、淮海、平津三大战役,国民党赖以维持其反动统治的主要军事力量基本上被摧毁。

由于国民党政府拒绝在《国内和平协定》上签字,1949 年 4 月 21 日,毛泽东、朱德发布《向全国进军的命令》。人民解放军一举摧毁国民党苦心经营了 3 个半月的长江防线。4 月 23 日,人民解放军占领南京,宣告延续 22 年之久的国民党反动统治覆灭,国民党蒋介石集团被人民赶出中国大陆,逃往中国台湾省。

随着解放战争的胜利发展,建立新中国的任务被提上日程。在 1948 年 9 月召开的中共中央政治局会议上,毛泽东论述了即将成立的新中国的国体和政体,即国家政权的阶级性和构成形式。1949 年 3 月召开的中共七届二中全会,规定了党在全国胜利后在政治、经济、外交方面应当采取的基本政策,指出了中国由农业国转变为工业国、由新民主主义社会转变为社会主义社会的发展方向。1949 年 6 月 30 日,毛泽东发表《论人民民主专政》一文。中共七届二中全会的决议和毛泽东的《论人民民主专政》,构成了《中国人民政治协商会议共同纲领》的基础。

1949 年 9 月 21 日,中国人民政治协商会议第一届全体会议在北平隆重开幕。人民政协是中国共产党领导的以工农联盟为基础的人民民主统一战线的组织形式。会议通过《中国人民政治协商会议组织法》,选出政协第一届全国委员会。10 月 9 日,毛泽东当选政协全国委员会主席。会议通过了《中国人民政治协商会议共同纲领》。这个《共同纲领》成为中国人民的大宪章,在一个时期内起着新中国临时宪法的作用。会议通过了《中华人民共和国中央人民政府组织法》,一致选举毛泽东为中央人民政府主席,朱德、刘少奇、宋庆龄、李济深、张澜、高岗为副主席,陈毅等 56 人为中央人民政府委员会委员。随后,中央人民政府委员会任命周恩来为政务院总理兼外交部部长。会议通过北平为中华人民共和国首都,将北平改名为北京;决定采用公元纪年;以《义勇军进行曲》为代国歌;国旗为五星红旗,象征全国人民在共产党领导下的大团结。人民政协会议的召开,标志着中国的新型政党制度——中国共产党领导的多党合作和政治协商制度的确立。

（一）三种建国方案和两个中国之命运的较量

第一种是地主阶级与买办性的大资产阶级的建国方案。这个建国方案背离中国最广大人民群众的利益和愿望。随着新中国的诞生,国民党的反动统治也在根本上被推翻了。

第二种是民族资产阶级的建国方案。这个方案在中国行不通。因为:帝国主义不容许;民族资产阶级在经济上、政治上的软弱性,使得它们没有勇气和能力去领导人民进行彻底反帝反封建的斗争,从而为建立资产阶级共和国扫清障碍。民族资产阶级中的绝大多数最终接受了中国共产党的新民主主义革命纲领。

第三种是工人阶级、农民阶级和城市小资产阶级的建国方案。其政治代表是中国共产党。其建国方案是:在工人阶级及其政党的领导下,通过新民主主义革命,建立一个工人阶级领导的、以工农联盟为基础的、团结一切可以团结的力量的人民民主专政的人民共和国。这一方案是引导中华民族和中国人民争得民族独立和人民解放从而为实现国家富强开辟道路的科学的建国方案。

（二）中国共产党领导的多党合作、政治协商格局的形成

1948年4月30日,中共中央在纪念五一国际劳动节的口号中提出:"各民主党派、各人民团体、各社会贤达迅速召开政治协商会议,讨论并实现召集人民代表大会,成立民主联合政府。"

各民主党派热烈响应。

各民主党派负责人、无党派民主人士接受中共中央邀请,陆续进入东北、华北解放区。

1949年1月22日,李济深、沈钧儒等民主党派的领导人和著名的无党派民主人士55人联合发表《对时局的意见》,一致拥护中共提出的召开政治协商会议、成立联合政府的主张。这个政治声明表明,中国各民主党派和无党派民主人士自愿地接受了中国共产党的领导,决心走人民革命的道路,拥护建立人民民主的新中国。

在中国共产党的领导下,各民主党派和无党派民主人士同全国各界人民代表一道参加建立新中国的各项筹备工作。

（三）中国革命胜利的原因、意义和基本经验

1. 原因

首先,中国革命的发生和胜利不是偶然的,而是有着深刻的社会根源和雄厚的群众基础。由于帝国主义、封建主义、官僚资本主义的残酷压迫,中国人民走上了反帝反封建反官僚资本主义斗争的伟大道路。工人、农民、城市小资产阶级群众是民主革命的主要力量。在他们中间，涌现出了无数无畏的英雄和不屈的战士。随着斗争的发展，民族资产阶级也逐步向中国共产党靠拢，这种现象曾经被人称作"开万国未有之奇"。没有广大人民和各界人士的广泛参加和大力支持，中国革命的胜利是不可能的。

其次，中国革命之所以能够走上胜利发展的道路，从根本上说，是由于有了中国共产党的领导。中国共产党从诞生之日起，就把为中国人民谋幸福、为中华民族谋复兴确立为自己的初心使命。这个初心使命是激励中国共产党人不断前进的根本动力。中国共产党为中国人民指明了斗争的目标，在长期斗争的实践中找到了使革命走向胜利的道路，并且把被人视为"一盘散沙"的中国人民团结和凝聚成万众一心的不可战胜的力量。没有共产党就没有新中国，这是中国人民依据近代中国革命的历史经验得出的科学结论。为了实现初心使命，中国共产党进行了前赴后继的不懈奋斗，作出了巨大的牺牲。中国新民主主义革命的胜利，是千千万万先烈和全党同志、全国各族人民长期牺牲奋斗的结果。

最后，中国革命之所以能够赢得胜利，同国际无产阶级和人民群众的支持也是分不开的。

2. 意义

首先，中国革命的胜利，结束了100多年来中华民族遭受资本-帝国主义侵略和中国各族人民遭受资本-帝国主义同封建统治阶级联合压迫与剥削的历史，结束了国家战乱频仍、四分五裂的局面，实现了中国人民梦寐以求的民族独立和人民解放。

其次，中国革命的胜利，从根本上改变了中国社会的发展方向，为实现由新民主主义到社会主义的转变和建立社会主义制度、进行社会主义现代化建设，扫清了主要障碍，创造了政治前提；为实现国家富强和人民幸福，实现中华民族伟大复兴，开辟了广阔道路。

再次，中国革命的胜利，是继俄国十月社会主义革命和世界反法西斯战争胜利后世界历史中最重大的事件。它在一个人口占全人类近1/4的大国里，冲破帝国主义的东方战线，极大改变了世界的政治格局，壮大了世界和平、民主和社会主义的力量，鼓舞了世界被压迫民族和被压迫人民争取解放的斗争，受到世界人民的欢迎和支持。

最后，中国人民革命的胜利，是在马克思列宁主义的指导下取得的。中国共产党创造性地运用马克思列宁主义的基本原理，把它同中国革命具体实际结合起来，形成了伟大的毛泽东思想，找到了夺取中国革命胜利的正确道路。这对马克思列宁主义的发展是一个重大贡献。

3. 基本经验

第一，中国反帝反封建的革命，经历了资产阶级及其政党领导的旧民主主义革命和无产阶级及其政党领导的新民主主义革命两个阶段。近代中国的历史经验表明，没有无产阶级及其政党——中国共产党的坚强领导，中国人民革命的胜利是不可能的。

第二，中国共产党之所以能够把革命引向胜利，一条重要的经验就是，必须坚持把马克思列宁主义基本原理同中国具体实际结合起来,必须不断推进马克思主义中国化的事业。正是在中国化的马克思主义理论——毛泽东思想指引下,中国共产党制定了正确的纲领和路线方针政策,找到了适合本国国情的革命道路。

第三,中国共产党在领导人民革命的过程中,积累了丰富的经验,锻造出了有效的克敌制胜的武器。统一战线、武装斗争、党的建设是中国共产党在中国革命中战胜敌人的三个法宝。

第四,中国共产党正是遵循毛泽东建党学说,在长期的斗争实践中,把自己锻炼成了一个有纪律的、有马克思列宁主义的理论武装的、采取自我批评方法的、联系人民群众的党,成为掌握统一战线和武装斗争这两个武器以实行对敌冲锋陷阵的英勇战士,成为全国各族人民拥戴的领导核心。

最后,革命的根本问题是国家政权问题。毛泽东在回顾中国共产党走过的历史道路时指出:总结我们的经验,集中到一点,就是工人阶级(经过共产党)领导的以工农联盟为基础的人民民主专政。这个专政必须和国际革命力量团结一致。

四、文献研读

(一)案例

一、中国向何处去

抗战以来,全国人民有一种欣欣向荣的气象,大家以为有了出路,愁眉锁眼的姿态为之一扫。但是近来的妥协空气,反共声浪,忽又甚嚣尘上,又把全国人民打入闷葫芦里了。特别是文化人和青年学生,感觉锐敏,首当其冲。于是怎么办,中国向何处去,又成为问题了。因此,趁着《中国文化》的出版,说明一下中国政治和中国文化的动向问题,或者也是有益的。对于文化问题,我是门外汉,想研究一下,也方在开始。好在延安许多同志已有详尽的文章,我的粗枝大叶的东西,就当作一番开台锣鼓好了。对于全国先进的文化工作者,我们的东西,只当作引玉之砖,千虑之一得,希望共同讨论,得出正确结论,来适应我们民族的需要。科学的态度是"实事求是","自以为是"和"好为人师"那样狂妄的态度是决不能解决问题的。我们民族的灾难深重极了,惟有科学的态度和负责的精神,能够引导我们民族到解放之路。真理只有一个,而究竟谁发现了真理,不依靠主观的夸张,而依靠客观的实践。只有千百万人民的革命实践,才是检验真理的尺度。我想,这可以算作《中国文化》出版的态度。

二、我们要建立一个新中国

我们共产党人,多年以来,不但为中国的政治革命和经济革命而奋斗,而且为中国的文化革命而奋斗;一切这些的目的,在于建设一个中华民族的新社会和新国家。在这个新社会和新国家中,不但有新政治、新经济,而且有新文化。这就是说,我们不但要把一个政治上受压迫、经济上受剥削的中国,变为一个政治上自由和经济上繁荣的中国,而且要把一个被旧文化统治因而愚昧落后的中国,变为一个被新文化统治因而文明先进的中国。一句话,我们要建立一个新中国。建立中华民族的新文化,这就是我们在文化领域中的目的。

三、中国的历史特点

我们要建立中华民族的新文化,但是这种新文化究竟是一种什么样子的文化呢?

······

所谓中华民族的旧政治和旧经济是什么?而所谓中华民族的旧文化又是什么?

自周秦以来,中国是一个封建社会,其政治是封建的政治,其经济是封建的经济。而为这种政治和经济之反映的占统治地位的文化,则是封建的文化。自外国资本主义侵略中国,中国社会又逐渐地生长了资本主义因素以来,中国已逐渐地变成了一个殖民地、半殖民地、半封建的社会。现在的中国,在日本占领区,是殖民地社会;在国民党统治区,基本上也还是一个半殖民地社会;而不论在日本占领区和国民党统治区,都是封建半封建制度占优势的社会。这就是现时中国社会的性质,这就是现时中国的国情。作为统治的东西来说,这种社会的政治是殖民地、半殖民地、半封建的政治,其经济是殖民地、半殖民地、半封建的经济,而为这种政治和经济之反映的占统治地位的文化,则是殖民地、半殖民地、半封建的文化。

这些统治的政治、经济和文化形态,就是我们革命的对象。我们要革除的,就是这种殖民地、半殖民地、半封建的旧政治、旧经济和那为这种旧政治、旧经济服务的旧文化。而我们要建立起来的,则是与此相反的东西,乃是中华民族的新政治、新经济和新文化。

那末,什么是中华民族的新政治、新经济,又什么是中华民族的新文化呢?中国革命的历史进程,必须分为两步,其第一步是民主主义的革命,其第二步是社会主义的革命,这是性质不同的两个革命过程。而所谓民主主义,现在已不是旧范畴的民主主义,已不是旧民主主义,而是新范畴的民主主义,而是新民主主义。

由此可以断言,所谓中华民族的新政治,就是新民主主义的政治;所谓中华民族的新经济,就是新民主主义的经济;所谓中华民族的新文化,就是新民主主义的文化。

这就是现时中国革命的历史特点。在中国从事革命的一切党派,一切人们,谁不懂得这个历史特点,谁就不能指导这个革命和进行这个革命到胜利,谁就会被人民抛弃,变为向隅而泣的可怜虫。

四、中国革命是世界革命的一部分

中国革命的历史特点是分为民主主义和社会主义两个步骤,而其第一步现在已不是一般的民主主义,而是中国式的、特殊的、新式的民主主义,而是新民主主义。那末,这个历史特点是怎样形成的呢?它是一百年来就有了的,还是后来才发生的呢?

只要研究一下中国的和世界的历史发展,就知道这个历史特点,并不是从鸦片战争以来就有了的,而是在后来,在第一次帝国主义世界大战和俄国十月革命之后,才形成的。我们现在就来研究这个形成过程。

很清楚的，中国现时社会的性质，既然是殖民地、半殖民地、半封建的性质，它就决定了中国革命必须分为两个步骤。第一步，改变这个殖民地、半殖民地、半封建的社会形态，使之变成一个独立的民主主义的社会。第二步，使革命向前发展，建立一个社会主义的社会。中国现时的革命，是在走第一步。

这个第一步的准备阶段，还是自从一八四〇年鸦片战争以来，即中国社会开始由封建社会改变为半殖民地半封建社会以来，就开始了的。中经太平天国运动、中法战争、中日战争、戊戌变法、辛亥革命、五四运动、北伐战争、土地革命战争，直到今天的抗日战争，这样许多个别的阶段，费去了整整一百年工夫，从某一点上说来，都是实行这第一步，都是中国人民在不同的时间中和不同的程度上实行这第一步，实行反对帝国主义和封建势力，为了建立一个独立的民主主义的社会而斗争，为了完成第一个革命而斗争。而辛亥革命，则是在比较更完全的意义上开始了这个革命。这个革命，按其社会性质说来，是资产阶级民主主义的革命，不是无产阶级社会主义的革命。这个革命，现在还未完成，还须付与很大的气力，这是因为这个革命的敌人，直到现在，还是非常强大的缘故。孙中山先生说的"革命尚未成功，同志仍须努力"，就是指的这种资产阶级民主主义的革命。

然而中国资产阶级民主主义革命，自从一九一四年爆发第一次帝国主义世界大战和一九一七年俄国十月革命在地球六分之一的土地上建立了社会主义国家以来，起了一个变化。

在这以前，中国资产阶级民主主义革命，是属于旧的世界资产阶级民主主义革命的范畴之内的，是属于旧的世界资产阶级民主主义革命的一部分。

在这以后，中国资产阶级民主主义革命，却改变为属于新的资产阶级民主主义革命的范畴，而在革命的阵线上说来，则属于世界无产阶级社会主义革命的一部分了。

为什么呢？因为第一次帝国主义世界大战和第一次胜利的社会主义十月革命，改变了整个世界历史的方向，划分了整个世界历史的时代。

在世界资本主义战线已在地球的一角（这一角占全世界六分之一的土地）崩溃，而在其余的角上又已经充分显露其腐朽性的时代，在这些尚存的资本主义部分非更加依赖殖民地半殖民地便不能过活的时代，在社会主义国家已经建立并宣布它愿意为了扶助一切殖民地半殖民地的解放运动而斗争的时代，在各个资本主义国家的无产阶级一天一天从社会帝国主义的社会民主党的影响下面解放出来并宣布他们赞助殖民地半殖民地解放运动的时代，在这种时代，任何殖民地半殖民地国家，如果发生了反对帝国主义，即反对国际资产阶级、反对国际资本主义的革命，它就不再是属于旧的世界资产阶级民主主义革命的范畴，而属于新的范畴了；它就不再是旧的资产阶级和资本主义的世界革命的一部分，而是新的世界革命的一部分，即无产阶级社会主义世界革命的一部分了。这种革命的殖民地半殖民地，已经不能当作世界资本主义反革命战线的同盟军，而改变为世界社会主义革命战线的同盟军了。

这种殖民地半殖民地革命的第一阶段，第一步，虽然按其社会性质，基本上依然还是资产阶级民主主义的,它的客观要求,是为资本主义的发展扫清道路;然而这种革命,已经不是旧的、被资产阶级领导的、以建立资本主义的社会和资产阶级专政的国家为目的的革命,而是新的、被无产阶级领导的、以在第一阶段上建立新民主主义的社会和建立各个革命阶级联合专政的国家为目的的革命。因此,这种革命又恰是为社会主义的发展扫清更广大的道路。这种革命,在其进行中,因为敌情和同盟军的变化,又分为若干的阶段,然而其基本性质是没有变化的。

这种革命,是彻底打击帝国主义的,因此它不为帝国主义所容许,而为帝国主义所反对。但是它却为社会主义所容许,而为社会主义的国家和社会主义的国际无产阶级所援助。

因此,这种革命,就不能不变成无产阶级社会主义世界革命的一部分。

"中国革命是世界革命的一部分",这一正确的命题,还是在一九二四年至一九二七年的中国第一次大革命时期,就提出了的。这是中国共产党人提出,而为当时一切参加反帝反封建斗争的人们所赞成的。不过那时这一理论的意义还没有发挥,以致人们还只是模糊地认识这个问题。

这种"世界革命",已不是旧的世界革命,旧的资产阶级世界革命早已完结了;而是新的世界革命,而是社会主义的世界革命。同样,这种"一部分",已经不是旧的资产阶级革命的一部分,而是新的社会主义革命的一部分。这是一个绝大的变化,这是自有世界历史和中国历史以来无可比拟的大变化。

中国共产党人提出的这一正确的命题,是根据斯大林的理论的。

斯大林还在一九一八年所作十月革命一周年纪念的论文时,就说道:

十月革命的伟大的世界意义,主要的是:第一,它扩大了民族问题的范围,把它从欧洲反对民族压迫的斗争的局部问题,变为各被压迫民族、各殖民地及半殖民地从帝国主义之下解放出来的总问题;第二,它给这一解放开辟了广大的可能性和现实的道路,这就大大地促进了西方和东方的被压迫民族的解放事业,把他们吸引到胜利的反帝国主义斗争的巨流中去;第三,它从而在社会主义的西方和被奴役的东方之间架起了一道桥梁,建立了一条从西方无产者经过俄国革命到东方被压迫民族的新的反对世界帝国主义的革命战线。

……

由此可见,有两种世界革命,第一种是属于资产阶级和资本主义范畴的世界革命。这种世界革命的时期早已过去了,还在一九一四年第一次帝国主义世界大战爆发之时,尤其是在一九一七年俄国十月革命之时,就告终结了。从此以后,开始了第二种世界革命,即无产阶级的社会主义的世界革命。这种革命,以资本主义国家的无产阶级为主力军,以殖民地半殖民地的被压迫民族为同盟军。不管被压迫民族中间参加革命的阶级、党派或个人,是何种的阶级、党派或个人,又不管他们意识着这一点与否,他们主观上了解了这一点与否,只要他们反对帝国主义,他们的革命,就成了无产阶级社会主义世界革命的一部分,他们就成了无产阶级社会主义世界革命的同盟军。

中国革命到了今天,它的意义更加增大了。在今天,是在由于资本主义的经济危机和政治危机已经一天一天把世界拖进第二次世界大战的时候;是在苏联已经到了由社会主义到共产主义的过渡期,有能力领导和援助全世界无产阶级和被压迫民族,反抗帝国主义战争,打击资本主义反动的时候;是在各资本主义国家的无产阶级正在准备打倒资本主义、实现社会主义的时候;是在中国无产阶级、农民阶级、知识分子和其他小资产阶级在中国共产党的领导之下,已经形成了一个伟大的独立的政治力量的时候。在今天,我们是处在这种时候,那末,应该不应该估计中国革命的世界意义是更加增大了呢?我想是应该的。中国革命是世界革命的伟大的一部分。

这个中国革命的第一阶段(其中又分为许多小阶段),其社会性质是新式的资产阶级民主主义的革命,还不是无产阶级社会主义的革命,但早已成了无产阶级社会主义的世界革命的一部分,现在则更成了这种世界革命的伟大的一部分,成了这种世界革命的伟大的同盟军。这个革命的第一步、第一阶段,决不是也不能建立中国资产阶级专政的资本主义的社会,而是要建立以中国无产阶级为首领的中国各个革命阶级联合专政的新民主主义的社会,以完结其第一阶段。然后,再使之发展到第二阶段,以建立中国社会主义的社会。

这就是现时中国革命的最基本的特点,这就是二十年来(从一九一九年五四运动算起)的新的革命过程,这就是现时中国革命的生动的具体的内容。

[毛泽东《新民主主义论》(节选),《毛泽东选集》第二卷]

(二) 研讨

1. 毛泽东发表《新民主主义论》讲话的背景是什么?
2. 《新民主主义论》的主要内容是什么?
3. 《新民主主义论》的历史地位和价值是什么?

五、社会实践

实践活动一:通过实地考察调研,了解抗战胜利后中共争取和平民主的努力
实践地点:中共代表团办事处旧址(梅园新村纪念馆)

中共代表团办事处旧址位于南京市梅园新村 30 号、35 号、17 号,建筑占地面积 1 278.2平方米。1961 年,初步建成梅园新村中共代表团办公原址纪念馆,并对内部开放。1978 年 11 月,定名为"中共代表团梅园新村纪念馆",并对外开放。1990 年,中共代表团梅园新村纪念馆史料陈列馆和周恩来铜像落成。1998 年 2 月,在周恩来诞辰 100 周年之际,周恩来图书馆建成开馆,现藏周恩来论著及有关周恩来生平和思想研究的书刊、音像资料等 1 万多册(卷)。

梅园新村 30 号是周恩来、邓颖超办公和居住的地方,有 2 层楼房 3 幢,共 18 间,占地面积 431.75 平方米,建筑面积 361.1 平方米。主楼楼下有办公室、会客室、卧室、餐室

等,楼上设有机要科等。为防止特务的监视和破坏,中共代表团将院墙加高了一倍,并在传达室和后边西晒台上各加盖了一层小楼。院内的翠柏、石榴、铁枝海棠、葡萄和蔷薇都是当年中共代表团留下的。整个院内依然保持着原来的风貌。

梅园新村 35 号是董必武、李维汉、廖承志、钱瑛等人办公和居住的地方,有砖木 2 层楼房 1 幢、砖木平房 2 座,共 11 间。楼房一层是董必武、廖承志办公和居住的地方,楼上是李维汉、钱瑛办公和居住的地方。当时为了工作的方便和安全,将与梅园新村 31 号特务监视站相通的大门封堵,在东边开了个小门,与梅园新村 30 号相通,并在院内加盖了两座小平房,以遮挡特务视线。东边平房是政策研究室办公室,西边平房是警卫室。

梅园新村 17 号是中共代表团办事机构所在地,有砖木 3 层楼房 1 幢、2 层楼房 2 幢、砖木平房 2 座,共 29 间。其中北边一幢是中共代表团办事机构,楼下设有小会议室、新闻组、抄报室、第十八集团军驻京办事处处长办公室,楼上设有电讯组、外事组、党派组和妇女组。南边楼房的楼上是工作人员的宿舍,楼下是饭厅,中共代表团常在这里举行大型记者招待会。

图 7 - 1　中共代表团办事处旧址(梅园新村纪念馆)

1946 年 5 月 3 日,中国内战迫在眉睫,为寻找建立和平、民主、统一的新中国之路,周恩来、董必武率领中共代表团从重庆抵达南京,坚持不懈地同国民党进行和谈。中共代表团在 10 个月零 4 天的时间里,有力地揭露了美蒋反动派假和谈、真备战的阴谋,积极宣传中国共产党的主张,教育和团结了国民党统治区内广大群众和各界爱国人士。虽然谈判期间,中共多次作出让步,但国民党当局坚持无理要求,谈判陷入僵局,最终导致谈判破裂。1947 年 3 月 7 日,中共代表团撤离南京。

实践活动二:通过实地考察调研,了解国民党的反动统治及中共领导的第二条战线的斗争

实践地点 1：马歇尔旧居

马歇尔旧居位于南京市宁海路 5 号,由南京金成银行于 1936 年以前兴建,具有苏州古典园林风格,建筑外观采用江南园林建筑常用的卷棚歇山式屋顶,围墙上开有漏窗,但平面、结构、材料均采用西式。楼前有宽敞的庭院,院内的小径用红、黑、白三色鹅卵石铺成鹰、狮、白虎和鸟 4 种图案。该处总共占地 4.17 亩,建筑面积 748 平方米。主楼是一栋二层 11 间的新式砖瓦结构楼房,外观为大屋顶式样,内部为西式装饰,在新式住宅区中不但新颖而且别具一格。此外,还建有新式平房一进 6 间、厨房 1 间、厕所 4 间、防空洞 1 座,四周花草树木茂密,环境优美,气派豪华。1937 年 12 月,日军占领南京后,这里曾是南京安全区国际委员会总部。1945 年至 1947 年,马歇尔任美国驻华特使期间在此居住。

图 7-2　马歇尔旧居

乔治·卡特利特·马歇尔(George Catleett Marshall,1880—1959),美国人。1924年来华,任美军驻天津第 15 步兵团执行官、代司令官。1939 年至 1945 年间,任美国陆军参谋总长。1944 年晋授五星上将。1945 年 12 月,以美国总统杜鲁门特使身份来华,"调处"国共关系,因支持蒋介石反共政策,遭失败,1947 年 11 月奉召回国。1950 年至1951 年,任美国国防部部长。1959 年逝世。

实践地点 2："五二〇"学生运动纪念广场

"五二〇"学生运动纪念广场位于南京市长江路与洪武路交会处的东南角、原国民大会堂(现人民大会堂)附近的上乘庵,建于 2007 年,占地面积约 4 000 平方米。广场内有一座主题纪念雕塑,灵感来自 5、2、0 三个数字的弧形,寓意这是一座穿越之门和审视历史之门,雕塑上遍体的"伤痕"则展现了斗争的悲壮。走进穿越之门,就能看到人物群雕,群雕是以70多年前举起"反饥饿、反内战、反迫害"大旗的游行学生为原型设计的36尊青铜雕像,以游行中学生与军警冲突的场景为主题,表现了当年波澜壮阔的历史。

图7-3 "五二〇"学生运动纪念广场

1947年5月20日,南京、上海、苏州、杭州等地16所专科以上院校学生6 000余人汇集南京,举行"反饥饿、反内战、挽救教育危机"的联合大游行。当游行队伍向正在举行"国民参政会"的国民大会堂进发时,遭到国民党宪警的镇压,被木棍、铁棍、皮鞭打伤的学生有100多人,重伤19人,20多人被捕。同日,天津南开、北洋两校的游行学生,也遭到特务殴打,多人受伤。南京、天津的流血事件便是震惊中外的"五二〇"惨案。

惨案发生后,在中国共产党的领导下,学生们提出了"反迫害"的口号,运动向着"反饥饿、反内战、反迫害"的目标发展,并迅速扩展到60多个大中城市,同工人罢工、教员罢教等各阶层人民的斗争汇聚到一起,形成了反对国民党统治的第二条战线,加速了国民党统治的崩溃。5月30日,新华社播发了毛泽东就"五二〇"学生运动撰写的评论文章《蒋介石政府已处在全民的包围中》。

实践地点3:解放战争时期中共南京市委秘密开会处旧址

解放战争时期中共南京市委秘密开会处旧址位于南京市洪武路街道申家巷社区马路街西侧(复成新村10号),建筑占地面积5 700平方米。复成新村民国建筑群是二十世纪二三十年代始建的住宅区,因靠近城东复成桥而得名,中华人民共和国成立前中共南京市委秘密开会处的复成新村10号(现为复成新村7号)隐藏在其间。

图 7-4　解放战争时期中共南京市委秘密开会处旧址

　　1948 年下半年,国民党统治摇摇欲坠,战场上的节节败退,使得国民党反动派疯狂地搜捕中共地下党员和革命群众,南京陷入更加严重的白色恐怖之中。为了更好地开展工作,1948 年 12 月,中共南京市委决定在常府街附近的"复成新村 10 号"建立一个新的秘密开会处。复成新村 10 号为中共党员顾公泰父亲的房屋,是一幢带有庭院的楼房,位置比较偏僻,开会时如遇紧急情况更容易安全撤离。复成新村 10 号秘密开会处建立后,中共南京市委书记陈修良、副书记刘峰和委员朱启銮、王明远、陈慎言 5 人经常到这里碰头开会。南京解放前几个月,中共南京市委积极发动党员群众,广泛开展反对搬迁并保护工厂、机关、学校、商店、仓库,迎接解放军渡江和南京解放的斗争,同时采取多种形式广泛收集情报,策动国民党海陆空军起义。当时的复成新村 10 号见证了中共地下党以"时刻准备上雨花台"的决心,坚持黎明之前最后一段斗争的光辉历史。

　　实践地点 4:两浦铁路工人"七二"大罢工旧址(南京浦口火车站旧址)

　　两浦铁路工人"七二"大罢工旧址位于南京市津浦路 30 号(原南京北站、浦口火车站)。南京浦口火车站是重要民国建筑遗存之一,始建于 1911 年,1914 年建成通车,是当时津浦铁路枢纽的南端终点站,1998 年 1 月 5 日起更名为南京北站。2004 年,见证了诸多重大历史事件的浦口老火车站结束了其客运历史。浦口老火车站包括五个组成部分:主体大楼、月台和雨廊、中山停灵台、车务段大楼、电报房。车站主体大楼包含候车厅与公务大楼两个功能区域;坐北朝南,长宽各 20 米;建筑上下 3 层,内部均为木质结构,共有 62 间房;带有英伦风格特色的米黄色砖砌外墙、红色瓦楞铁屋顶、硬山有脊,为当时的地标式建筑。雨廊包括月台部分的"单柱伞形雨廊(此形制在中国铁路建筑史上极为少见)"和候车大厅西端连通码头的"拱形雨廊"两段。停灵台(1929 年,孙中山的灵柩经津浦铁路从北京运抵南京,曾在此稍作停靠)位于车站广场花园正中。主体大楼西侧即是原来的车务段大楼(曾先后为车站贵宾楼、铁路派出所)。电报房位于主体大楼的东南方向,同为黄色楼体红色屋顶,1984 年恢复通车时改为售票处。南京浦口火车站作为全国唯一的一座较为完整保存了民国时期特色的火车站,是南京民国公共建筑的典型代表。

图 7-5 两浦铁路工人"七二"大罢工旧址(南京浦口火车站旧址)

1948 年 6 月,国民党铁路当局扣发了原已答应发给工人的 5、6 两个月的米贴等,致使工人生活陷于困境。中共两浦区委抓住时机,决定以"补发和增加米贴"为口号,发动两浦铁路工人举行罢工,以此解决工人生活上的困难,同时破坏敌人的军运计划。为了搞好这次斗争,南京市委派林微直接领导,6 月中旬,罢工准备工作基本就绪。28 日,两浦铁路各单位 100 多人聚集到浦口火车站办公大楼,找津浦路浦徐段管理处正面交涉,提出了补发米贴和欠薪等四项条件,没有结果。30 日,交涉未成。消息传来,群众激愤,党组织认为罢工条件成熟,决定把斗争推向前进,得知 7 月 2 日只有军用物资列车,没有兵运,客观条件较好,于是决定在 7 月 2 日举行大罢工。

7 月 2 日上午,浦镇机厂近 2 000 名工人率先罢工,沿途浦镇工务段、电务段的工人加入了罢工队伍,队伍到达浦口机务段时,机务段工人加入罢工行列,队伍到达浦口火车站时,检车段、车务段、车站、港务所、自来水厂、发电厂等两浦所有单位共 6 000 多名工人参加了罢工。罢工造成两浦地区机器停开,火车、轮渡停驶,水电停供,整个浦口铁路陷于瘫痪,火车中断 14 个小时,打乱了国民党的军运和客运。经过与路局方多次正式谈判,工人们态度坚决,表示不答应全部条件就决不复工。在工人们的坚持下,路局方只得对提出的四项条件全部答应。至此,两浦铁路工人"七二"大罢工取得了全面胜利。

实践地点 5:新生小学抗暴斗争旧址

新生小学抗暴斗争旧址位于南京市长江路 260 号长江路小学内。1948 年 10 月 10 日,南京市体育场将举行首都公务员运动会,新生小学(今长江路小学前身)应邀派童子军前往维持秩序。中午时分,学生们在学校集合准备前往体育场。而在新生小学东侧弘光中学(今九中)教堂内的一些美国传教士和士兵,以学生的集合声影响了他们做弥撒为由,冲进学校,对小学生大打出手,当场就有 9 名小学生的后脑、手臂、臀部被打致伤。校长徐哲人见状奋起保护学生，挺身与美国传教士和士兵理论，反遭毒打，左颊被打肿，小指被打折。另有两名教师被美军从 9 级台阶上推下摔伤。这时一队美军宪兵赶来，子弹上膛，威胁被殴打的中国师生，将肇事行凶的美军士兵护送走。中国警宪赶到现场时，只能眼看美国宪兵带着肇事士兵扬长而去。美军暴行激起了新生小学师生、学生家长和社会各界的愤怒，迅即掀起了一个抗议美军暴行的浪潮，这是继 1947 年初声援北平沈崇事件后发生在南京的又一次影响较大的反美爱国斗争。

图 7-6　新生小学抗暴斗争旧址

　　在中共南京地下组织领导下，小学教师协进会和私立小学校长联谊会等迅即发起声势浩大的抗美活动，全市各界纷纷声援。在小学教师协进会的支持下，新生小学成立了抗暴委员会，举行记者招待会，控诉美军暴行，提出登报道歉、惩办凶手等 5 项条件，并发出《告全国同胞书》，向全国人民愤怒控诉美军和美国传教士的暴行。全国各地报纸进行了报道，表示声援。社会各界捐款 10 多万元（金圆券）。在强大的社会舆论压力下，美军顾问团被迫向新生小学受伤师生道歉、慰问。天主教会主教也被迫宣布给行凶打人的传教士以记大过处分，并调离回国。新生小学抗暴斗争最终取得了胜利。

　　实践地点 6：南京大校场起义旧址

　　南京大校场起义旧址位于南京市秦淮区东南部，大明路以东、七桥瓮以南，占地面积约 9.96 平方千米。大校场自明朝以来一直是军事教练场。清代，大校场是驻扎城东南的八旗兵训练场，康熙、乾隆南巡时，均在此阅过兵。太平天国期间，此处变为荒地。1929 年国民政府航空署将其改建为军事训练靶场。1931 年将其改建成军用机场，并设立航空学校。1934 年至 1937 年间，国民政府航空委员会将大校场扩建为拱卫首都南京的主要航空基地。1937 年 12 月至 1945 年 8 月，侵华日军将大校场机场改建为主副交叉跑道构型。1947 年 10 月 1 日，国民政府在大校场机场新建一条可满足负荷重量达 80 吨飞机起降的水泥混凝土跑道，使其成为遵循国际民航组织 B 级标准的、国内设施最好的机场之一。

图 7-7　南京大校场起义旧址

1948 年,随着解放战争形势的迅速发展,中共南京市委根据上级指示,组织力量深入敌人内部,开展策反和瓦解敌军工作。市委书记陈修良和策反系统负责人史永安排在南京国民党空军第四医院当医生的地下党员林诚,秘密与国民党飞行员接触,发展他们加入党组织。1948 年 11 月,国民党空军八大队飞行员俞渤被吸收入党,以后又发展飞行员郝桂桥、轰炸员周作舟入党。根据党的指示,多次研究驾机起义事宜,并吸收飞行员陈九英、领航员张祖礼一起参加。12 月 16 日,蒋介石在南京国民党空军俱乐部举行表彰大会,趁着大校场机场执勤人少,俞渤等 5 人成功驾驶 514 号 B-24 型轰炸机,穿过厚厚云层飞向解放区,第二天凌晨 3 时安全抵达石家庄,驾机起义成功。两小时后,罗青长奉毛泽东、周恩来命令,赶到石家庄,代表党中央向驾机起义的 5 人表示慰问。此后,又有 7 架飞机先后起义。这是解放战争中国民党空军分崩离析的一个标志,也为中国人民解放军空军的建立打下了基础。

实践地点 7：永利铔厂旧址

永利铔厂旧址位于南京市大厂街道凤凰山社区。永利铔厂是 1934 年经国民政府实业部批准,由中国化工之父范旭东先生创建的中国最早的化工厂,被称为"远东第一大厂"。1937 年生产出具有世界先进水平的"红三角"牌硫酸铵。抗日战争全面爆发后,日军占领南京,于 1939 年 12 月 13 日将永利铔厂改为"永利化学工业株式会浦口工业所硫酸工场",由日本海军陆战队占领。日军找到范旭东,要把这个化工厂改为生产炸药、地雷的军工厂,被范旭东拒绝,创建不久的工厂因此不得不停产。1942 年,日军将硝酸吸收塔强行拆回日本,制造炸药,屠杀中国人民。抗战胜利后,中国收回硝酸吸收塔,重建永利铔厂。

抗战胜利后,中共南京市委选派王春海进入永利铔厂开展工作。经同乡永利铔厂钳工王勇鸣介绍,王春海于 1946 年 7 月考进永利铔厂当了电工。王春海进厂后广交朋友,团结工人,发展了一批党员。在中共南京市委工人工作委员会委员高骏的主持下,永利铔厂地下党支部在西厂门外凤凰山的南山坡上正式成立,王春海任支部书记,张亮为宣传委员,李文范为组织委员。在一系列的群众活动中,党支部发现培养了一批积极分子,为党组织的扩大和组织工人开展自觉斗争做了充分的准备。1948 年 3 月,永利铔厂成立工会。永利铔厂党支部确定了依靠工人、团结职员、争取厂方的方针,提出了"职工团结、劳资合作、防火防盗、共渡难关"的口号,稳定了人心和局面,90％以上的工人自愿留厂参加护厂。在党支部的领导下,永利铔厂还建立了同仁互助会,邀请资方和高级职员、工程技术人员参加。在反对迁厂问题上,做到团结大多数,特别是团结工程技术人员参与斗争。直到解放,工厂未受到破坏,党的组织也未遭到破坏,南京解放后很快就复工生产。

图 7-8　永利铔厂旧址

　　实践活动三:通过实地考察调研,了解中共领导人民赢得解放战争和新民主主义革命胜利的历史

　　实践地点 1:徐州淮海战役纪念馆

　　淮海战役纪念馆位于徐州市解放南路 2 号,1965 年 11 月建成,2003 年 5 月扩建,2007 年 7 月淮海战役纪念馆新馆建成开放。纪念馆占地 7 万平方米,建筑面积 2.56 万平方米,半径 25 米、高 28 米的全景画馆位于其中心。馆内陈展面积 1.2 万平方米,共分序言、战前形势、战役实施、人民支前和缅怀英烈等 6 部分内容,共展出文物、照片、图表近 3 000 件,复原场景 9 个,展线 1 470 米。

　　淮海战役,国民党称"徐蚌会战",是解放战争时期中国人民解放军华东野战军、中原野战军在以徐州为中心,东起海州(连云港),西止商丘,北自临城(今枣庄市薛城),南达淮河的广大地区,对国民党军队进行的战略性进攻战役。淮海战役于 1948 年 11 月 6 日开始,1949 年 1 月 10 日结束,徐州剿匪总司令部刘峙指挥的国民党军 5 个兵团、22 个军、56 个师及一个绥靖区共 55.5 万人被消灭及改编,解放军总共伤亡 13.6 万人。淮海战役是三大战役中的第二个战役,也是解放军牺牲最重、歼敌数量最多、政治影响最大、战争样式最复杂的战役。

图 7－9　徐州淮海战役纪念馆

实践地点 2：渡江胜利纪念馆

渡江胜利纪念馆位于南京市渡江路 1 号，占地面积 21 000 多平方米，展厅面积 5 000 多平方米。1984 年，于把江门城楼上建立渡江胜利纪念馆。2009 年，于现址新建渡江胜利纪念馆。新建成的渡江胜利纪念馆由主展馆、下沉式广场以及胜利纪念广场构成。主展馆的外饰部分全部采用了红色石材，象征着红色革命精神永恒，展馆分两层，远看像一艘木船，寓意为"驶向胜利之船"。

矗立在入口广场中央的是渡江战役总前委的一组群塑。群塑高 2.3 米，是根据渡江战役前夕总前委的一张合影照片创作而成。

主展馆的正前方是渡江胜利纪念馆的下沉式广场，广场中央陈列的是"京电"号小火轮。这艘刻有"沈宝记·1925"字样的"京电"号小火轮在渡江战役中冒着密集炮火，单船劈波奋勇直前，成功往返于长江两岸，为南京解放立下赫赫战功。

下沉式广场上方，一座"胜利之桥"连接着广场与纪念馆主展区。这座"胜利之桥"长 49.423 米，寓意南京解放的时间 1949 年 4 月 23 日。整个序厅也被布置成一只大木船的形象，象征着渡江战役时人民解放军所使用的通往革命胜利之路的航船。

主展馆的正北方，胜利纪念广场上矗立着由 49 根高度不等的红色立柱组成的大型红色"千帆竞渡"群雕，群雕以红色直线柱体形式体现了人民解放军不畏艰险、不屈不挠的革命斗争精神。

渡江胜利纪念馆陈列以"天翻地覆慨而慷——渡江战役胜利纪念展"为题，以渡江战役为主线，由"风雨苍黄""天翻地覆""人间正道"和"胜利之都"四部分组成，通过 500 余幅历史照片、400 余件珍贵文物资料、8 个历史场景、数十幅历史绘画和视频演播辅陈，翔实生动地再现了人民解放军取得渡江战役胜利的光辉历程和丰功伟绩。

图 7 - 10　渡江胜利纪念馆

　　1949 年 2 月,三大战役结束,人民解放军在西起江西湖口、东至江苏江阴的长江千里北岸集结。4 月 20 日夜间,经过周密准备的解放军第二野战军和第三野战军,同时发起渡江战役。在大炮等火力的掩护下,突击部队迅速突破敌军防线,占领了芜湖、常州、镇江一线数百千米的长江南岸,为大部队的顺利渡江打下基础。4 月 21 日,解放军大部队开始渡江,敌军的长江防线仅一天就被全面摧毁。4 月 22 日,被称为"江北桥头堡"的江浦、浦镇、浦口县城解放,南岸的南京城门户大开。渡江前夜,解放军侦察员偷偷过江来南岸下关电厂"借船",厂长韩德举当即决定派出"京电号"。4 月 23 日晚 9 时许,"京电号"掉转船头向北岸驶去,后又载着 120 名人民解放军指战员返回南岸,成为登上南岸进入南京城的第一批人民解放军部队。

　　实践地点 3:南京国民政府总统府旧址

　　南京国民政府总统府位于南京市长江路 292 号,占地面积 90 000 平方米。总统府建筑群始建于明洪武元年(1368),经历了明朝汉王府,清代江宁织造署、两江总督署,太平天国天王府,以及中华民国临时政府、南京国民政府等 600 多年的历史。1948 年南京国民政府将其改称为总统府。

　　总统府分东、中、西 3 个区域。中区(中轴线)主要是国民政府、总统府及所属机构,由大堂、二堂、礼堂、会客室、政务局大楼、总统府办公楼等组成;西区由孙中山的临时大总统办公室、总统府图书馆、石舫、忘飞阁、夕佳楼、漪澜阁(亦称中山堂)等组成;东区主要是国民政府行政院旧址、马厩和东花园。总统府建筑群现存大小建筑物和实体构筑物等总计107 幢,单体建筑的类型多样,建造年代分散,风格不一,结构方式多样。在这些建筑中,既有中式大屋顶建筑和四合院,又有西式平房和楼房;既有中国传统的中轴线主建筑的格局,又有逶迤弯曲的西式长廊;在一幢幢建筑的深处,还建有精致典雅的江南式园林。

图 7－11　南京国民政府总统府旧址

1949 年 4 月 23 日夜,人民解放军第三十五军一举突破长江天堑,攻入南京城。4 月 24 日,几十名战士登上了总统府的门楼,将红旗插上了总统府。南京的解放,标志着国民党 22 年反动统治的崩溃。

实践地点 4:国民大会堂旧址

国民大会堂旧址位于南京市长江路 264 号,建筑面积 5 100 平方米。国民大会堂原名国立戏剧音乐院,现为南京人民大会堂。1936 年建成竣工,全部建筑采用钢筋混

图 7－12　国民大会堂旧址

凝土结构,是民国时期全国规模最大、设施最为先进的大会堂。国民大会堂坐北朝南,采用中国传统特点的对称形式,勒脚、墙身、檐部三段式构图,主体建筑地上4层,地下1层,分前厅、剧场、表演台3部分,厅楼上方镶嵌"国民大会堂"5个斗大金字。国民大会堂的造型属于西方近代剧院风格,但在檐口、门厅、雨篷等处,都巧妙地运用了民族风格的装饰,是当时较为流行的新民族形式建筑实例之一。

1943年冬,中共南京地下组织领导爱国进步学生发动了轰轰烈烈的"清毒"运动,其主要发生地就在国民大会堂门前的广场。1949年5月1日,人民解放军第二野战军和第三野战军的代表以及南京的地下党干部3 000余人在此举行了会师大会,第二、三野战军及中共华东局、上海局领导刘伯承、邓小平、饶漱石、陈毅、刘晓等参加大会并作讲话。会上宣布,经中共中央批准,新的中国共产党南京市委员会成立。会议持续约5个小时,直到次日凌晨才结束。会议之前,大会堂门口上方原国民政府主席林森手书的"国民大会堂"几个字被改为"人民大会堂"。

实践地点5:中国人民解放军海军诞生地纪念馆

中国人民解放军海军诞生地纪念馆位于泰州市白马镇。纪念馆分为"三野渡江战役指挥部旧址"和"中国人民解放军海军诞生地纪念馆"两部分。1949年4月,中国人民解放军华东野战军(三野)司令部暨东、中集团军渡江战役指挥部设在泰州白马庙王镜湖读书楼。23日,为适应渡江战役的胜利形势,三野奉中央军委电令,在此组建华东军区海军,张爱萍任司令员兼政治委员。渡江战役胜利后,旧址得到有效保护。旧址现有清式二层楼房一座及平房数间,共4个展区6个展室。楼上为三野渡江战役指挥中心,陈列有发报机、放大镜、马灯、行军杯等实物;楼下为粟裕、张爱萍、张震的卧室兼办公室,陈列有粟裕等三野将领当年使用过的木榻及木箱、茶几、太师椅、铜盆、灯柜、油灯等实物50余件。

图7-13 中国人民解放军海军诞生地纪念馆

1999年4月,为纪念人民海军诞生50周年,在旧址西侧200米处兴建中国人民解放军海军诞生地纪念馆。纪念馆占地25 000平方米,主体建筑外形像军舰,寓意中国人民解放军海军在这里扬帆起航,奔赴祖国万里海疆。纪念馆从"近代沧桑""白马建军""威震海疆""发展壮大""鱼水情深"五个方面展示了人民海军发展的光辉历程,广场上的实物展区陈列有飞机、舰炮、鱼雷、导弹等海军退役装备。

2009年,人民海军成立60周年之际,纪念馆进行了馆区环境维护和展厅改陈设计。

六、素质训练

(一)单项选择题

1. 1945年8月29日,重庆《大公报》就毛泽东赴重庆谈判发表了《毛泽东先生来了!》的社评,其中写道:"毛泽东先生来了!中国人听了高兴,世界人听了高兴,无疑问的,大家都认为这是中国的一件大喜事。"毛泽东赴重庆谈判的目的是(　　)

A. 结束国共内战

B. 商讨联合抗日

C. 寻求外国援助

D. 争取和平民主

【答案】D

【要点】A项不符合史实,此时内战尚未爆发。B项不符合史实,此时抗日战争已经胜利。C项不符合史实,重庆谈判是为了解决和平建国问题。毛泽东是在抗战已经取得胜利,国内和平与内战风险同时并存的背景下,为了避免内战,争取和平民主而不顾个人安危毅然亲赴重庆参加谈判的。

2. 中国共产党在领导人民革命的过程中,积累了丰富的经验,锻造出了有效的克敌制胜的武器。武装斗争就是中国共产党在中国革命中战胜敌人的重要法宝之一,其实质是(　　)

A. 无产阶级领导的反帝国主义战争

B. 资产阶级领导的反封建战争

C. 工农联合的反军阀战争

D. 工人阶级领导的农民战争

【答案】D

【要点】农民问题是中国革命的基本问题,新民主主义革命实质上就是中国共产党领导下的农民革命,中国革命战争实质上就是党领导下的农民战争。工人阶级只有与农民结成巩固的联盟,才能形成强大的力量,才能完成反帝反封建的革命任务。工人阶级对于农民的领导,是实现革命领导权的基础。没有工人阶级及其政党的领导,农民的革命动力作用无法得到充分发挥。

3. 1947年6月底,根据中共中央的决策和部署,刘伯承、邓小平率领的晋冀鲁豫野战军主力,实施中央突破,千里跃进大别山;陈毅、粟裕指挥的华东野战军主力为东路,挺进鲁豫皖地区;陈赓、谢富治指挥的晋冀鲁豫野战军为西路,挺进豫西,三大主力部队相互侧应,机动破敌,迫使国民党处于被动地位。这说明(　　)

　　A. 人民解放军在数量上已经超过国民党军队

　　B. 人民解放军战略进攻的序幕由此揭开

　　C. 人民解放军同国民党军队进行战略对决的时机已经成熟

　　D. 人民解放军进入战略相持阶段

【答案】B

【要点】A项在战略进攻时,人民解放军的数量并未超过国民党军队。C项战略决战时机成熟的标志是国民党军队主力转为重点防御,兵力主要防守各战略要地。D项战略相持阶段是抗日战争经历的阶段,解放战争分为战略防御、战略进攻、战略决战三个阶段。解放战争中人民解放军由战略防御转入战略进攻是以刘伯承、邓小平,陈毅、粟裕,陈赓、谢富治分别指挥的三路大军发动进攻为标志的。

4. 1946年5月4日,中共中央发出《关于清算、减租及土地问题的指示》(史称《五四指示》),决定将党在抗日战争时期实行的减租减息政策改变为(　　)

　　A. "保存富农经济"的政策

　　B. "地主不分田,富农分坏田"的政策

　　C. "耕者有其田"的政策

　　D. "没收一切土地"的政策

【答案】C

【要点】A项是新中国初期的土改政策。B项是王明"左"倾教条主义错误指导下的土地政策。D项是《井冈山土地法》中的土地政策。1946年5月4日,中共中央发出《关于清算、减租及土地问题的指示》,其基本内容是要坚决地支持和引导广大农民群众,采取各种适当方法,使地主阶级剥削农民而占有的土地转移到农民手中,用一切方法吸收中农参加运动,绝不可侵犯中农土地;一般不变动富农土地,对富农和地主有所区别;不可将农村中反对封建地主阶级的方法,运用于城市中反对工商业资产阶级的斗争。从而将党在抗日战争时期实行的减租减息政策改变为"耕者有其田"的政策。

5. "房子是应该经常打扫的,不打扫就会积满了灰尘;脸是应该经常洗的,不洗也就会灰尘满面。我们同志的思想,我们党的工作,也会沾染灰尘的,也应该打扫和洗涤。"这段话形象地反映了中国共产党在长期革命实践中形成的(　　)

　　A. 密切联系群众的优良作风

　　B. 艰苦奋斗的优良作风

　　C. 理论联系实际的优良作风

　　D. 批评与自我批评的优良作风

【答案】D

【要点】A 项、B 项、C 项均不符合题意。1945 年 4 月 24 日,毛泽东在中共七大上做题为《论联合政府》的政治报告时指出,"有无认真的自我批评,也是我们和其他政党互相区别的显著的标志之一。我们曾经说过,房子是应该经常打扫的,不打扫就会积满了灰尘;脸是应该经常洗的,不洗也就会灰尘满面。我们同志的思想,我们党的工作,也会沾染灰尘的,也应该打扫和洗涤。"

6. 1948 年 10 月 2 日,刘少奇在同华北记者团谈话时,讲了一个希腊神话故事:巨人安泰是地神之子,他在同对手搏斗时,只要身不离地,就能从大地母亲那里不断吸取力量,所向无敌;但是,只要他一离开大地,就会毫无力量。他的对手赫拉克勒斯发现了他的这一特征,在一次搏斗中突然把他举到半空中将他扼死。刘少奇借用这一神话故事强调中国共产党始终要(　　　)

　　A. 坚持理论联系实际

　　B. 保持党的方针政策的正确

　　C. 保持对敌人的高度警惕

　　D. 保持同人民群众的血肉联系

【答案】D

【要点】A 项、C 项不符合题意。B 项表述不明。刘少奇将中国共产党比喻成巨人安泰,将群众比喻成大地母亲,就是要强调中国共产党的群众路线的重要性,强调要保持与人民群众的密切联系,强调要相信群众、依靠群众,从群众中来,到群众中去。

(二)多项选择题

1. 1946 年 1 月 10 日,政治协商会议在重庆开幕,出席会议的有国民党、共产党、民主同盟、青年党和无党派人士的代表 38 人。会议通过了宪法草案、政府组织案、国民大会案、和平建国纲领、军事问题案五项协议。按照协议规定建立的政治体制相当于英国、法国的议会制和内阁制,不是新民主主义性质的,而且国民党在政府中占着明显的优势。对政协的上述协议,共产党赞同并决心严格履行,这是因为它有利于(　　　)

　　A. 推进民主政治的发展和进步

　　B. 打破国民党一党独裁的局面

　　C. 改变国共两党军事力量对比

　　D. 保障解放区政权的合法地位

【答案】ABD

【要点】C 项政协协议就《双十协定》未能达成的军队问题初步达成共识,但并未改变国共两党军事力量对比。1946 年 1 月 10 日,政治协商会议在重庆开幕,政府改组问题、施政纲领问题、军队问题、国民大会问题、关于宪法草案问题等方面达成五项协议。政协的五项协议,虽不是新民主主义性质的,但它有利于冲破蒋介石的独裁统治和实行民主政治,有利于和平建国,因而在相当程度上是有利于人民的,因此,赢得了共产党的赞同并决心严格履行。

2. 抗日战争结束后,中国共产党为避免内战,实现和平建国,采取的主要措施有
(　　)

A. 参加政协会议并维护政协协议

B. 赴重庆与国民党当局进行谈判

C. 在国统区开辟第二条战线

D. 在解放区开展土地改革运动

【答案】AB

【要点】C项不符合史实。国统区第二条战线的开辟是在全面内战爆发之后,不是在抗战胜利后争取和平民主的阶段。D项也是在内战爆发之后。抗战胜利后,国内出现了战争与和平两种可能。中国共产党为争取国内和平做了一系列努力,其中主要包括:参加政协会议并维护政协协议;赴重庆与国民党当局进行谈判。

(三) 分析题

结合材料回答问题:

材料 1

1944 年,正值李自成领导的农民起义军进入北京推翻明王朝 300 周年,郭沫若毅然放下正在进行的先秦思想史研究,撰写《甲申三百年祭》。在这篇文章中,郭沫若深刻总结了李自成农民起义成功建立起大顺朝但旋即失败的历史教训。从 3 月 19 日起,这篇长文在重庆《新华日报》全文连载。文章发表后,引起社会各界的广泛关注。仅隔 20 天,毛泽东就在《学习和时局》的报告中指出:"我党历史上曾经有过几次表现了大的骄傲,都是吃了亏的……近日我们印了郭沫若论李自成的文章,也是叫同志们引为鉴戒,不要重犯胜利时骄傲的错误。"11 月 21 日,毛泽东复信郭沫若:"你的《甲申三百年祭》,我们把它当作整风文件看待。小胜即骄傲,大胜更骄傲,一次又一次吃亏,如何避免此种毛病,实在值得注意。"

——摘编自《〈甲申三百年祭〉风雨六十年》,人民出版社 2005 年版

材料 2

1949 年 3 月 23 日,毛泽东率中共中央机关离开西柏坡前往北平(北京)。临行前,他对周围的人说:"同志们,我们就要进北平了,我们进北平,可不是李自成进北平,他们进了北平就变了,我们共产党人进北平,是要继续革命,建设社会主义,直到实现共产主义。"他兴奋地对周恩来说:"今天是进京'赶考'嘛。"周恩来说:"我们应当都能考试及格,不要退回来。"毛泽东说:"退回去就失败了。我们决不当李自成,我们都是希望考个好成绩。"

——摘编自金冲及主编《毛泽东传(1893—1949)》,中央文献出版社 1996 年版

材料 3

2013 年 7 月 11 日至 12 日,习近平总书记来到革命圣地西柏坡,在同县乡村干部和群众座谈时指出:当年党中央离开西柏坡时,毛泽东同志说是"进京赶考","六十多年过去了,我们取得了巨大进步,中国人民站起来了,富起来了,但我们面临的挑战和问题

依然严峻复杂,应该说,党面临的'赶考'远未结束。我们党要带领人民实现全面建成小康社会的奋斗目标,不断坚持和发展中国特色社会主义,就是这场考试的继续。所有领导干部和全体党员要继续把人民对我们党的'考试'、把我们党正在经受和将要经受各种考验的'考试'考好,努力交出优异的答卷。"

——摘编自《习近平关于实现中华民族伟大复兴的中国梦论述摘编》,中央文献出版社 2013 年版

（1）1949 年春,为什么毛泽东把离开西柏坡前往北平比作"赶考"?

（2）如何理解习近平所说的"党面临的'赶考'远未结束"?

【要点】（1）中国共产党成立后不断加强党的自身建设,始终把思想建设放在首位,并注重组织建设和作风建设。党成立初期曾经犯了"左"、右倾错误,以毛泽东同志为代表的中国共产党人把马克思主义基本原理同中国具体实际相结合,克服了一系列困难,为党领导人民夺取革命胜利奠定了坚实基础。

随着解放战争的不断胜利,中国共产党即将取得全国政权,之前在革命斗争阶段不太突出的问题,如消极腐败、官僚作风、贪图享乐等,有可能侵蚀全党。中国共产党要继续担负起坚强领导核心的历史重任,必须加强自身建设。

中国共产党取得全国政权后,面临着繁杂的历史任务,一是要继续完成民主革命的遗留任务,二是要恢复凋敝的国民经济,三是要打破西方列强的封锁,四是要巩固新生的人民政权,五是要实现国家工业化,六是要向社会主义过渡,很多领域对于即将取得全国政权的中国共产党而言是陌生的。

在这个重大历史关头,中国共产党所肩负的任务是非常繁重的,所面临的挑战是十分严峻的,所以毛泽东把进入北平比作"进京赶考",这反映了中国共产党在当时的历史背景下面临的重大抉择,也反映了中国共产党对取得全国政权后面临诸多困难的清醒认识。

（2）中国共产党百年的历史充分说明,其之所以能够从小到大、由弱到强,成为世界上最大的社会主义国家执政党,成功地领导中国人民在革命、建设和改革道路上不断取得新的伟大胜利,根本在于始终高度重视加强自身建设,始终坚持党要管党、从严治党。

对中国共产党及其领导的事业而言,"赶考"只有进行时没有结束时。正如习近平总书记所说,从实现"两个一百年"的目标,到实现中华民族伟大复兴的中国梦,我们正在征程中,考试仍在继续。我们面临的"考题"是实现中华民族伟大复兴的中国梦这篇大文章及其各个章节,"主考官"依然是人民。

党面临的"赶考"远未结束,这体现了中国共产党始终具有的风险意识和忧患意识。我们面临着新形势下执政的考验、改革开放的考验、市场经济的考验、外部环境的考验,面临着精神懈怠、能力不足、脱离群众、消极腐败的危险。一言以蔽之,还面临着实现"四个全面"战略布局的考验。正因为面临着如此严峻复杂的斗争和考验,所以,习近平总书记说"党面临的'赶考'远未结束"。努力防范和化解各种风险,需要各级领导干部有底线思维。正如习近平总书记在广东考察时强调的那样,"要看到国际国内各种不利因素的长期性、复杂性、曲折性,不回避矛盾,不掩盖问题,从坏处准备,争取最好的结果,牢牢把握主动权"。

第八章
中华人民共和国的成立与中国社会主义建设道路的探索

一、基本要求

（一）掌握新中国成立以后的基本国情；

（二）认识中国共产党领导各族人民进行社会主义改造的伟大实践；

（三）认识和了解社会主义改造的作用、意义及经验；

（四）理解社会主义建设的长期性和复杂性；

（五）了解党领导人民探索社会主义建设道路的经验。

二、重点难点

（一）正确认识社会主义制度是历史和人民的选择；

（二）全面了解社会主义建设取得的成就；

（三）深刻体会探索中国社会主义建设道路的曲折历程。

三、关联内容

1949 年 10 月 1 日下午，首都北京 30 万军民在天安门广场隆重举行开国大典。新民主主义革命的胜利，中华人民共和国的成立，彻底结束了旧中国半殖民地半封建社会的历史，彻底结束了极少数剥削者统治广大劳动人民的历史，彻底结束了旧中国一盘散沙的局面，彻底废除了列强强加给中国的不平等条约和帝国主义在中国的一切特权，实现了中国从几千年封建专制政治向人民民主的伟大飞跃，实现了中国高度统一和各民族空前团结。中国人从此站立起来了！中国人民从此把命运牢牢掌握在自己手中，成为国家、社会和自己命运的主人！中华民族发展进步从此开启了新纪元！

新中国成立伊始，面临许多严重困难和紧迫问题。这包括：能不能保卫住革命胜利成果，巩固新生人民政权；能不能战胜严重经济困难，迅速恢复和发展国民经济；能不能巩固民族独立,维护国家主权和安全;能不能经受住全国执政的新考验,继续保持优良传统和作风。

面对新中国成立初期种种困难和严峻考验,中国共产党和人民政府采取一系列积极稳健的政策措施,有条不紊地领导全国各族人民进行捍卫巩固新政权、建设新中国的伟大斗争,为领导人民进行有计划的经济建设和有系统的社会主义改造创造了重要条件。

随着民主革命遗留任务的彻底完成和国内阶级关系、主要矛盾的变化,国民经济的恢复、初步发展和中国社会经济成分的变化,中共中央在1952年底开始酝酿并于1953年正式提出党在过渡时期的总路线,明确规定:"从中华人民共和国成立,到社会主义改造基本完成,这是一个过渡时期。党在这个过渡时期的总路线和总任务,是要在一个相当长的时期内,逐步实现国家的社会主义工业化,并逐步实现国家对农业、对手工业和对资本主义工商业的社会主义改造。"这条总路线的主要内容概括为"一化三改",又称"一体两翼"。"一化"是"主体","三改"是"两翼",两者相辅相成、相互促进。过渡时期总路线体现了社会主义工业化和社会主义改造的紧密结合,体现了解放生产力与发展生产力、变革生产关系与发展生产力的有机统一。

历史证明,过渡时期总路线是完全正确的。在社会主义改造过程中,中国共产党创造了一系列适合中国特点的由初级到高级逐步过渡的形式,使个体农民、手工业者和私营工商业者能够循序渐进地改变旧的生产方式。随着社会主义改造的完成,以生产资料公有制、按劳分配和计划经济体制为特征的社会主义经济制度建立起来,这是中国进入社会主义社会最主要的标志。

在有系统地推进社会主义改造的同时,人民民主政治建设也在有步骤地向前推进。1954年9月,中华人民共和国第一届全国人民代表大会第一次会议在北京召开。大会讨论并通过了《中华人民共和国宪法》。这是一部社会主义类型的宪法,体现了人民民主原则和社会主义原则。中国共产党领导的多党合作和政治协商制度是我国的一项基本政治制度,是从中国土壤中生长出来的新型政党制度。民族区域自治制度是我国一项基本政治制度,是中国特色解决民族问题的正确道路的重要内容,是中国共产党根据中国历史和现实的特点,运用马克思主义民族理论解决中国民族问题的一项重大创造。党积极探索和建立了新的基层社会管理体系。人民代表大会的根本政治制度、中国共产党领导的多党合作和政治协商制度、民族区域自治制度等基本政治制度的建立,构成了我国社会主义的政治制度体系,为我国社会主义经济基础和相应的经济制度的确立,提供了政治保障。

1956年生产资料所有制改造完成,标志着社会主义基本制度在中国确立,中国开始进入全面建设社会主义的历史阶段。1956年9月15日至27日,中国共产党第八次全国代表大会在北京举行。八大正确分析了国内形势和主要矛盾的变化,明确提出新形势下党和人民的主要任务,大会宣布:社会主义制度在我国已经基本上建立起来,国内主要矛盾已经是人民对于经济文化迅速发展的需要同当前经济文化不能满足人民需要的状况之间的矛盾;全国人民的主要任务是集中力量发展社会生产力,实现国家工业化,逐步满足人民日益增长的物质和文化需要;还有阶级斗争,还要加强人民民主专政,但根本任务已经是在新的生产关系下保护和发展生产力。

中共八大后,全国上下迅速掀起社会主义建设高潮,广大人民群众参与社会主义建设热情高涨。在这种火热的劳动热情和崇高的创造精神激励下,新中国第一个五年计划提前完成,第二个五年计划顺利推进。

为尽快改变中国贫穷落后的面貌,中共中央力图在探索社会主义建设道路中打开一个崭新的局面。1957年11月13日《人民日报》社论提出要在生产战线上来一个大的跃进,由此拉开"大跃进"的序幕。在"大跃进"迅猛发展的同时,农村掀起人民公社化运动高潮。毛泽东是中共中央领导集体中较早地觉察并实际纠正"左"倾错误的领导人。从1958年11月第一次郑州会议到1959年7月庐山会议前期,党中央领导整顿人民公社,调整高指标,作了初步纠正"左"倾错误的努力,使"共产风"、浮夸风、高指标和瞎指挥得到初步遏制,形势开始有所好转。但是,纠"左"是在肯定"大跃进"和人民公社的前提下和框架内进行的,初步好转的形势还很不巩固。在庐山召开的党的八届八中全会及随后开始的"反右倾"斗争中断了纠"左"的进程,加上自然灾害和苏联政府背信弃义撕毁合同,党和人民面临新中国成立以来前所未有的严重经济困难。

国民经济出现的严重困难局面,给中国共产党以深刻的教训。中共中央和毛泽东决心认真进行调查研究,调整政策,纠正错误。1960年11月,中共中央发出《关于农村人民公社当前政策问题的紧急指示信》,着手解决当时最为突出的农业和农村问题。1961年1月,党的八届九中全会决定对国民经济实行"调整、巩固、充实、提高"的八字方针。以这两件事为标志,"大跃进"运动实际上已被停止,国民经济开始转入调整的新轨道。

1961年3月,毛泽东在广州主持起草《农村人民公社工作条例(草案)》(即"农业六十条"),确定以生产队为基本核算单位,要求认真贯彻按劳分配的原则,废除供给制,停办公共食堂。在此基础上,在刘少奇、周恩来、陈云、邓小平等的主持下,中共中央陆续制定出有关工业、商业、教育、科学、文艺等方面的工作条例草案,总结历史经验,继续纠正"左"的错误,推动国民经济转入1962年至1965年的三年调整时期。

当国民经济调整工作取得巨大成就的时候,党适时提出了新的奋斗目标。1964年底,周恩来在三届全国人大一次会议上郑重提出实现"四个现代化"的历史任务。"四个现代化"从此成为党和全国各族人民的共同奋斗目标,成为凝聚和团结全国各族人民不懈奋斗的强大精神力量。

1966年,正当我国克服国民经济的严重困难、完成经济调整任务、开始执行发展国民经济第三个五年计划的时候,"文化大革命"运动发生了。1976年1月8日,周恩来逝世。7月6日,朱德逝世。9月9日,毛泽东逝世。毛泽东逝世前后,"四人帮"加紧夺取党和国家最高领导权的活动。10月6日晚,华国锋、叶剑英等代表中央政治局,执行党和人民的意志,对"四人帮"及其在北京的帮派骨干实行隔离审查。粉碎"四人帮",结束了"文化大革命",中国社会正常秩序得以恢复,党和国家的工作开始重新走上健康发展的轨道。

（一）中华人民共和国的成立，开辟了中国历史的新纪元

中华人民共和国的成立，标志着中国的新民主主义革命取得了基本的胜利，标志着半殖民地半封建社会的结束和新民主主义社会在全国范围内的建立。

第一，彻底结束了帝国主义列强压迫中国、奴役中国人民的历史，占人类总数四分之一的中国人从此站立起来了。

第二，彻底结束了封建主义、官僚资本主义统治的历史，广大中国人民在历史上第一次成为国家的主人。

第三，彻底结束了军阀割据混战的历史，国家基本统一，民族团结，社会政治局面趋向稳定，从事经济文化等方面建设的时期开始到来了。

第四，从根本上改变了中国社会的发展方向，为实现由新民主主义向社会主义的过渡，创造了前提条件。

第五，中国共产党成为全国范围内的执政党，可以运用国家政权凝聚和调集全国力量，解放并发展社会生产力，造福整个中华民族。

（二）过渡时期总路线反映了历史的必然性

过渡时期总路线的制定，是党依据新中国成立后的经济、政治条件的新变化作出的重大决策，是党的总路线、总任务及发展战略上的重大转变，是符合新中国社会发展的实际和规律的。

首先，社会主义工业化是国家独立富强的首要条件。实现国家现代化，是近代以来无数仁人志士孜孜以求的理想，也是中国共产党领导人民实现国家独立富强的必由之路。1952 年国民经济恢复工作完成时，中国现代工业在工农业总产值中的比重只有43.1％，重工业在工业总产值中的比重只有 35.5％。要改变落后面貌，巩固国家政权，就必须通过社会主义道路实现国家工业化。已经建立起来的社会主义性质的国营经济是实现国家工业化的主要基础。社会主义工业化，是国家独立和富强的必要条件。

其次，资本主义经济力量弱小，发展困难，不可能成为中国工业起飞的基础。中国的民族资本主要是商业资本和金融资本，工业资本只占 1/5。民族资本主义工业主要是轻纺工业和食品工业，缺少重工业的基础。这些工业企业大多规模小，技术设备落后，劳动生产率很低。为了改变这种情况，就必须在这些企业中改善经营管理，提高产品的质量，并且按照国家需要增加生产，培养技术人才，积累资金。而要如此，就必须对这些企业逐步实行社会主义改造。1950 年以后，对资本主义工商业采取了引向社会主义的多种方式，为对资本主义工商业进行社会主义改造积累了初步的经验。

再次，对个体农业进行社会主义改造，是保证工业发展、实现国家工业化的一个必要条件。土地改革后，农业生产摆脱了封建生产关系的束缚，一个时期有过较大发展；但这种发展又受到土地私有基础上的个体经营限制。只有引导个体农民组织起来走合作化的道路，农业生产力才能得到发展，农村也才能够为工业化提供必要的商品粮食、轻工业原料、工业品市场和积累工业发展的资金等条件。

最后,当时的国际环境也促使中国选择社会主义。新中国成立后,中国不但不可能从资本主义大国得到什么援助,而且连进行普通的贸易和交往都很困难。当时只有社会主义国家和第二次世界大战后为争取民族独立而斗争的国家同情中国,只有苏联能够援助中国。这也是促使中国共产党提出开始向社会主义逐步过渡的一个因素。

总之,中国在 20 世纪 50 年代最重要的事件就是选择了社会主义,成功地进行了社会主义改造,实现了中国历史上最伟大、最深刻的社会变革。这是十分必要的、完全正确的。

(三)社会主义基本制度确立的伟大意义

第一,实现中华民族伟大复兴,必须建立符合中国实际的先进社会制度。中华人民共和国成立、社会主义制度的建立,是中华民族有史以来最为广泛而深刻的社会变革,为当代中国一切发展进步奠定了根本政治前提和制度基础,为中国发展富强、中国人民生活富裕奠定了坚实基础,实现了中华民族由不断衰落到根本扭转命运、持续走向繁荣富强的伟大飞跃。

第二,社会主义基本制度的确立极大地提高了工人阶级和广大劳动人民的积极性、创造性,为社会生产力的大发展开辟了广阔道路。农业和手工业由个体所有制变为社会主义的集体所有制,私营工商业由资本主义所有制变为社会主义所有制,这就使社会生产力从旧的生产关系的束缚中解放出来,巩固和扩大了人民民主专政政权的经济基础。生产资料所有制适应了社会化大生产的客观需要,社会主义制度集中力量办大事的独特优势得以充分发挥,国家大规模工业化建设顺利开启,为在社会主义条件下取得比资本主义更快的现代化发展速度、更高的劳动生产率铺平了道路,极大地促进了我国社会生产力的发展。

第三,社会主义基本制度的确立为当代中国的一切发展进步提供了根本政治保障。中国共产党是全国各族人民的领导核心,是领导中国社会主义事业的核心力量。人民代表大会制度是实现社会主义民主的基本形式,充分体现了一切权力属于人民的原则,是人民管理国家的最好组织形式。中华人民共和国宪法,不仅巩固了中国人民革命胜利的历史成果和新中国成立以来政治上、经济上的新胜利,而且把实际生活中已经发生的重大社会变革用法律的形式肯定下来,反映了过渡时期国家发展的根本要求和全国人民通过实践形成的建立社会主义社会的共同意愿。这是中国走向社会主义民主和法制建设的一个良好开端。中国共产党领导的多党合作和政治协商制度,是马克思主义政党理论和统一战线学说与中国实际相结合的产物,有利于坚持和改善中国共产党的领导,又能充分吸纳各方面的意见,集中全国人民的意志和力量,实现广泛民主和集中领导的统一、充满活力和富有效率的统一。民族区域自治制度是我国一项基本民族政策,有利于保证国家的统一和民族自治权利。

第四,社会主义基本制度的确立为社会主义先进文化的发展指明了前进方向。党领导了对旧有学校教育和文化事业的有步骤的改革,团结和争取一切爱国的知识分子为人民服务。广大人民群众逐渐树立起走社会主义道路的意识,爱国主义、集体主义等观念越来越深入人心。社会主义新型的社会关系及与之相适应的社会道德规范正在形成。以马克思主义为核心的社会主义主流意识形态地位稳步提升，占据优势和主导地位，确保了党和国家事业沿着社会主义方向胜利前进。

第五，社会主义制度的确立，标志着中国这个拥有占世界 1/4 人口的东方大国进入了社会主义社会。此后，党面临的根本任务，就是领导全国各族人民在不断完善社会主义制度基础上，充分发挥社会主义制度的优越性，大力发展社会生产力，为实现国家富强、人民幸福的历史任务而奋斗。

四、文献研读

（一）案例

最近几个月，中央政治局听了中央工业、农业、运输业、商业、财政等三十四个部门的工作汇报，从中看到一些有关社会主义建设和社会主义改造的问题。综合起来，一共有十个问题，也就是十大关系。

提出这十个问题，都是围绕着一个基本方针，就是要把国内外一切积极因素调动起来，为社会主义事业服务。过去为了结束帝国主义、封建主义和官僚资本主义的统治，为了人民民主革命的胜利，我们就实行了调动一切积极因素的方针。现在为了进行社会主义革命，建设社会主义国家，同样也实行这个方针。但是，我们工作中间还有些问题需要谈一谈。特别值得注意的是，最近苏联方面暴露了他们在建设社会主义过程中的一些缺点和错误，他们走过的弯路，你还想走？过去我们就是鉴于他们的经验教训，少走了一些弯路，现在当然更要引以为戒。

什么是国内外的积极因素？在国内，工人和农民是基本力量。中间势力是可以争取的力量。反动势力虽是一种消极因素，但是我们仍然要作好工作，尽量争取化消极因素为积极因素。在国际上，一切可以团结的力量都要团结，不中立的可以争取为中立，反动的也可以分化和利用。总之，我们要调动一切直接的和间接的力量，为把我国建设成为一个强大的社会主义国家而奋斗。

下面我讲十个问题。

一、重工业和轻工业、农业的关系

重工业是我国建设的重点。必须优先发展生产资料的生产，这是已经定了的。但是决不可以因此忽视生活资料尤其是粮食的生产。如果没有足够的粮食和其他生活必需品，首先就不能养活工人，还谈什么发展重工业？所以，重工业和轻工业、农业的关系，必须处理好。

在处理重工业和轻工业、农业的关系上，我们没有犯原则性的错误。我们比苏联和一些东欧国家作得好些。像苏联的粮食产量长期达不到革命前最高水平的问题，像一些东欧国家由于轻重工业发展太不平衡而产生的严重问题，我们这里是不存在的。他们片面地注重重工业，忽视农业和轻工业，因而市场上的货物不够，货币不稳定。我们对于农业、轻工业是比较注重的。我们一直抓了农业，发展了农业，相当地保证了发展工业所需要的粮食和原料。我们的民生日用商品比较丰富，物价和货币是稳定的。

我们现在的问题，就是还要适当地调整重工业和农业、轻工业的投资比例，更多地发展农业、轻工业。这样，重工业是不是不为主了？它还是为主，还是投资的重点。但是，农业、轻工业投资的比例要加重一点。

加重的结果怎么样？加重的结果，一可以更好地供给人民生活的需要，二可以更快地增加资金的积累，因而可以更多更好地发展重工业。重工业也可以积累，但是，在我们现有的经济条件下，轻工业、农业积累得更多更快些。

这里就发生一个问题，你对发展重工业究竟是真想还是假想，想得厉害一点，还是差一点？你如果是假想，或者想得差一点，那就打击农业、轻工业，对它们少投点资。你如果是真想，或者想得厉害，那你就要注重农业、轻工业，使粮食和轻工业原料更多些，积累更多些，投到重工业方面的资金将来也会更多些。

我们现在发展重工业可以有两种办法，一种是少发展一些农业、轻工业，一种是多发展一些农业、轻工业。从长远观点来看，前一种办法会使重工业发展得少些和慢些，至少基础不那么稳固，几十年后算总账是划不来的。后一种办法会使重工业发展得多些和快些，而且由于保障了人民生活的需要，会使它发展的基础更加稳固。

二、沿海工业和内地工业的关系

我国的工业过去集中在沿海。所谓沿海，是指辽宁、河北、北京、天津、河南东部、山东、安徽、江苏、上海、浙江、福建、广东、广西。我国全部轻工业和重工业，都有约百分之七十在沿海，只有百分之三十在内地。这是历史上形成的一种不合理的状况。沿海的工业基地必须充分利用，但是，为了平衡工业发展的布局，内地工业必须大力发展。在这两者的关系问题上，我们也没有犯大的错误，只是最近几年，对于沿海工业有些估计不足，对它的发展不那么十分注重了。这要改变一下。

过去朝鲜还在打仗，国际形势还很紧张，不能不影响我们对沿海工业的看法。现在，新的侵华战争和新的世界大战，估计短时期内打不起来，可能有十年或者更长一点的和平时期。这样，如果还不充分利用沿海工业的设备能力和技术力量，那就不对了。不说十年，就算五年，我们也应当在沿海好好地办四年的工业，等第五年打起来再搬家。从现有材料看来，轻工业工厂的建设和积累一般都很快，全部投产以后，四年之内，除了收回本厂的投资以外，还可以赚回三个厂，两个厂，一个厂，至少半个厂。这样好的事情为什么不做？认为原子弹已经在我们头上，几秒钟就要掉下来，这种形势估计是不合乎事实的，由此而对沿海工业采取消极态度是不对的。

这不是说新的工厂都建在沿海。新的工业大部分应当摆在内地，使工业布局逐步平衡，并且利于备战，这是毫无疑义的。但是沿海也可以建立一些新的厂矿，有些也可以是大型的。至于沿海原有的轻重工业的扩建和改建，过去已经作了一些，以后还要大大发展。好好地利用和发展沿海的工业老底子,可以使我们更有力量来发展和支持内地工业。如果采取消极态度,就会妨碍内地工业的迅速发展。所以这也是一个对于发展内地工业是真想还是假想的问题。如果是真想,不是假想,就必须更多地利用和发展沿海工业,特别是轻工业。

三、经济建设和国防建设的关系

国防不可不有。现在,我们有了一定的国防力量。经过抗美援朝和几年的整训,我们的军队加强了,比第二次世界大战前的苏联红军要更强些,装备也有所改进。我们的国防工业正在建立。自从盘古开天辟地以来,我们不晓得造飞机,造汽车,现在开始能造了。

我们现在还没有原子弹。但是,过去我们也没有飞机和大炮,我们是用小米加步枪打败了日本帝国主义和蒋介石的。我们现在已经比过去强,以后还要比现在强,不但要有更多的飞机和大炮,而且还要有原子弹。在今天的世界上,我们要不受人家欺负,就不能没有这个东西。怎么办呢?可靠的办法就是把军政费用降到一个适当的比例,增加经济建设费用。只有经济建设发展得更快了,国防建设才能够有更大的进步。

一九五〇年,我们在党的七届三中全会上,已经提出精简国家机构、减少军政费用的问题,认为这是争取我国财政经济情况根本好转的三个条件之一。第一个五年计划期间,军政费用占国家预算全部支出的百分之三十。这个比重太大了。第二个五年计划期间,要使它降到百分之二十左右,以便抽出更多的资金,多开些工厂,多造些机器。经过一段时间,我们就不但会有很多的飞机和大炮,而且还可能有自己的原子弹。

这里也发生这么一个问题,你对原子弹是真正想要、十分想要,还是只有几分想,没有十分想呢?你是真正想要、十分想要,你就降低军政费用的比重,多搞经济建设。你不是真正想要、十分想要,你就还是按老章程办事。这是战略方针的问题,希望军委讨论一下。

现在我们把兵统统裁掉好不好?那不好。因为还有敌人,我们还受敌人欺负和包围嘛!我们一定要加强国防,因此,一定要首先加强经济建设。

[毛泽东《论十大关系》(节选),《毛泽东文集》第七卷]

(二)研讨

1. 毛泽东发表《论十大关系》讲话的背景是什么?
2. 《论十大关系》的主要内容是什么?
3. 《论十大关系》体现了怎样的哲学思想?

五、社会实践

实践活动一:通过实地考察调研,了解社会主义制度的建立
实践地点 1:吉祆乡五宫村

　　吉袚乡五宫村位于今南京市顶山街道,这里是南京郊区第一个互助组——李玉互助组的成立地。南京土改结束后,立即开始引导农民发展农业生产互助合作。根据"自愿结合,等价交换,民主协商"的原则,采取典型引路,组织农民建立临时农业互助组,进而建立常年农业互助组,这在一定程度上克服了农户分散经营,劳力、役畜、农具、资金不足的困难,促进了农业生产。1951 年 4 月,吉袚乡五宫村率先建立李玉互助组,共 9 户,当年水稻亩产由单干时的 264 斤提高到 513 斤,初步显示了互助组对农业增产的积极作用。同年 9 月,中共中央公布《关于农业生产互助合作的决议(草案)》,南京市委根据文件精神,进一步推动农业互助合作工作。年底,南京郊区共建立临时农业互助组 380 个。1952 年 3 月,南京市召开首届农业劳动模范大会,李玉互助组被树为典型,扩大了农业互助组的影响。南京市委还制定了《南京郊区 1952 年整理与发展互助组的规划》。同年 8 月中旬,南京郊区 95% 的村建立了农业互助组。年底,郊区互助组发展到 2 744 个,入组农户占总农户的 55.9%,其中临时互助组 2 251 个,常年互助组 493 个。此外,还试办了 2 个初级农业生产合作社,入社农户 39 户。其中李玉领导的初级社,当年小麦亩产超过全村平均亩产 89%,水稻较上年增长 60%,社员收入增长 30%;崔玉明领导的初级社,由于带动周围农民推广水稻生产经验,荣获省级奖励。

实践地点 2:中国水泥厂

　　中国水泥厂位于南京市龙潭街道水泥厂路 185 号,1921 年建成,称中国水泥股份有限公司龙潭工厂,简称中国水泥厂。1949 年上半年,中国水泥公司由于经营困难,停工数月。6 月,公司派员分赴外地推销产品,以解决资金短缺问题。9 月,全厂职工主动减薪、临时取消公休假日,支持资方渡过难关。南京、上海、苏南各地人民政府均予极大支持,想方设法解决资金和燃料困难问题。在政府大力扶持下,11 月 12 日,中国水泥公司正式恢复生产。翌年 5 月,

图 8-1　中国水泥厂

华东军政委员会工业部及各地人民政府开始向中国水泥公司订货,10 月,人民政府对产品实行统购包销。并按生产需要供应原燃材料,开始把企业纳入国家资本主义的轨道。工厂复工后,围绕生产计划、经营管理、福利待遇等问题,劳资间经常发生矛盾,影响企业的发展。为解决这些矛盾,经劳资双方商定,各推代表 5 名,组成劳资协商会,于 1950 年 5 月 6 日举行第一次会议,并签订了《中国水泥公司劳资协商会议组织简则》。截至 1954 年 1 月 7 日,共召开劳资协商会议 15 次,联席会议 2 次,对于贯彻"发展生产,劳资两利"的方针,解决劳资纠纷,促进企业的社会主义改造,调动资方人员、技术人员和广大工人积极性,发挥了重要作用。经过恢复与发展,到 1953 年,作为中国五大水泥厂之一的中国水泥厂,已有回转窑 4 座,年生产能力 30 万吨以上,账面固定资产

1 570万元,职工1 367人。过渡时期总路线公布后,中共南京市委于1953年制订了《关于私营企业1954年内实行国家资本主义的工作方案》,决定中国水泥厂等企业为1954年度公私合营对象,并派出工作组进行调查摸底,开始了有计划、有步骤的公私合营工作。经过充分酝酿,由公方代表3人,劳方代表3人和私方代表4人,组成中国水泥厂公私合营筹备委员会,在市委统战部指导下,协商公私合营工作。经过反复、充分的民主协商,公司代表于1954年5月29日,正式提出公私合营协议草案并与南京市人民政府地方工业局签订了协议书,6月1日宣布公私合营。2002年6月,中国水泥厂进行重组,成立中国水泥厂有限公司。

实践地点3:无锡中国民族工商业博物馆(茂新面粉厂旧址)

无锡中国民族工商业博物馆(茂新面粉厂旧址)位于无锡市振新路415号,振新路北端,南面与国棉四厂为邻,东、西、北三面均临运河并以运河为界。博物馆占地12 123平方米,展览面积7 300余平方米,2007年2月筹建工作基本完成,对外开放。无锡中国民族工商业博物馆以无锡茂新面粉厂(原名保兴面粉厂)保存的老建筑为基础,工厂原有厂房、大麦仓库、制粉车间及办公楼等均为20世纪40年代的建筑,至今仍十分坚固,外形保存较好。博物馆共5层,展览内容包括:中国民族工商业发展史;茂新面粉厂建筑及复原的旧景风貌;面粉厂的老设备,复原面粉加工流程;民国商贸一条街等。

图8-2 无锡中国民族工商业博物馆(茂新面粉厂旧址)

茂新面粉厂由民族工商业先驱荣宗敬、荣德生等于1900年筹资创办,原名保兴面粉厂,是荣氏家族最早创办的企业。1903年参与投资创办的朱仲甫退股,改称茂新,后又更名为茂新第一面粉厂。面粉厂生产的"兵船牌"面粉当时享誉全国,还曾远销英、法等国及南洋各地。抗战期间厂房被炸,设备受损。1945年重建,由荣德生之子荣毅仁出任厂长,与福新面粉公司共同构成新中国成立前最大的私营面粉企业集团。1954年公私合营,1966年国营。无锡茂新面粉厂是民族工商业发祥地之缩影,又是中国近代民族工业的一个典型标本。从创办、兴盛、被毁、重建到中华人民共和国成立后的新生,经历了一条曲折的道路,它见证了近百年来中国民族工商业的变迁。

实践地点 4:南京知青纪念馆

南京知青纪念馆位于南京市永宁街道侯冲社区,占地面积 3 328 平方米。知青纪念馆建筑风格为中式四合院,包括知青舞台、休闲栈道、生态停车场等展馆设施,还包括知青农场、知青礼堂、知青植物园、知青益寿休养基地、农趣馆、湿地公园、影视基地等,集中展现了知青类文化、生活、民俗等。1968 年 12 月,知青任毅在南京永宁公社插队时创作《知青之歌》。

图 8-3　南京知青纪念馆

实践活动二:通过实地考察调研,了解全面建设社会主义的成就

实践地点 1:南京汽车制造厂

南京汽车制造厂位于南京市中央路,是中国主要的轻型汽车生产厂,该厂原为1947 年 3 月 27 日在山东临沂耿家王圩成立的中国人民解放军第三野战军特种纵队修理厂,当时仅有 37 人和 4 台简易设备,负责修理缴获的汽车、坦克、火炮等,人称“一担挑”工厂。1949 年,工厂随部队进驻南京,先后隶属第三野战军、华东军区炮兵后勤部、中央军委后勤部。在隶属总后勤部时,厂名为军委后勤南京第三汽车制配厂。1953 年8 月,为适应国家大规模经济建设需要,转为国营企业,改属一机部领导,更名南京汽车制配厂,1958 年 6 月 10 日定名南京汽车制造厂。1958 年 3 月,工厂自力更生,攻克一道道技术难关,成功制造出“跃进”牌 2.50 吨载货汽车,并很快投入批量生产。同年 6月,工厂更名为南京汽车制造厂,成为当时中国第二个生产汽车的工厂。目前已发展成为南京汽车集团有限公司(上海汽车集团股份有限公司全资子公司),包括南汽跃进、南京依维柯、南京菲亚特、南汽新雅途四大整车生产基地。

图 8 - 4 南京汽车制造厂

实践地点 2:南京长江大桥

20 世纪初,沪宁铁路和津浦铁路虽已经开通,但在南京被隔断在长江两岸无法贯通,过江客货都要乘船摆渡,严重影响了运输效率。从那时直到新中国成立后,长江的轮渡运力虽然不断提高,已趋饱和,但仍不能满足运输需求,"天堑"长江成为京沪铁路的严重瓶颈。据此,国务院于"一五"末期,即提出修建南京长江大桥的建设计划。当时,还在建设之中的武汉长江大桥,是在苏联专家的帮助下进行设计施工的;而南京长江大桥的设计工作,则决定全部由中国自行完成。1956 年 5 月,铁道部设计总局大桥设计事务所接受了设计南京长江大桥的任务,开始进行大桥草测工作,12 月草测完毕。1957 年 8 月,《南京长江大桥设计意见书》提出桥址选择方案。次年初,将南京长江大桥设计任务改交大桥工程局承担,成立了南京长江大桥设计组。1958 年 9 月,国务院批准成立南京长江大桥建设委员会。中苏关系破裂后,中国决定走"自力更生"的道路,依靠自身力量完成大桥的建设,铁道部发动全国有关方面共同攻关。1959 年 1 月,南京大桥定测工作开始;2 月,大桥工程局第二桥梁工程处进驻南京江岸工地,开始开辟施工场地;6 月,定测工作完成,引桥工程开始打桩。1960 年 1 月 18 日,南京长江大桥正式开工,大桥建设全面启动。经过 8 年多的艰苦奋战,克服了沉井倾覆等巨大危险,1968 年 9 月、12 月,铁路桥、公路桥先后通车,南京长江大桥全线贯通。南京长江大桥成为继武汉长江大桥、重庆白沙陀长江大桥之后第三座跨越长江的大桥,也是 3 座大桥中最大的一座。

图 8−5　南京长江大桥

六、素质训练

（一）单项选择题

1. 邓小平在谈到我国对资本主义工商业进行社会主义改造时说："我国资本主义工商业社会主义改造的胜利完成，是我国和世界社会主义历史上最光辉的胜利之一。这个胜利的取得，是由于中国共产党领导全体工人阶级执行了毛泽东同志根据我国情况制定的马克思主义政策，同时，资本家阶级中的进步分子和大多数人在接受改造方面也起了有益的配合作用。"我国对资本主义工商业的社会主义改造执行的是（　　　）

A. 和平赎买的政策

B. 剥夺没收的政策

C. 互助合作的政策

D. 调整巩固的政策

【答案】A

【要点】中共中央在《关于资本主义工商业改造问题的决议》中指出："我们对于资产阶级，第一是用赎买和国家资本主义的方法，有偿地而不是无偿地，逐步地而不是突然地改变资产阶级的所有制。"

2. 1956 年社会主义改造基本完成。随着中国建立了社会主义基本政治制度，社会主义基本经济制度也建立起来。中国社会主义基本制度的建立，标志着（　　　）

A. 进入了全面建设社会主义的历史阶段

B. 半殖民地半封建社会结束

C. 社会主义工业化已经初步实现

D. 新民主主义革命基本胜利

【答案】A

【要点】B项、D项是新中国成立的意义。C项是"一五"计划完成的意义。社会主义基本制度的建立是中国进入全面建设社会主义历史阶段的标志。社会主义基本制度的确立是中国历史上最深刻最伟大的社会变革,为当代中国一切发展进步奠定了制度基础,也为中国特色社会主义制度的创新和发展提供了重要条件。

3. 1956年4月和5月,毛泽东先后在中共中央政治局扩大会议和最高国务会议上做《论十大关系》报告,他指出:"最近苏联方面暴露了他们在建设社会主义过程中的一些缺点和错误,他们走过的弯路,你还想走? 过去,我们就是鉴于他们的经验教训,少走了一些弯路,现在当然更要引以为戒。"这表明以毛泽东为主要代表的中国共产党人(   )

A. 实现了马克思主义同中国实际的第二次结合

B. 开始探索自己的社会主义建设道路

C. 开始找到自己的一条适合中国的路线

D. 已经突破社会主义苏联模式的束缚

【答案】B

【要点】A项不符合史实,改革开放以后,中国开辟了一条有中国特色社会主义道路,形成了中国特色社会主义理论体系,实现了马克思主义与中国实际的第二次结合。C项虽然毛泽东曾讲过"从一九五六年提出十大关系起,开始找到自己的一条适合中国的路线",但后来发生的"大跃进"和"文化大革命"运动,说明当时在实践层面尚未找到一条适合中国的路线。D项不符合史实,十一届三中全会以后,中国共产党在改革开放和社会主义现代化建设的实践中,才突破了苏联模式的束缚。1956年,中国开始进入全面建设社会主义的新时期。把马克思列宁主义的基本原理同中国革命和建设的具体实际结合起来,制定我们的路线、方针、政策,探索自己的道路。

(二)多项选择题

1. 1950年6月,朝鲜战争爆发,美国命令其海军第七舰队,开入台湾海峡,"阻止对台湾的任何进攻",公然干涉中国内政。中国政府在美国把战火烧到鸭绿江边的时候,毅然做出抗美援朝的决定。中朝两国人民及其军队经过艰苦作战以及谈判斗争,终于在1953年7月迫使美国代表在停战协定上签字。克拉克后来在回忆录中沮丧地写道:"我是美国历史上第一个在没有取得胜利的停战协定上签字的司令官。"抗美援朝战争的胜利(   )

A. 打退了美国侵略扩张的势头,结束美国在东方的霸权

B. 提高了新中国的国际威望,为新中国赢得了相对稳定的和平环境

C. 捍卫了中国的国家安全,为维护亚洲和世界和平,作出了贡献

D. 打破了美国军队不可战胜的神话,增强了中国人民的信心和自豪感

【答案】BCD

【要点】A项抗美援朝虽打破了美军不可战胜的神话,但未结束美国在东方的霸

权。抗美援朝战争的胜利,支援了朝鲜人民,保卫了中国的国家安全,为维护亚洲和世界的和平作出了重要贡献;极大地增强了中国人民的民族自信心和民族自豪感;让全世界对新中国刮目相看,新中国的国际威望空前提高;为新中国的经济建设和社会改革赢得了一个相对稳定的和平环境。

2. 1949 年 10 月 1 日,首都军民 30 万人齐聚北京天安门广场,欢庆中华人民共和国的诞生。中华人民共和国的成立,标志着(　　　)

A. 新民主主义革命取得了基本胜利

B. 半殖民地半封建社会的结束

C. 中国共产党的地位发生了根本的变化

D. 社会主义制度的确立

【答案】ABC

【要点】D 项社会主义制度的确立是在 1956 年底社会主义改造完成以后。中华人民共和国的成立,标志着中国新民主主义革命取得了基本胜利,标志着半殖民地半封建社会的结束和新民主主义社会在全国范围的建立;中华人民共和国的成立,使中国共产党成为全国范围的执政党。

3. 从 1953 年开始,在过渡时期总路线的指引下,中国共产党领导人民开始进行有计划的社会主义建设和有系统的社会主义改造,当时中国之所以要着力进行和可能进行社会主义改造,主要是因为(　　　)

A. 资本主义国家的封锁和遏制,社会主义国家的同情和援助

B. 资本主义经济力量弱小,发展困难

C. 对个体农业进行社会主义改造,是实现国家工业化的一个必要条件

D. 社会主义性质的国营经济力量相对来说比较强大

【答案】ABCD

【要点】第一,社会主义性质的国营经济力量相对来说比较强大,它是实现国家工业化的主要基础。第二,资本主义经济力量弱小,发展困难,不可能成为中国工业起飞的基础。第三,对个体农业进行社会主义改造,是保证工业发展、实现国家工业化的一个必要条件。第四,新中国成立以后,长期受到美国等西方资本主义国家经济上、外交上和军事上的严密封锁和遏制。当时只有社会主义国家和第二次世界大战后为独立而斗争的国家同情中国,只有苏联能够援助中国。

4. 以毛泽东同志为核心的党的第一代中央领导集体带领全党全国各族人民完成了新民主主义革命,进行了社会主义改造,确立了社会主义基本制度,这一基本制度的确立(　　　)

A. 为当代中国一切发展进步奠定了根本政治前提和制度基础

B. 是中国历史上最深刻最伟大的社会变革

C. 标志着马克思主义同中国实际第二次结合的完成

D. 使广大劳动人民真正成为国家的主人

【答案】ABD

【要点】C项马克思主义同中国实际第二次结合是在社会主义改造完成后开始的。党的十六大报告指出,"新中国成立后,我们党创造性地完成由新民主主义到社会主义的过渡,实现中国历史上最伟大最深刻的社会变革,开始了在社会主义道路上实现中华民族伟大复兴的历史征程"。党的十七大报告指出,"社会主义基本制度的建立,为当代中国一切发展进步奠定了根本政治前提和制度基础"。社会主义改造的基本完成,是生产关系由私有制到公有制的一场伟大变革,广大劳动人民才真正成为国家的主人。

5. 中国共产党根据马克思列宁主义关于农业社会主义改造的思想,从我国的实际出发,开创了一条有中国特点的农业合作化道路,成功地实现了对个体农业的社会主义改造。其历史经验主要有( )

A. 国家用先进的技术和装备发展农业的经验

B. 遵循自愿互利、典型示范和国家帮助的原则

C. 在土地改革后不失时机地引导个体农民走互助合作道路

D. 采取从互助组到初级社再到高级社的逐步过渡形式

【答案】BCD

【要点】A项在社会主义改造进行的时候,中国的生产力还比较落后,不具备用先进的技术和装备发展农业经济的条件。对农业进行社会主义改造的历史经验包括:第一,积极引导农民组织起来,走互助合作道路。第二,农业合作化遵循自愿互利、典型示范、国家帮助的原则,以互助合作的优越性吸引农民走合作化道路。第三,正确分析农村的阶级和阶层状况,制定正确的阶级政策。第四,坚持积极领导,稳步前进的方针,采取循序渐进的步骤。

6. 中国从开始全面建设社会主义到 1976 年,尽管经历过严重的曲折,但从总体上说,社会主义建设取得的成就是巨大的。这主要体现在( )

A. 独立的、比较完整的工业体系和国民经济体系的建立

B. 探索中形成的建设社会主义的若干重要原则

C. 国际地位的提高与国际环境的改善

D. 人民生活水平的提高与文化、教育、医疗、科技事业的发展

【答案】ABCD

【要点】主要体现在:第一,独立的、比较完整的工业体系和国民经济体系的建立。第二,探索中形成的建设社会主义的若干重要原则。第三,国际地位的提高与国际环境的改善。第四,人民生活水平的提高与文化、教育、医疗、科技事业的发展。

7. 1957 年 2 月,毛泽东在扩大的最高国务会议上发表《关于正确处理人民内部矛盾的问题》的讲话,强调指出( )

A. 社会主义社会充满着矛盾

B. 社会主义社会的基本矛盾仍然是生产关系和生产力之间、上层建筑和经济基础之间的矛盾

C. 社会主义社会的矛盾可以通过社会主义制度本身得到解决

D. 把正确处理人民内部矛盾作为国家政治生活的主题

【答案】ABCD

【要点】《关于正确处理人民内部矛盾的问题》的讲话强调指出:第一,社会主义社会仍然存在着矛盾,正是这些矛盾推动着社会主义社会向前发展。社会主义社会的基本矛盾仍然是生产关系和生产力之间的矛盾、上层建筑和经济基础之间的矛盾,这是推动社会主义社会不断前进的根本动力。第二,阐明了社会主义社会基本矛盾的性质和特点,不是对抗性而是非对抗性的矛盾。第三,提出了通过社会主义制度本身解决社会基本矛盾的思想。它可以依靠社会主义自身的力量,通过对生产关系和生产力、上层建筑和经济基础不相适应的方面进行调整得到解决。第四,我国存在着两种不同性质的矛盾,即敌我矛盾和人民内部矛盾,正确处理人民内部矛盾是国家政治生活的主题。

(三) 分析题

1. 结合材料回答问题

材料 1

在庆祝新中国成立70周年前夕,中共中央总书记习近平于2019年9月12日专程前往中共中央北京香山革命纪念地,瞻仰双清别墅、来青轩等革命旧址,参观香山革命纪念馆,观看《为新中国奠基》主题展览,回顾中国共产党领导中国人民夺取全国胜利和党中央筹建中华人民共和国的光辉历史,缅怀毛泽东同志等老一辈革命家的丰功伟绩。

参观结束时,习近平总书记发表了重要讲话。他指出,1949年3月23日,中共中央和毛泽东同志离开西柏坡前往北平,25日进驻香山,这里成为党中央所在地。中共中央在香山虽然只有半年时间,但这里是我们党领导解放战争走向全国胜利、新民主主义革命取得伟大胜利的总指挥部,是中国革命重心从农村转向城市的重要标志,在中国共产党的历史、中华人民共和国的历史上具有非常重要的地位。习近平强调,我们缅怀这段历史,就是要继承和发扬老一辈革命家"宜将剩勇追穷寇,不可沽名学霸王"的革命到底精神,不断增强中国特色社会主义的道路自信、理论自信、制度自信、文化自信,勇于进行具有许多新的历史特点的伟大斗争,坚决战胜前进道路上的各种艰难险阻,使"中国号"这艘巨轮继续破浪前进、扬帆远航。

——摘编自《人民日报》(2019年9月13日)

材料 2

2019年10月1日,中共中央总书记、国家主席、中央军委主席习近平在庆祝中华人民共和国成立70周年大会上的讲话中指出:

70年前的今天,毛泽东同志在这里向世界庄严宣告了中华人民共和国的成立,中国人民从此站起来了。这一伟大事件,彻底改变了近代以后100多年中国积贫积弱、受人欺凌的悲惨命运,中华民族走上了实现伟大复兴的壮阔道路。

70年来,全国各族人民同心同德、艰苦奋斗,取得了令世界刮目相看的伟大成就。今天,社会主义中国巍然屹立在世界东方,没有任何力量能够撼动我们伟大祖国的地位,没有任何力量能够阻挡中国人民和中华民族的前进步伐。

中国的昨天已经写在人类的史册上,中国的今天正在亿万人民手中创造,中国的明天必将更加美好。全党全军全国各族人民要更加紧密地团结起来,不忘初心,牢记使命,继续把我们的人民共和国巩固好、发展好,继续为实现"两个一百年"奋斗目标、实现中华民族伟大复兴的中国梦而努力奋斗!

——摘编自《人民日报》(2019 年 10 月 2 日)

(1) 如何理解中共中央在香山虽然只有半年时间,但"在中国共产党历史、中华人民共和国历史上具有非常重要的地位"?

(2) 为什么说中华人民共和国的成立"彻底改变了近代以后中国 100 多年积贫积弱、受人欺凌的悲惨命运"?

【要点】(1) 中共中央在北京香山只有半年时间,但这里是我们党领导解放战争走向全国胜利、新民主主义革命取得伟大胜利的总指挥部,是中国革命重心从农村转向城市的重要标志,在中国共产党历史、中华人民共和国历史上具有非常重要的地位。在这里,发布向全国进军的命令,吹响了"打过长江去,解放全中国"的伟大号角,中国人民解放军以摧枯拉朽之势向全国各地胜利大进军,彻底结束了国民党在大陆的统治。在这里,毛泽东同志发表了《论人民民主专政》,为新中国的建立奠定理论基础和政策基础。在这里,中共中央同各民主党派、各界人士共同筹备中国人民政治协商会议,制定通过了起到临时宪法作用的《中国人民政治协商会议共同纲领》,确定了新中国的国体和政体,制定了一系列基本政策,描绘了建立建设新中国的宏伟蓝图。

(2) 中华人民共和国成立,宣告中国人民当家作主的时代到来了,中国历史开辟了新纪元。第一,帝国主义列强压迫中国、奴役中国人民的历史从此结束,中华民族一洗近百年来蒙受的屈辱,开始以崭新的姿态自立于世界民族之林。第二,本国封建主义、官僚资本主义统治历史从此结束,长期以来受尽压迫和欺凌的广大中国人民在政治上翻了身,第一次成为新社会、新国家的主人。第三,军阀割据、战乱频仍、匪患不断的历史从此结束,国家基本统一,民族团结,社会政治局面趋向稳定,各族人民开始过上安居乐业的生活。第四,从根本上改变了中国社会的发展方向,为实现由新民主主义向社会主义的过渡创造了条件。第五,中国共产党成为全国范围内的执政党,为进行社会主义现代化建设提供了根本的政治保证。

2.结合材料回答问题

材料

2013 年 1 月 5 日,习近平在新进中央委员会的委员、候补委员学习贯彻党的十八大精神研讨班开班式上发表重要讲话。他指出,我们党领导人民进行社会主义建设,有改革开放前和改革开放后两个历史时期,这是两个相互联系又有重大区别的时期,虽然这两个历史时期在进行社会主义建设的思想指导、方针政策、实际工作上有很大差别,但两者决不是彼此割裂的,更不是根本对立的。不能用改革开放后的历史时期否定改革开放前的历史时期,也不能用改革开放前的历史时期否定改革开放后的历史时期。要坚持实事求是的思想路线,分清主流和支流,坚持真理,修正错误,发扬经验,吸取教训,在这个基础上把党和人民事业继续推向前进。

——摘自《人民日报》(2013 年 1 月 6 日)

如何理解习近平总书记提出的"两个不能否定"的深刻内涵及其意义？

【要点】习近平总书记所讲的"两个不能否定"的内涵是：改革开放前后两个历史时期本质上都是党领导人民进行社会主义建设的实践探索，不能相互否定。改革开放前社会主义的实践探索为改革开放后社会主义的实践探索提供了重要条件。以毛泽东同志为核心的党的第一代中央领导集体对探索适合中国国情的社会主义建设道路作出了重要贡献，党在社会主义建设中取得的独创性理论和巨大成就，为新的历史时期开创中国特色社会主义提供了宝贵经验、理论准备、物质基础。改革开放后社会主义的实践探索是对改革开放前社会主义实践探索的坚持、改革、发展。坚持的是社会主义发展方向、基本制度、根本任务、奋斗目标，都是党领导人民进行社会主义建设的实践探索。改革主要是指在内外条件、实践基础变化的条件下对社会主义建设的具体政策、实际工作进行的调整。

正确认识和把握"两个不能否定"是对党的历史的尊重和珍惜，有利于增强党的历史自信，有利于增强道路自信、制度自信、理论自信。这是应对意识形态领域挑战、推动党和人民事业发展的现实需要。

正确认识和准确把握改革开放前后两个历史时期，就要在中国特色社会主义道路上奋力实现中国梦。

第九章

改革开放与中国特色社会主义的开创和发展

一、基本要求

（一）了解改革开放的历史背景、主要历程和重大成就；

（二）认识党的十一届三中全会是新中国成立以来具有深远意义的伟大历史转折；

（三）认识党在社会主义初级阶段的基本路线的正确性，坚定走中国特色社会主义道路的自信。

二、重点难点

（一）准确掌握党的十一届三中全会的主要内容和历史意义；

（二）全面把握中国特色社会主义事业取得的重大成就；

（三）深刻体会改革开放的必然性；

（四）正确认识改革开放前后两个历史时期的关系。

三、关联内容

1978 年 12 月 18 日至 22 日，党的十一届三中全会在北京召开。全会冲破长期"左"的错误的严重束缚，彻底否定"两个凡是"的错误方针，高度评价关于真理标准问题的讨论，果断停止使用"以阶级斗争为纲"的口号，决定从 1979 年 1 月起把全党的工作重心转移到社会主义现代化建设上来。党的十一届三中全会的胜利召开，结束了粉碎"四人帮"后党和国家工作徘徊中前进的局面，标志着中国共产党重新确立了马克思主义的思想路线、政治路线、组织路线，开启了我国改革开放和社会主义现代化建设新时期，实现了历史性的伟大转折。从这次全会开始，改革开放和开创中国特色社会主义的大幕拉开，邓小平理论也逐步形成和发展起来。党的十一届三中全会作为一个伟大转折点而载入光辉史册。

从 1979 年 11 月起,在邓小平主持下,中共中央着手起草《关于建国以来党的若干历史问题的决议》。1981 年 6 月,党的十一届六中全会通过了这个《决议》。党制定《决议》,标志着党在指导思想上的拨乱反正胜利完成。

1978 年夏秋之际,安徽省遭遇严重旱灾,秋种遇到困难。省委决定把部分土地借给农民,谁种谁收。这一措施很快调动起群众的生产积极性。凤阳县梨园公社小岗生产队 18 户农民还创造了包干到户,即"保证国家的,留足集体的,剩下都是自己的"。这个办法简便易行,成效显著,受到农民欢迎。四川、甘肃、云南、广东等省份的一些地方也采取了类似做法。这些大胆尝试,揭开了农村经济改革的序幕。

在借鉴农村改革经验的基础上,以扩大企业自主权为主要内容的城市经济体制改革逐步在全国推开。在扩大企业自主权的基础上,城市改革逐步推向经济责任制方面,并于 1981 年春首先在山东省的企业中试行。商业流通体制的改革也在展开。从 1979 年起,国家重新限定农副产品的统购和派购范围,放宽农副产品的购销政策。这为加快城乡商品流转创造了有利条件。所有制结构的改革开始进行。1979 年,全国出现知青返城大潮。为了缓解与日俱增的就业压力,党中央、国务院采取支持城镇集体经济和个体经济发展的方针,开启了以公有制经济为主体、多种经济形式并存的改革。

在改革推进的过程中,对外开放逐步展开,并取得重大突破。吸引和利用外资、兴办中外合资经营企业和中外合作经营企业(或项目),是对外开放的重要方式和步骤。随着 1979 年 7 月《中华人民共和国中外合资经营企业法》及此后一系列相关法律法规的出台,中外合资经营从无到有发展起来。旅游业异军突起,发展为一个新兴产业。

兴办经济特区是党和国家推进改革开放和社会主义现代化建设的伟大创举。1979 年 1 月,广东省和交通部联名向国务院递交报告,提出在蛇口一带设立工业区的设想,得到中央批准。1979 年 7 月,党中央、国务院批准广东、福建两省对外经济活动实行特殊政策和灵活措施,先走一步,把经济尽快搞上去,并决定在深圳、珠海划出部分地区试办出口特区。1980 年 5 月,党中央、国务院正式将"出口特区"定名为"经济特区"。8 月,五届全国人大常委会第十五次会议批准广东、福建两省在深圳、珠海、汕头、厦门设置经济特区。

从党的十一届三中全会起,党中央认真总结和汲取以往党和国家政治生活中的经验教训,以改革党和国家领导制度,使民主制度化、法律化为主要内容的政治体制改革开始起步。

在十一届三中全会后三年多的时间里,拨乱反正全面展开,社会主义民主法制建设逐步走上正轨,党和国家领导制度改革稳步推进,改革开放和国民经济调整取得积极成效,各项事业蓬勃发展。这为党的十二大召开奠定了重要基础。

1982 年 9 月 1 日至 11 日,中国共产党第十二次全国代表大会在北京举行。邓小平提出"建设有中国特色的社会主义"的重大崭新命题,回答了进入改革开放新时期后走什么样的道路这一全党和全国人民最为关心的重大问题,成为指引改革开放和社会主义现代化建设的伟大旗帜。

党的十二大以后,经济体制改革全面展开。1982 年至 1984 年,党中央连续发出关于农村工作的"一号文件",不断推出稳定和完善家庭联产承包责任制的措施。到1984年底,全国基本完成政社分开,实行了20多年的人民公社制度不复存在。到1987年,全国乡镇企业发展到1750多万个,从业人员8805万人,产值达到4764亿元,第一次超过农业总产值。这是农村经济的一个历史性变化。

城市改革进一步推进。1984年10月,党的十二届三中全会通过《中共中央关于经济体制改革的决定》。会后,经济体制改革以城市为重点全面展开。改革的中心环节是增强全民所有制企业的活力,其中一项措施是推行承包经营责任制。

1984年初,邓小平视察深圳、珠海、厦门等地,对经济特区的发展给予充分肯定。5月,中共中央、国务院决定进一步开放天津、上海、大连、秦皇岛、烟台、青岛、连云港、南通、宁波、温州、福州、广州、湛江、北海14个沿海港口城市。1985年2月,中央决定在长江三角洲、珠江三角洲、闽南厦(门)漳(州)泉(州)三角地区开辟沿海经济开放区。这样,就逐步形成了从经济特区到沿海开放城市再到沿海经济开放区这样一个多层次、有重点、点面结合的对外开放新格局,在沿海地区形成了包括2个直辖市、25个省辖市、67个县、约1.5亿人口的对外开放前沿地带。

1987年10月25日至11月1日,中国共产党第十三次全国代表大会在北京举行。大会通过的报告《沿着有中国特色的社会主义道路前进》,系统阐述了社会主义初级阶段理论,明确概括了党在社会主义初级阶段的基本路线。

1988年夏季准备进行"价格闯关",全面推进价格改革,放开价格。消息传开后,引发了人们的高通胀预期和恐慌心理,触发了全国性的挤提储蓄存款和抢购商品的风潮。面对严峻的经济形势,1988年9月,党的十三届三中全会提出了治理经济环境、整顿经济秩序、全面深化改革的方针。经过一年左右的治理整顿,过旺的社会需求得到相当程度的控制,但国民经济发展的难关尚未渡过,一些深层次的结构和体制问题还有待于进一步解决。

1989年11月,党的十三届五中全会通过《关于进一步治理整顿和深化改革的决定》,明确了治理整顿的主要目标和必须抓好的重要环节。1992年3月,七届全国人大五次会议宣布,治理整顿的主要任务基本完成,作为经济发展的一个特定阶段可以如期结束。

1992年10月12日至18日,中国共产党第十四次全国代表大会在北京举行。大会作出了三项具有深远意义的决策。一是抓住机遇,加快发展,集中精力把经济建设搞上去。二是确定我国经济体制改革的目标是建立社会主义市场经济体制。三是提出用邓小平建设有中国特色社会主义理论武装全党的任务。

以邓小平南方谈话和党的十四大为标志,改革开放和现代化建设事业进入从计划经济体制向社会主义市场经济体制转变的新阶段,由此打开了中国经济、政治、文化发展的崭新局面。

1993年11月召开的党的十四届三中全会,通过了《中共中央关于建立社会主义市场经济体制若干问题的决定》,将党的十四大提出的社会主义市场经济体制改革的目标和基本原则具体化,进一步勾画了建立社会主义市场经济体制的基本框架。我国经济体制改革开始向着建立社会主义市场经济体制的目标整体推进。

按照党中央关于建立社会主义市场经济体制的要求,国务院先后作出一系列部署,加快推进财政、税收、金融、外贸、外汇、计划、投资、价格、流通等方面的体制改革步伐。上述改革和调整,从实际步骤上加快了由计划经济体制向社会主义市场经济体制转轨的步伐,市场在资源配置中的基础性作用得到明显增强,全国呈现出改革开放全面推进、经济建设迅猛发展的景象。

这一时期,对外开放也迈出重大步伐。到 1997 年,逐步形成从沿海到沿江、从沿边到内陆,多层次、多渠道、多种形式的全方位对外开放的新格局。

1997 年 9 月 12 日至 18 日,中国共产党第十五次全国代表大会在北京举行。大会的主题是:高举邓小平理论伟大旗帜,把建设有中国特色社会主义事业全面推向 21 世纪。大会首次使用“邓小平理论”这个概念,把这一理论同马克思列宁主义、毛泽东思想一道确立为中国共产党的指导思想,并写入修改后的《中国共产党章程》。大会提出了党在社会主义初级阶段的基本纲领,阐明了建设有中国特色社会主义的经济、政治和文化的基本要求。大会明确了我国跨世纪发展的战略部署,并就社会主义初级阶段的所有制结构和公有制实现形式、依法治国、建设社会主义法治国家、有中国特色社会主义文化建设等重大问题提出了新论断。

党的十五大以后,党中央采取一系列重要举措加快推进改革,并强调着重抓好两个大头:一是要加强农业基础地位;二是要搞好国有大中型企业。中国以更加积极的姿态走向世界,完善全方位、多层次、宽领域的对外开放格局,发展开放型经济,增强国际竞争力。

1997 年 6 月 30 日午夜至 7 月 1 日凌晨,中英两国政府举行了香港政权交接仪式,宣告中国政府对香港恢复行使主权。中华人民共和国香港特别行政区正式成立。1999年 12 月 20 日,澳门回归祖国,中华人民共和国澳门特别行政区正式成立。香港、澳门的回归,使“一国两制”从科学构想变为现实,标志着祖国统一大业向前迈出了重要的一步。

2002 年 11 月 8 日至 14 日,中国共产党第十六次全国代表大会在北京举行。江泽民作《全面建设小康社会,开创中国特色社会主义事业新局面》的报告。大会高度评价“三个代表”重要思想的历史地位和重要作用,把“三个代表”重要思想同马克思列宁主义、毛泽东思想、邓小平理论一道确立为中国共产党必须长期坚持的指导思想,并写入党章。大会提出了全面建设小康社会的奋斗目标。从此,中国人民踏上了全面建设小康社会的新征程。

2003 年 10 月,党的十六届三中全会通过了《中共中央关于完善社会主义市场经济体制若干问题的决定》,提出大力发展国有资本、集体资本和非公有资本等参股的混合所有制经济;放宽市场准入,允许非公有资本进入法律法规未禁入的基础设施、公用事业及其他行业和领域;建立归属清晰、权责明确、保护严格、流转顺畅的现代产权制度;建立有利于逐步改变城乡二元经济结构的体制等重大政策措施。

2006 年 10 月召开的党的十六届六中全会提出了“促进经济又好又快发展”新的发

展方针。又好又快发展,强调既要保持经济平稳较快增长,防止大起大落,又要坚持好中求快,注重优化结构,努力提高质量和效益。

2007年10月15日至21日,中国共产党第十七次全国代表大会在北京举行。胡锦涛作《高举中国特色社会主义伟大旗帜,为夺取全面建设小康社会新胜利而奋斗》的报告。大会阐述了中国特色社会主义道路的基本内涵,首次提出中国特色社会主义理论体系的概念并作了概括。大会认为,科学发展观是中国特色社会主义理论体系重大创新成果,决定将这一成果写入党章。大会对实现全面建设小康社会的宏伟目标作出全面部署,在经济、政治、文化、社会、生态文明五个方面提出新要求,使全面建设小康社会的目标更全面、内涵更丰富、要求更具体。

为了更好地解决经济长期积累的结构性矛盾和经济增长方式粗放问题,党的十七大提出加快转变经济发展方式的战略任务。2010年10月,党的十七届五中全会对加快转变经济发展方式的基本要求作出新的概括,明确要求把经济结构战略性调整作为主攻方向,把科技进步和创新作为重要支撑,把保障和改善民生作为根本出发点和落脚点,把建设资源节约型、环境友好型社会作为重要着力点,把改革开放作为强大动力。在所有制改革方面,国有经济战略性调整和国有大型企业改革加快推进。在农村改革发展方面,中央在改革开放30周年之际明确宣示,现有土地承包关系要保持稳定并长久不变。2008年10月,党的十七届三中全会作出《关于推进农村改革发展若干重大问题的决定》,强调农业是安天下、稳民心的战略产业,要求坚决守住18亿亩耕地红线,促进城乡经济社会发展一体化。在扩大对外开放方面,开放型经济水平全面提升。

1978年12月召开的党的十一届三中全会,开启了改革开放和社会主义现代化建设的历史新时期,实现了历史性伟大转折。从此,中国共产党带领全国各族人民踏上了中国特色社会主义开创和接续发展的征程。以邓小平为主要代表的中国共产党人,成功开创中国特色社会主义。以江泽民为主要代表的中国共产党人,成功把中国特色社会主义推向21世纪。以胡锦涛为主要代表的中国共产党人,成功在新形势下坚持和发展了中国特色社会主义。

(一)中共十一届三中全会的历史贡献和意义

1. 历史贡献

1978年12月18日至22日,中共十一届三中全会在北京召开。之前中央工作会议上邓小平《解放思想,实事求是,团结一致向前看》的讲话实际是十一届三中全会的主题报告。

冲破长期"左"的错误的严重束缚,彻底否定了"两个凡是"的错误方针,高度评价了关于真理标准问题的讨论,果断停止使用"以阶级斗争为纲"的口号,作出了把工作重点转移到社会主义现代化建设上来和实行改革开放的战略决策,重新确立了马克思主义的思想路线、政治路线和组织路线。

全会公报全面分析了当前的主要矛盾和主要任务,指明了改革开放的方向。指出:

大规模的急风暴雨式的群众阶级斗争已经基本结束,今后应该按照严格区别和正确处理两类不同性质的矛盾的方针去解决,按照宪法和法律规定的程序去解决。实现四个现代化,要求大幅度地提高生产力,也就必然要求多方面地改变同生产力发展不相适应的生产关系和上层建筑,改变一切不适应的管理方式、活动方式和思想方式,因而是一场深刻的革命。

全会作出了一系列具有深远影响的重大决定:决定全党工作的着重点应该转移到社会主义现代化建设上来;决定在党的生活和国家政治生活中加强民主,明确党的思想路线,加强党的领导机构和成立中央纪律检查委员会;决定把立法工作摆到全国人民代表大会及其常务委员会的重要议程上来;决定保障人民民主、加强社会主义法制等问题。

2. 意义

中共十一届三中全会是新中国成立以来党的历史上具有深远意义的伟大转折。党的十一届三中全会的胜利召开,结束了粉碎"四人帮"后党和国家工作徘徊中前进的局面,标志着中国共产党重新确立了马克思主义的思想路线、政治路线、组织路线,开启了我国改革开放和社会主义现代化建设新时期,实现了历史性的伟大转折。全会作出实行改革开放的历史性决策,是基于对党和国家前途命运的深刻把握,是基于对社会主义革命和建设实践的深刻总结,是基于对时代潮流的深刻洞察,是基于对人民群众期盼和需要的深刻体悟。改革开放是中国共产党的一次伟大觉醒,正是这个伟大觉醒,孕育了党从理论到实践的伟大创造。从这次全会开始,改革开放和开创中国特色社会主义的大幕拉开,邓小平理论也逐步形成和发展起来。党的十一届三中全会作为一个伟大转折点而载入光辉史册。

(二)邓小平南方谈话的内容和意义

随着苏联解体、东欧剧变,冷战结束,世界开始走向多极化,经济全球化进程加快,周边一些国家呈现强劲发展势头。我国经济在治理整顿后走出了低谷,但一些深层次问题尚未得到根本解决,社会主义事业发展仍面临巨大的困难和压力。世界社会主义运动的严重曲折对我国也产生了一定的负面影响。能否坚持党的基本路线不动摇,抓住机遇、加快发展,把改革开放和现代化建设继续推向前进,成为中国共产党人必须回答和解决的重大课题。

1992 年 1 月 18 日至 2 月 21 日,邓小平先后视察武昌、深圳、珠海、上海等地,发表重要谈话。

1. 内容

第一,邓小平强调,革命是解放生产力,改革也是解放生产力。不坚持社会主义,不改革开放,不发展经济,不改善人民生活,只能是死路一条。他指出,改革开放胆子要大一些,敢于试验。看准了的,就大胆地试,大胆地闯。判断姓"社"姓"资"的标准,应该主要看是否有利于发展社会主义社会的生产力,是否有利于增强社会主义国家的综合国力,是否有利于提高人民的生活水平。

第二,邓小平指出,计划多一点还是市场多一点,不是社会主义与资本主义的本质区别。计划经济不等于社会主义,资本主义也有计划;市场经济不等于资本主义,社会主义也有市场。计划和市场都是经济手段。社会主义的本质,是解放生产力,发展生产力,消灭剥削,消除两极分化,最终达到共同富裕。他强调,基本路线要管一百年,动摇不得。右可以葬送社会主义,"左"也可以葬送社会主义。中国要警惕右,但主要是防止"左"。

第三,邓小平强调,发展才是硬道理。抓住时机,发展自己,关键是发展经济。科学技术是第一生产力。

第四,邓小平指出,中国要出问题,还是出在共产党内部。对这个问题要清醒,要注意培养人。要坚持两手抓,一手抓改革开放,一手抓打击各种犯罪活动。这两只手都要硬。在整个改革开放过程中都要反对腐败。

最后,面对世界社会主义出现的低潮,邓小平指出:我坚信,世界上赞成马克思主义的人会多起来的,因为马克思主义是科学。一些国家出现严重曲折,社会主义好像被削弱了,但人民经受锻炼,从中吸取教训,将促使社会主义向着更加健康的方向发展。不要惊慌失措,不要认为马克思主义就消失了,没用了,失败了。哪有这回事!他强调,我们搞社会主义才几十年,还处在初级阶段。巩固和发展社会主义制度,还需要一个很长的历史阶段,需要我们几代人、十几代人,甚至几十代人坚持不懈地努力奋斗,决不能掉以轻心。

2. 意义

邓小平的南方谈话,从理论上深刻回答了长期困扰和束缚人们思想的许多重大问题,是把改革开放和现代化建设推向新阶段的又一个解放思想、实事求是的宣言书,不仅对即将召开的党的十四大具有十分重要的指导作用,而且对中国整个社会主义现代化建设事业具有重大而深远的意义。

(三)"三个代表"重要思想的提出及其意义

在推进中国特色社会主义伟大事业和党的建设新的伟大工程进程中,以江泽民同志为主要代表的中国共产党人,科学分析国内外形势、党所处的历史方位和肩负的历史使命,深入思考面临的新情况新问题,进一步回答了什么是社会主义、怎样建设社会主义的问题,创造性回答了建设什么样的党、怎样建设党的问题,形成了"三个代表"重要思想,继承、丰富、发展了马克思列宁主义、毛泽东思想、邓小平理论。

2000年2月,江泽民在广东考察工作时明确提出"三个代表"。他指出:"我们党所以赢得人民的拥护,是因为我们党在革命、建设、改革的各个历史时期,总是代表着中国先进生产力的发展要求,代表着中国先进文化的前进方向,代表着中国最广大人民的根本利益,并通过制定正确的路线方针政策,为实现国家和人民的根本利益而不懈奋斗。"5月14日,江泽民在上海主持召开江苏、浙江、上海党建工作座谈会时进一步指出,始终做到"三个代表"，是我们党的立党之本、执政之基、力量之源。2001 年 7 月 1 日，江泽民在庆祝中国共产党成立 80 周年大会上的讲话中，系统阐述了"三个代表"重要思想。"三个代表"重要思想的形成和贯彻，有力地推动了改革开放和现代化建设的跨世纪发展，也为党的十六大的召开奠定了思想基础。

（四）科学发展观的提出及其意义

2003 年春，我国遭遇了一场过去从未出现过的非典型肺炎重大疫情。在党中央、国务院坚强领导下，6 月，我国抗击非典取得阶段性重大胜利。抗击非典的胜利，充分显示出我国社会主义制度的巨大优越性。同时，非典的发生和蔓延，也暴露出我国在经历了一个经济高速发展阶段之后，存在发展不够协调、公共卫生事业发展滞后、突发事件应急机制不健全等新矛盾新问题。这进一步引发了党中央对新形势下"实现什么样的发展、怎样发展"这一重大理论和实践问题的深入思考。2003 年 8 月底 9 月初，胡锦涛在江西考察时提出"科学发展观"，指出要牢固树立协调发展、全面发展、可持续发展的科学发展观。同年 10 月，党的十六届三中全会第一次在党的正式文件中完整地提出了科学发展观，强调"坚持以人为本，树立全面、协调、可持续的发展观，促进经济社会和人的全面发展"。2004 年 3 月，胡锦涛在中央人口资源环境工作座谈会上对科学发展观的深刻内涵、基本要求和指导意义作了全面阐述。科学发展观，是党中央对 20 多年改革开放实践的经验总结，也是推进全面建设小康社会的迫切要求。

科学发展观提出以后，经历了一个实践、认识、再实践、再认识的过程，理论内涵不断丰富，实践成效不断显现。2006 年 10 月，党的十六届六中全会审议通过《中共中央关于构建社会主义和谐社会若干重大问题的决定》，提出按照民主法治、公平正义、诚信友爱、充满活力、安定有序、人与自然和谐相处的总要求，构建社会主义和谐社会。《决定》强调，必须坚持以人为本，始终把最广大人民的根本利益作为党和国家一切工作的出发点和落脚点，做到发展为了人民、发展依靠人民、发展成果由人民共享，促进人的全面发展。

四、文献研读

（一）案例

同志们：

这次会议开了一个多月了，就要结束了。中央提出了把全党工作的重心转到实现四个现代化上来的根本指导方针，解决了过去遗留下来的一系列重大问题，必将使全党、全军和全国各族人民提高斗志，增强信心，加强团结。现在，我们可以有把握地说，全党、全军和全国各族人民在党中央的正确领导下，在新的长征中，一定会不断取得新的胜利。

这次会议开得很好,很成功,在党的历史上有重要意义。我们党多年以来没有开过这样的会了,这一次恢复和发扬了党的民主传统,开得生动活泼。我们要把这种风气扩大到全党、全军和全国各族人民中去。

这次会议讨论和解决了许多有关党和国家命运的重大问题。大家敞开思想,畅所欲言,敢于讲心里话,讲实在话。大家能够积极地开展批评,包括对中央工作的批评,把意见摆在桌面上。一些同志也程度不同地进行了自我批评。这些都是党内生活的伟大进步,对于党和人民的事业将起巨大的促进作用。

今天,我主要讲一个问题,就是解放思想,开动脑筋,实事求是,团结一致向前看。

一、解放思想是当前的一个重大政治问题

解放思想,开动脑筋,实事求是,团结一致向前看,首先是解放思想。只有思想解放了,我们才能正确地以马列主义、毛泽东思想为指导,解决过去遗留的问题,解决新出现的一系列问题,正确地改革同生产力迅速发展不相适应的生产关系和上层建筑,根据我国的实际情况,确定实现四个现代化的具体道路、方针、方法和措施。

在我们的干部特别是领导干部中间,解放思想这个问题并没有完全解决。不少同志的思想还很不解放,脑筋还没有开动起来,也可以说,还处在僵化或半僵化的状态。这并不是因为他们不是好同志。这种状态是在一定历史条件下形成的。

……

思想不解放,思想僵化,很多的怪现象就产生了。

思想一僵化,条条、框框就多起来了。比如说,加强党的领导,变成了党去包办一切、干预一切;实行一元化领导,变成了党政不分、以党代政;坚持中央的统一领导,变成了"一切统一口径"。违反中央政策根本原则的"土政策"要反对,但是也有的"土政策"确是从实际出发的,是得到群众拥护的。这些正确政策现在往往也受到指责,因为它"不合统一口径"。

思想一僵化,随风倒的现象就多起来了。不讲党性,不讲原则,说话做事看来头、看风向,满以为这样不会犯错误。其实随风倒本身就是一个违反共产党员党性的大错误。独立思考,敢想、敢说、敢做,固然也难免犯错误,但那是错在明处,容易纠正。

思想一僵化,不从实际出发的本本主义也就严重起来了。书上没有的,文件上没有的,领导人没有讲过的,就不敢多说一句话,多做一件事,一切照抄照搬照转。把对上级负责和对人民负责对立起来。

不打破思想僵化,不大大解放干部和群众的思想,四个现代化就没有希望。

目前进行的关于实践是检验真理的唯一标准问题的讨论,实际上也是要不要解放思想的争论。大家认为进行这个争论很有必要,意义很大。从争论的情况来看,越看越重要。一个党,一个国家,一个民族,如果一切从本本出发,思想僵化,迷信盛行,那它就不能前进,它的生机就停止了,就要亡党亡国。这是毛泽东同志在整风运动中反复讲过的。只有解放思想,坚持实事求是,一切从实际出发,理论联系实际,我们的社会主义现

代化建设才能顺利进行,我们党的马列主义、毛泽东思想的理论也才能顺利发展。从这个意义上说,关于真理标准问题的争论,的确是个思想路线问题,是个政治问题,是个关系到党和国家的前途和命运的问题。

实事求是,是无产阶级世界观的基础,是马克思主义的思想基础。过去我们搞革命所取得的一切胜利,是靠实事求是;现在我们要实现四个现代化,同样要靠实事求是。不但中央、省委、地委、县委、公社党委,就是一个工厂、一个机关、一个学校、一个商店、一个生产队,也都要实事求是,都要解放思想,开动脑筋想问题、办事情。

在党内和人民群众中,肯动脑筋、肯想问题的人愈多,对我们的事业就愈有利。干革命、搞建设,都要有一批勇于思考、勇于探索、勇于创新的闯将。没有这样一大批闯将,我们就无法摆脱贫穷落后的状况,就无法赶上更谈不到超过国际先进水平。我们希望各级党委和每个党支部,都来鼓励、支持党员和群众勇于思考、勇于探索、勇于创新,都来做促进群众解放思想、开动脑筋的工作。

二、民主是解放思想的重要条件

解放思想,开动脑筋,一个十分重要的条件就是要真正实行无产阶级的民主集中制。我们需要集中统一的领导,但是必须有充分的民主,才能做到正确的集中。

当前这个时期,特别需要强调民主。因为在过去一个相当长的时间内,民主集中制没有真正实行,离开民主讲集中,民主太少。现在敢出来说话的,还是少数先进分子。我们这次会议先进分子多一点,但就全党、全国来看,许多人还不是那么敢讲话。好的意见不那么敢讲,对坏人坏事不那么敢反对,这种状况不改变,怎么能叫大家解放思想,开动脑筋?四个现代化怎么化法?

我们要创造民主的条件,要重申"三不主义":不抓辫子,不扣帽子,不打棍子。在党内和人民内部的政治生活中,只能采取民主手段,不能采取压制、打击的手段。宪法和党章规定的公民权利、党员权利、党委委员的权利,必须坚决保障,任何人不得侵犯。

……有了又有集中又有民主,又有纪律又有自由,又有统一意志又有个人心情舒畅、生动活泼的政治局面,小道消息就少了,无政府主义就比较容易克服。我们相信,我们的人民是顾大局、识大体、守纪律的。我们各级领导干部,特别是高级干部,也要注意严格遵守党的纪律,保守党的秘密,不要搞那些小道消息和手抄本之类的东西。

人民群众提出的意见,当然有对的,也有不对的,要进行分析。党的领导就是要善于集中人民群众的正确意见,对不正确的意见给以适当解释。对于思想问题,无论如何不能用压服的办法,要真正实行"双百"方针。一听到群众有一点议论,尤其是尖锐一点的议论,就要追查所谓"政治背景"、所谓"政治谣言",就要立案,进行打击压制,这种恶劣作风必须坚决制止。毛泽东同志历来说,这种状况实际上是软弱的表现,是神经衰弱的表现。我们的各级领导,无论如何不要造成同群众对立的局面。这是一个必须坚持的原则。我们的国家还有极少数的反革命分子,当然不能对他们丧失警惕。

我想着重讲讲发扬经济民主的问题。现在我国的经济管理体制权力过于集中,应该有计划地大胆下放,否则不利于充分发挥国家、地方、企业和劳动者个人四个方面的积极性,也不利于实行现代化的经济管理和提高劳动生产率。应该让地方和企业、生产队有更多的经营管理的自主权。我国有这么多省、市、自治区,一个中等的省相当于欧洲的一个大国,有必要在统一认识、统一政策、统一计划、统一指挥、统一行动之下,在经济计划和财政、外贸等方面给予更多的自主权。

当前最迫切的是扩大厂矿企业和生产队的自主权,使每一个工厂和生产队能够千方百计地发挥主动创造精神。一个生产队有了经营自主权,一小块地没有种上东西,一小片水面没有利用起来搞养殖业,社员和干部就要睡不着觉,就要开动脑筋想办法。全国几十万个企业,几百万个生产队都开动脑筋,能够增加多少财富啊!为国家创造财富多,个人的收入就应该多一些,集体福利就应该搞得好一些。不讲多劳多得,不重视物质利益,对少数先进分子可以,对广大群众不行,一段时间可以,长期不行。革命精神是非常宝贵的,没有革命精神就没有革命行动。但是,革命是在物质利益的基础上产生的,如果只讲牺牲精神,不讲物质利益,那就是唯心论。

同样,要切实保障工人农民个人的民主权利,包括民主选举、民主管理和民主监督。不但应该使每个车间主任、生产队长对生产负责任、想办法,而且一定要使每个工人农民都对生产负责任、想办法。

为了保障人民民主,必须加强法制。必须使民主制度化、法律化,使这种制度和法律不因领导人的改变而改变,不因领导人的看法和注意力的改变而改变。现在的问题是法律很不完备,很多法律还没有制定出来。往往把领导人说的话当做"法",不赞成领导人说的话就叫做"违法",领导人的话改变了,"法"也就跟着改变。所以,应该集中力量制定刑法、民法、诉讼法和其他各种必要的法律,例如工厂法、人民公社法、森林法、草原法、环境保护法、劳动法、外国人投资法等等,经过一定的民主程序讨论通过,并且加强检察机关和司法机关,做到有法可依,有法必依,执法必严,违法必究。国家和企业、企业和企业、企业和个人等等之间的关系,也要用法律的形式来确定;它们之间的矛盾,也有不少要通过法律来解决。现在立法的工作量很大,人力很不够,因此法律条文开始可以粗一点,逐步完善。有的法规地方可以先试搞,然后经过总结提高,制定全国通行的法律。修改补充法律,成熟一条就修改补充一条,不要等待"成套设备"。总之,有比没有好,快搞比慢搞好。此外,我们还要大力加强对国际法的研究。

国要有国法,党要有党规党法。党章是最根本的党规党法。没有党规党法,国法就很难保障。各级纪律检查委员会和组织部门的任务不只是处理案件,更重要的是维护党规党法,切实把我们的党风搞好。对于违反党纪的,不管是什么人,都要执行纪律,做到功过分明,赏罚分明,伸张正气,打击邪气。

四、研究新情况,解决新问题

要向前看,就要及时地研究新情况和解决新问题,否则我们就不可能顺利前进。各方面的新情况都要研究,各方面的新问题都要解决,尤其要注意研究和解决管理方法、管理制度、经济政策这三方面的问题。

在管理方法上,当前要特别注意克服官僚主义。

　　官僚主义是小生产的产物,同社会化的大生产是根本不相容的。要搞四个现代化,把社会主义经济全面地转到大生产的技术基础上来,非克服官僚主义这个祸害不可。现在,我们的经济管理工作,机构臃肿,层次重叠,手续繁杂,效率极低。政治的空谈往往淹没一切。这并不是哪一些同志的责任,责任在于我们过去没有及时提出改革。但是如果现在再不实行改革,我们的现代化事业和社会主义事业就会被葬送。

　　我们要学会用经济方法管理经济。自己不懂就要向懂行的人学习,向外国的先进管理方法学习。不仅新引进的企业要按人家的先进方法去办,原有企业的改造也要采用先进的方法。在全国的统一方案拿出来以前,可以先从局部做起,从一个地区、一个行业做起,逐步推开。中央各部门要允许和鼓励它们进行这种试验。试验中间会出现各种矛盾,我们要及时发现和克服这些矛盾。这样我们才能进步得比较快。

　　今后,政治路线已经解决了,看一个经济部门的党委善不善于领导,领导得好不好,应该主要看这个经济部门实行了先进的管理方法没有,技术革新进行得怎么样,劳动生产率提高了多少,利润增长了多少,劳动者的个人收入和集体福利增加了多少。各条战线的各级党委的领导,也都要用类似这样的标准来衡量。这就是今后主要的政治。离开这个主要的内容,政治就变成空头政治,就离开了党和人民的最大利益。

　　在管理制度上,当前要特别注意加强责任制。

　　现在,各地的企业事业单位中,党和国家的各级机关中,一个很大的问题就是无人负责。名曰集体负责,实际上等于无人负责。一项工作布置之后,落实了没有,无人过问,结果好坏,谁也不管。所以急需建立严格的责任制。列宁说过:“借口集体领导而无人负责,是最危险的祸害”,“这种祸害无论如何要不顾一切地尽量迅速地予以根除”。

　　任何一项任务、一个建设项目,都要实行定任务、定人员、定数量、定质量、定时间等几定制度。例如,引进技术设备,引进什么项目,从哪里引进,引进到什么地方,什么人参加工作,都要具体定下来。引进项目要有几定,原有企业也要有几定。现在打屁股只能打计委、党委,这不解决问题,还必须打到具体人的身上才行。同样,奖励也必须奖到具体的集体和个人才行。我们在实行党委领导下的厂长负责制的时候,要切实做到职责分明。

　　要使责任制真正发挥作用,必须采取以下几方面的措施:

　　一要扩大管理人员的权限。责任到人就要权力到人。当厂长的、当工程师的、当技术员的、当会计出纳的,各有各的责任,也各有各的权力,别人不能侵犯。只交责任,不交权力,责任制非落空不可。

　　二要善于选用人员,量才授予职责。要发现专家,培养专家,重用专家,提高各种专家的政治地位和物质待遇。用人的政治标准是什么?为人民造福,为发展生产力、为社会主义事业作出积极贡献,这就是主要的政治标准。

　　三要严格考核,赏罚分明。所有的企业、学校、研究单位、机关,都要有对工作的评比和考核,要有学术职称、技术职称和荣誉称号。要根据工作成绩的大小、好坏,有赏有罚,有升有降。而且,这种赏罚、升降必须同物质利益联系起来。

　　总之,要通过加强责任制,通过赏罚严明,在各条战线上形成你追我赶、争当先进、奋发向上的风气。

在经济政策上,我认为要允许一部分地区、一部分企业、一部分工人农民,由于辛勤努力成绩大而收入先多一些,生活先好起来。一部分人生活先好起来,就必然产生极大的示范力量,影响左邻右舍,带动其他地区、其他单位的人们向他们学习。这样,就会使整个国民经济不断地波浪式地向前发展,使全国各族人民都能比较快地富裕起来。

当然,在西北、西南和其他一些地区,那里的生产和群众生活还很困难,国家应当从各方面给以帮助,特别要从物质上给以有力的支持。

这是一个大政策,一个能够影响和带动整个国民经济的政策,建议同志们认真加以考虑和研究。

在实现四个现代化的进程中,必然会出现许多我们不熟悉的、预想不到的新情况和新问题。尤其是生产关系和上层建筑的改革,不会是一帆风顺的,它涉及的面很广,涉及一大批人的切身利益,一定会出现各种各样的复杂情况和问题,一定会遇到重重障碍。例如,企业的改组,就会发生人员的去留问题;国家机关的改革,相当一部分工作人员要转做别的工作,有些人就会有意见,等等。这些问题很快就要出现,对此我们必须有足够的思想准备。要教育党员和群众以大局为重,以党和国家的整体利益为重。我们应当充满信心。只要我们信任群众,走群众路线,把情况和问题向群众讲明白,任何问题都可以解决,任何障碍都可以排除。随着经济的发展,路子会越走越宽,人们会各得其所。这是毫无疑义的。

实现四个现代化是一场深刻的伟大的革命。在这场伟大的革命中,我们是在不断地解决新的矛盾中前进的。因此,全党同志一定要善于学习,善于重新学习。

全国胜利前夕,毛泽东同志号召全党重新学习。那一次我们学得不坏,进城以后,很快恢复了经济,成功地完成了社会主义改造。这些年来,应当承认学得不好。主要的精力放到政治运动上去了,建设的本领没有学好,建设没有上去,政治也发生了严重的曲折。现在要搞现代化建设,就更加不懂了。所以全党必须再重新进行一次学习。

学习什么?根本的是要学习马列主义、毛泽东思想,要努力把马克思主义的普遍原则同我国实现四个现代化的具体实践结合起来。当前大多数干部还要着重抓紧三个方面的学习:一个是学经济学,一个是学科学技术,一个是学管理。学习好,才可能领导好高速度、高水平的社会主义现代化建设。从实践中学,从书本上学,从自己和人家的经验教训中学。要克服保守主义和本本主义。几百个中央委员,几千个中央和地方的高级干部,要带头钻研现代化经济建设。

只要我们大家团结一致,同心同德,解放思想,开动脑筋,学会原来不懂的东西,我们就一定能够加快新长征的步伐。让我们在党中央和国务院的领导下,为改变我国的落后面貌,把我国建成现代化的社会主义强国而奋勇前进!

[邓小平《解放思想 实事求是 团结一致向前看》(节选),《邓小平文选》第二卷]

（二）研讨

1. 邓小平发表《解放思想 实事求是 团结一致向前看》讲话的背景是什么？
2.《解放思想 实事求是 团结一致向前看》的主要内容是什么？
3.《解放思想 实事求是 团结一致向前看》的历史意义和影响是什么？

五、社会实践

实践活动：通过实地考察调研，了解改革开放和社会主义现代化建设新时期的成就

实践地点 1：金陵饭店

金陵饭店位于南京市新街口西北角，高 110 米，共 37 层。1983 年 10 月开业的金陵饭店是当时中国第一高楼，南京的标志性建筑。作为第一家中国人自己管理的五星级酒店，金陵饭店在建成后接待过无数中外要人、名流，并见证了中国的改革开放和社会发展的日新月异。

图 9-1　金陵饭店

金陵饭店一期主体建筑占地 2.5 万平方米，平面主体为三个扭转的正方形，由塔楼、裙楼、多层停车库及东部花园、购物中心组成，总建筑面积 6.6 万平方米。建筑中餐饮、会议、商务、娱乐、健身等功能一应俱全。金陵饭店共有客房 800 多间，餐饮部分共 1 700 多个餐位，宴会厅还可承接大型国际会议和专业学术会议。金陵饭店的设计建造创下了当时中国的多个纪录：第一高楼，第一部高速电梯，第一个高楼直升机停机坪。

1995 年金陵饭店开启了二期投资扩建，建造了 13 层的西楼——世贸中心，其功能

主要为商场和写字楼。二期建筑平面仍采用方形，外观为玻璃幕墙，与主楼外观相近似又略有变化。世贸中心楼的扩建除了作为主体建筑的功能延续，还有着为国际贸易交流服务的目的，这也是金陵饭店继续走向国际化的一步。

2008年金陵饭店再次启动了东侧沿中山路修建亚太商务楼的三期扩建工程，于2013年完工。亚太商务楼总面积17万平方米，塔楼高242米、57层，裙楼4层，地下3层。它不仅在建筑整体形象上传承了金陵饭店原有设计风格，更在细节上融入了民族文化元素，采用传统的窗花格形象，立面有所创新，使得新街口的西北角呈现出一组和谐完美的地标建筑群。

实践地点2:南京高新技术产业开发区

南京高新技术产业开发区东濒长江、西接珍珠泉公园和老山风景区，北靠龙王山风景区。1988年4月由江苏省、南京市政府共同创建，1991年3月被国务院批准为首批21个国家级高新技术产业开发区。1997年南京高新区分别设立新港高新技术工业园和江宁高新技术工业园，形成"一区两园"建设格局。2017年11月南京将全市分散的83个科技园区整合设立为15个高新园区。近年来，南京全面深化高新区体制机制改革，实化1个高新区总部和N个高新园区，构建南京高新区"1区15园"的管理体系，由南京高新区管委会统筹15个高新园区的发展规划、产业布局和创新资源。

图9-2 南京高新技术产业开发区

实践地点3:苏州工业园区

苏州工业园区是中国和新加坡两国政府间的重要合作项目，1994年2月经国务院批准设立，同年5月实施启动，行政区划面积278平方千米，其中，中新合作区80平方千米，被誉为"中国改革开放的重要窗口"和"国际合作的成功范例"。

图 9 - 3　苏州工业园区

苏州工业园区位于苏州市古城区东部，以发达的高速公路网、铁路网、水路网及航空网与世界各主要城市相连。轨道交通 20 分钟到达上海、60 分钟到达南京，与沪、宁、杭融入同城轨道化生活。苏州工业园区在"双城双片区"格局中居于"苏州新城"的地位。

苏州工业园区的主导产业是电子信息制造、机械制造。此外，还有现代服务业，及以纳米技术为引领，重点发展的光电新能源、生物医药、融合通信、软件动漫游戏、生态环保五大新兴产业。

苏州工业园区已累计建设国际科技园、创意产业园、生物科技园、中新生态科技城、纳米产业园等科技载体超 300 万平方米。此外还启动建设了文化艺术中心、独墅湖科教创新区、综合保税区、阳澄湖旅游度假区等其他创新区域载体。

实践地点 4：南京地铁 1 号线

图 9 - 4　南京地铁 1 号线

南京地铁 1 号线贯穿南京市主城区的中心腹地,形成南北向中轴线的快速轨道交通走廊。地铁 1 号线一期工程于 2005 年 5—8 月进行了观光运行,8 月 12 日开始载人模拟试运行,9 月 3 日正式试运营。

南京地铁 1 号线的顺利通车,大大缓解了南京市内交通拥堵压力,标志着古城金陵成为继北京、上海、天津、广州、深圳之后,中国内地第 6 个拥有地铁的城市。对于构建城市立体化综合交通运输网,增强城市综合竞争力,促进经济社会发展,产生了重大而积极的影响。

实践地点 5:南京应天大街长江隧道

南京长江隧道用"西隧东桥"方式,分别穿越长江主航道和夹江,工程全长 5 853 米,其中隧道建筑长度 3 790 米,于 2005 年 9 月 30 日开始施工,2009 年 8 月 22 日全线贯通,是当时中国长江上隧道长度最长、盾构直径最大、工程难度最大、挑战性最高的工程之一。

南京长江隧道工程按六车道城市快速通道规模建设,设计车速 80 千米,采用"左汊盾构隧道＋右汊桥梁"方案。左汊盾构隧道建筑长度 3.9 千米,盾构段长度 3 020 米,由中铁十四局集团有限公司负责建造。右汊江心洲大桥全长 665.5 米,主跨 248 米,为独塔自锚悬索桥,主塔高 107 米,大桥双向六车道,并设有专门的人行道,供行人步行过江。

图 9 - 5　南京应天大街长江隧道

南京长江隧道项目先后完成了 30 余项专题论证,申报专利 15 项,并就 5 项大课题 29 项子课题进行科学研究,取得了诸多科研成果,填补了相关领域研究的空白,其中超大型管片衬砌结构原型试验被列入国家"863"计划示范课题。

该工程荣获 2013 年"中国建设工程鲁班奖"及 2015 年"国家优质工程奖金质奖",成为国内首个获得全国建筑行业工程质量的最高荣誉——"鲁班奖"的过江隧道工程。

六、素质训练

多项选择题

1. 我国经济体制的改革首先在农村取得突破性进展。党的十一届三中全会曾指出："我国农业近二十年来的发展速度不快,它同人民的需要和四个现代化的需要之间存在着极其尖锐的矛盾。"当时我国农业和农村经济发展面临的主要问题有(　　)

A. 农民的温饱问题尚未完全解决

B. 农村的土地改革尚未完成

C. 人民公社体制亟待改革

D. 乡镇企业管理体制亟待改革

【答案】AC

【要点】B 项农村土地改革在三大改造之际已经完成。D 项乡镇企业的兴起与发展是在改革开放之后。中国经济体制的改革,首先在农村取得突破性进展,当时面临的两大问题:一是"政社合一"的人民公社体制亟待改革,二是仍有一亿农民的温饱问题未解决。

2. 1978 年 12 月 18 日至 22 日,党的十一届三中全会在北京召开。会议的主要任务是确定把全党工作重点转移到社会主义现代化建设上来。这次全会是新中国成立以来党的历史上具有深远意义的伟大转折。全会结束了粉碎"四人帮"后两年党和国家工作在徘徊中前进的局面,标志着中国共产党(　　)

A. 重新确立了马克思主义的思想路线、政治路线、组织路线

B. 形成了以邓小平为核心的党的中央领导集体

C. 开始了在思想、政治、组织等领域的全面拨乱反正

D. 揭开了社会主义改革开放的序幕

【答案】ABCD

【要点】中共十一届三中全会冲破长期"左"的错误的严重束缚,彻底否定了"两个凡是"的错误方针,高度评价了关于真理标准问题的讨论,并且断然否定"以阶级斗争为纲"的指导思想,做出了把工作重点转移到社会主义现代化建设上来和实行改革开放的战略决策,重新确立了马克思主义的思想路线、政治路线和组织路线。全会恢复了党的民主集中制的优良传统,审查解决了历史上遗留的一批重大问题和一些重要领导人的功过是非问题。中共十一届三中全会形成了以邓小平为核心的党的中央领导集体,揭开了社会主义改革开放的序幕。以这次全会为起点,中国进入了改革开放和社会主义现代化建设的历史新时期。

3. 1992 年初,在关乎中国改革开放和社会主义现代化建设前途命运的关键时刻,邓小平在视察武昌、深圳、珠海、上海等地时,发表了重要谈话,谈话的主要内容

有( )

  A. 计划多一点还是市场多一点,不是社会主义与资本主义的本质区别

  B. 不坚持社会主义,不改革开放,不发展经济,不改善人民生活,只能是死路一条

  C. 走社会主义道路,就是要逐步实现共同富裕

  D. 革命是解放生产力,改革也是解放生产力

【答案】ABCD

【要点】邓小平重要谈话的主要内容有:第一,计划和市场都是经济手段。"计划多一点还是市场多一点,不是社会主义与资本主义的本质区别。计划经济不等于社会主义,资本主义也有计划;市场经济不等于资本主义,社会主义也有市场。计划和市场都是经济手段。"第二,阐明了社会主义本质。"社会主义的本质,是解放生产力,发展生产力,消灭剥削,消除两极分化,最终达到共同富裕。""不坚持社会主义,不改革开放,不发展经济,不改善人民生活,只能是死路一条。"第三,提出了"发展才是硬道理"的重要论断。第四,提出判断改革开放和各项工作成败得失的"三个有利于"标准。第五,强调加强党的建设。第六,关于社会主义初级阶段的长期性和前途。"我们搞社会主义才几十年,还处在初级阶段。巩固和发展社会主义制度,还需要一个很长的历史阶段,需要我们几代人、十几代人,甚至几十代人坚持不懈地努力奋斗,决不能掉以轻心。"

第十章

中国特色社会主义进入新时代

一、基本要求

（一）了解十八大以来党和国家事业的历史性成就和历史性变革；

（二）掌握习近平新时代中国特色社会主义思想的形成过程和主要内容；

（三）认识习近平新时代中国特色社会主义思想是马克思主义中国化最新成果，是党和人民实践经验和集体智慧的结晶，是中国特色社会主义理论体系的重要组成部分，是党和国家必须长期坚持并不断发展的指导思想，是全党全国人民为实现中华民族伟大复兴而奋斗的行动指南。

二、重点难点

（一）准确把握习近平新时代中国特色社会主义思想的形成过程、主要内容及历史地位；

（二）全面了解中国特色社会主义进入新时代以后的发展战略布局；

（三）深刻认识坚持党的全面领导与推进党的自我革命的重要性；

（四）充分知悉党的百年奋斗重大成就和历史经验；

（五）深入领会党的二十大精神，及以中国式现代化全面推进中华民族伟大复兴的丰富意蕴。

三、关联内容

进入 21 世纪第二个十年，我国已成为世界第二大经济体，与世界的关系发生历史性深刻变化。同时，外部环境变化带来许多新的风险挑战，国内改革发展稳定面临一系列长期积累及新出现的突出矛盾和问题，党治国理政面临重大考验。面对国内外形势的深刻复杂变化，2012 年 11 月召开的党的十八大，对全面建成小康社会作出科学谋划,对夺取中国特色社会主义新胜利作出全面部署,从此中国特色社会主义进入新时代。

2012年11月8日至14日,中国共产党第十八次全国代表大会在北京举行。胡锦涛代表第十七届中央委员会作题为《坚定不移沿着中国特色社会主义道路前进,为全面建成小康社会而奋斗》的报告。大会确立了科学发展观的历史地位。大会贯穿始终的一条主线,是坚持和发展中国特色社会主义。大会阐明中国特色社会主义道路、理论体系、制度的科学内涵及其相互关系;指出建设中国特色社会主义的总依据是社会主义初级阶段,总布局是经济、政治、文化、社会、生态文明建设"五位一体",总任务是实现社会主义现代化和中华民族伟大复兴;提出夺取中国特色社会主义新胜利必须牢牢把握的八项基本要求,要求全党坚定道路自信、理论自信、制度自信。大会提出了全面建成小康社会要努力实现的新要求,明确了全面深化改革开放的目标,对全面提高党的建设科学化水平提出了明确要求。

党的十八大以来,新的中央领导集体以巨大的政治勇气和一往无前的进取精神,带领全党全国各族人民进行具有许多新的历史特点的伟大斗争,开创了中国特色社会主义新时代。党的十八大作为这一伟大进程的历史起点而载入光辉史册。

从党的十八大开始,围绕实现社会主义现代化和中华民族伟大复兴这个总任务,一系列理论和实践创新相继展开,中国特色社会主义新时代的大幕徐徐拉开。

在新的历史条件下,习近平带领新的中央领导集体,迎难而上,开拓进取,推动党和国家事业取得历史性成就、发生历史性变革,赢得了全党全军全国各族人民的衷心拥护。在新的伟大斗争实践中,习近平事实上已经成为党中央的核心、全党的核心。经过充分酝酿,2016年10月,党的十八届六中全会正式提出"以习近平同志为核心的党中央"并郑重写入全会文件,正式明确了习近平同志党中央的核心、全党的核心地位。2017年10月,党的十九大把"坚定维护以习近平同志为核心的党中央权威和集中统一领导"写入党章。确立习近平的核心地位,是实践的选择、历史的选择,是全党的选择、人民的选择。

进入新时代,以习近平同志为核心的党中央深刻把握社会主义建设规律,统筹推进"五位一体"总体布局,推动中国特色社会主义事业全面发展、全面进步。党的十八大以后的五年,我国取得了改革开放和社会主义现代化建设的历史性成就。经济建设取得重大成就,民主政治建设迈出重大步伐,思想文化建设取得重大进展,人民生活不断改善,生态文明建设成效显著。

党的十八大以来,针对实践中面临的突出矛盾和问题,以习近平同志为核心的党中央逐步形成并协调推进全面建成小康社会、全面深化改革、全面依法治国、全面从严治党的战略布局,确立了新的历史条件下党和国家各项工作的战略目标和战略举措,推动党和国家各项事业不断开创新的发展局面。

党的十八大以来,面对国家安全环境的深刻变化,以习近平同志为核心的党中央全面推进国防和军队现代化,人民军队实现整体性革命性重塑,开创了强军兴军新局面。国家安全是安邦定国的重要基石。进入新时代,面对更为严峻的国家安全形势,以习近平同志为核心的党中央创造性提出总体国家安全观,着力推进国家安全体系和能力建设,把安全发展贯穿国家发展各领域全过程,牢牢掌握了维护国家安全的全局性主动。

立足我国发展新的历史方位,面对"两个一百年"奋斗目标的历史交汇期,党的十九大确立习近平新时代中国特色社会主义思想的指导地位,对决胜全面建成小康社会作出战略部署,描绘了全面建设社会主义现代化国家的宏伟蓝图,进一步指明了党和国家事业的前进方向。

2017 年 10 月 18 日至 24 日,中国共产党第十九次全国代表大会在北京举行。大会的主题是:不忘初心,牢记使命,高举中国特色社会主义伟大旗帜,决胜全面建成小康社会,夺取新时代中国特色社会主义伟大胜利,为实现中华民族伟大复兴的中国梦不懈奋斗。习近平代表第十八届中央委员会作题为《决胜全面建成小康社会,夺取新时代中国特色社会主义伟大胜利》的报告。

党的十九大作出了中国特色社会主义进入新时代的重大政治判断。这是以习近平同志为核心的党中央统筹把握中华民族伟大复兴战略全局和世界百年未有之大变局,在科学把握时代趋势和国际局势重大变化、科学把握世情国情党情深刻变化、科学把握我国社会主要矛盾运动变化基础上,作出的一项关系全局的重大战略判断,体现了党把握历史规律和历史趋势的高度自觉和高度自信。

党的十九大把习近平新时代中国特色社会主义思想确立为党必须长期坚持的指导思想并庄严地写入党章。党的十九大用"八个明确"和"十四个坚持"全面阐述了习近平新时代中国特色社会主义思想的科学内涵和实践要求。2018 年 3 月,十三届全国人大一次会议通过的宪法修正案,把习近平新时代中国特色社会主义思想载入宪法,实现了国家指导思想的与时俱进,反映了全国各族人民共同意志和全社会共同意愿。

随着习近平新时代中国特色社会主义思想在新的实践中不断丰富发展,2021 年 11 月,党的十九届六中全会通过的《中共中央关于党的百年奋斗重大成就和历史经验的决议》,科学阐明了这一思想在马克思主义发展史、中华文化发展史上的重要历史地位。《决议》指出:习近平新时代中国特色社会主义思想是当代中国马克思主义、21 世纪马克思主义,是中华文化和中国精神的时代精华,实现了马克思主义中国化新的飞跃。《决议》还作出一个重大政治论断:党确立习近平同志党中央的核心、全党的核心地位,确立习近平新时代中国特色社会主义思想的指导地位,反映了全党全军全国各族人民共同心愿,对新时代党和国家事业发展、对推进中华民族伟大复兴历史进程具有决定性意义。"两个确立"是深刻总结党的百年奋斗历史经验特别是新时代伟大实践得出的重大历史结论,是体现全党共同意志、反映人民心声的重大政治判断,是党的十八大以来最重要的政治成果。

中国共产党第二十次全国代表大会于 2022 年 10 月 16 日在北京隆重开幕。习近平代表第十九届中央委员会向大会作题为《高举中国特色社会主义伟大旗帜,为全面建设社会主义现代化国家而团结奋斗》的报告。大会的主题是:高举中国特色社会主义伟大旗帜，全面贯彻习近平新时代中国特色社会主义思想，弘扬伟大建党精神，自信自强、守正创新，踔厉奋发、勇毅前行，为全面建设社会主义现代化国家、全面推进中华民族伟大复兴而团结奋斗。

党的二十大是在全党全国各族人民迈上全面建设社会主义现代化国家新征程、向第二个百年奋斗目标进军的关键时刻召开的一次十分重要的大会。大会高举中国特色社会主义伟大旗帜，全面贯彻习近平新时代中国特色社会主义思想，回顾总结了过去五年的工作和新时代十年的伟大变革，阐述了开辟马克思主义中国化时代化新境界、中国式现代化的中国特色和本质要求等重大问题，对全面建设社会主义现代化国家、全面推进中华民族伟大复兴进行了战略谋划，对统筹推进"五位一体"总体布局、协调推进"四个全面"战略布局作出了全面部署，为新时代新征程党和国家事业发展、实现第二个百年奋斗目标指明了前进方向、确立了行动指南。

180多年来，中国人民为实现中华民族伟大复兴而接续奋斗。太平天国运动、洋务运动、戊戌变法、义和团运动接连而起，但都以失败告终。辛亥革命推翻了统治中国几千年的君主专制制度，却未能改变中国半殖民地半封建的社会性质和中国人民的悲惨境遇。十月革命一声炮响，给中国送来了马克思列宁主义。在马克思列宁主义同中国工人运动的紧密结合中，中国共产党应运而生，从此深刻改变了中华民族发展的方向和进程。

100多年来，中国共产党团结带领中国人民，以"为有牺牲多壮志，敢教日月换新天"的气概，书写了中华民族几千年历史上最恢宏的史诗，从根本上改变了中华民族的面貌，向人民、向历史交出了一份优异的答卷。百年前，中华民族呈现在世界面前的是一派衰败凋零的景象。百年后，中华民族向世界展现的是一派欣欣向荣的气象，正以不可阻挡的步伐迈向伟大复兴。

10多年来，以习近平同志为核心的党中央带领中国人民进行具有许多新的历史特点的伟大斗争，解决了许多长期想解决而没有解决的难题，办成了许多过去想办而没有办成的大事，推动党和国家事业取得历史性成就、发生历史性变革，为实现中华民族伟大复兴提供了更为完善的制度保证、更为坚实的物质基础、更为主动的精神力量。

今天，站在实现全面建成小康社会第一个百年奋斗目标的基础上，中国共产党团结带领中国人民又踏上了实现第二个百年奋斗目标新的赶考之路。回首过去，展望未来，党用伟大奋斗创造了历史伟业，也一定能用新的伟大奋斗在全面建设社会主义现代化国家、全面推进中华民族伟大复兴的伟大实践中创造新的伟业。

四、文献研读

（一）案例

序　言

中国共产党自一九二一年成立以来,始终把为中国人民谋幸福、为中华民族谋复兴作为自己的初心使命,始终坚持共产主义理想和社会主义信念,团结带领全国各族人民为争取民族独立、人民解放和实现国家富强、人民幸福而不懈奋斗,已经走过一百年光辉历程。

一百年来,党领导人民浴血奋战、百折不挠,创造了新民主主义革命的伟大成就;自力更生、发愤图强,创造了社会主义革命和建设的伟大成就;解放思想、锐意进取,创造了改革开放和社会主义现代化建设的伟大成就;自信自强、守正创新,创造了新时代中国特色社会主义的伟大成就。党和人民百年奋斗,书写了中华民族几千年历史上最恢宏的史诗。

总结党的百年奋斗重大成就和历史经验,是在建党百年历史条件下开启全面建设社会主义现代化国家新征程、在新时代坚持和发展中国特色社会主义的需要;是增强政治意识、大局意识、核心意识、看齐意识,坚定道路自信、理论自信、制度自信、文化自信,做到坚决维护习近平同志党中央的核心、全党的核心地位,坚决维护党中央权威和集中统一领导,确保全党步调一致向前进的需要;是推进党的自我革命、提高全党斗争本领和应对风险挑战能力、永葆党的生机活力、团结带领全国各族人民为实现中华民族伟大复兴的中国梦而继续奋斗的需要。全党要坚持唯物史观和正确党史观,从党的百年奋斗中看清楚过去我们为什么能够成功、弄明白未来我们怎样才能继续成功,从而更加坚定、更加自觉地践行初心使命,在新时代更好坚持和发展中国特色社会主义。

一九四五年党的六届七中全会通过的《关于若干历史问题的决议》、一九八一年党的十一届六中全会通过的《关于建国以来党的若干历史问题的决议》,实事求是总结党的重大历史事件和重要经验教训,在重大历史关头统一了全党思想和行动,对推进党和人民事业发挥了重要引领作用,其基本论述和结论至今仍然适用。

……

四、开创中国特色社会主义新时代

党的十八大以来,中国特色社会主义进入新时代。党面临的主要任务是,实现第一个百年奋斗目标,开启实现第二个百年奋斗目标新征程,朝着实现中华民族伟大复兴的宏伟目标继续前进。

以习近平同志为核心的党中央统筹把握中华民族伟大复兴战略全局和世界百年未有之大变局,强调中国特色社会主义新时代是承前启后、继往开来、在新的历史条件下继续夺取中国特色社会主义伟大胜利的时代，是决胜全面建成小康社会、进而全面建设社会主义现代化强国的时代，是全国各族人民团结奋斗、不断创造美好生活、逐步实现全体人民共同富裕的时代，是全体中华儿女勠力同心、奋力实现中华民族伟大复兴中国梦的时代，是我国不断为人类作出更大贡献的时代。中国特色社会主义新时代是我国发展新的历史方位。

以习近平同志为主要代表的中国共产党人，坚持把马克思主义基本原理同中国具体实际相结合、同中华优秀传统文化相结合，坚持毛泽东思想、邓小平理论、"三个代表"重要思想、科学发展观，深刻总结并充分运用党成立以来的历史经验，从新的实际出发，创立了习近平新时代中国特色社会主义思想，明确中国特色社会主义最本质的特征是中国共产党领导，中国特色社会主义制度的最大优势是中国共产党领导，中国共产党是最高政治领导力量，全党必须增强"四个意识"、坚定"四个自信"、做到"两个维护"；明确坚持和发展中国特色社会主义，总任务是实现社会主义现代化和中华民族伟大复兴，在全面建成小康社会的基础上，分两步走在本世纪中叶建成富强民主文明和谐美丽的社会主义现代化强国，以中国式现代化推进中华民族伟大复兴；明确新时代我国社会主要矛盾是人民日益增长的美好生活需要和不平衡不充分的发展之间的矛盾，必须坚持以人民为中心的发展思想，发展全过程人民民主，推动人的全面发展、全体人民共同富裕取得更为明显的实质性进展；明确中国特色社会主义事业总体布局是经济建设、政治建设、文化建设、社会建设、生态文明建设五位一体，战略布局是全面建设社会主义现代化国家、全面深化改革、全面依法治国、全面从严治党四个全面；明确全面深化改革总目标是完善和发展中国特色社会主义制度、推进国家治理体系和治理能力现代化；明确全面推进依法治国总目标是建设中国特色社会主义法治体系、建设社会主义法治国家；明确必须坚持和完善社会主义基本经济制度，使市场在资源配置中起决定性作用，更好发挥政府作用，把握新发展阶段，贯彻创新、协调、绿色、开放、共享的新发展理念，加快构建以国内大循环为主体、国内国际双循环相互促进的新发展格局，推动高质量发展，统筹发展和安全；明确党在新时代的强军目标是建设一支听党指挥、能打胜仗、作风优良的人民军队，把人民军队建设成为世界一流军队；明确中国特色大国外交要服务民族复兴、促进人类进步，推动建设新型国际关系，推动构建人类命运共同体；明确全面从严治党的战略方针，提出新时代党的建设总要求，全面推进党的政治建设、思想建设、组织建设、作风建设、纪律建设，把制度建设贯穿其中，深入推进反腐败斗争，落实管党治党政治责任，以伟大自我革命引领伟大社会革命。这些战略思想和创新理念，是党对中国特色社会主义建设规律认识深化和理论创新的重大成果。

习近平同志对关系新时代党和国家事业发展的一系列重大理论和实践问题进行了深邃思考和科学判断，就新时代坚持和发展什么样的中国特色社会主义、怎样坚持和发展中国特色社会主义，建设什么样的社会主义现代化强国、怎样建设社会主义现代化强国，建设什么样的长期执政的马克思主义政党、怎样建设长期执政的马克思主义政党等重大时代课题，提出一系列原创性的治国理政新理念新思想新战略，是习近平新时代中国特色社会主义思想的主要创立者。习近平新时代中国特色社会主义思想是当代中国马克思主义、二十一世纪马克思主义,是中华文化和中国精神的时代精华,实现了马克思主义中国化新的飞跃。党确立习近平同志党中央的核心、全党的核心地位,确立习近平新时代中国特色社会主义思想的指导地位,反映了全党全军全国各族人民共同心愿,对新时代党和国家事业发展、对推进中华民族伟大复兴历史进程具有决定性意义。

改革开放以后,党和国家事业取得重大成就,为新时代发展中国特色社会主义事业奠定了坚实基础、创造了有利条件。同时,党清醒认识到,外部环境变化带来许多新的风险挑战,国内改革发展稳定面临不少长期没有解决的深层次矛盾和问题以及新出现的一些矛盾和问题,管党治党一度宽松软带来党内消极腐败现象蔓延、政治生态出现严重问题,党群干群关系受到损害,党的创造力、凝聚力、战斗力受到削弱,党治国理政面临重大考验。

以习近平同志为核心的党中央,以伟大的历史主动精神、巨大的政治勇气、强烈的责任担当,统筹国内国际两个大局,贯彻党的基本理论、基本路线、基本方略,统揽伟大斗争、伟大工程、伟大事业、伟大梦想,坚持稳中求进工作总基调,出台一系列重大方针政策,推出一系列重大举措,推进一系列重大工作,战胜一系列重大风险挑战,解决了许多长期想解决而没有解决的难题,办成了许多过去想办而没有办成的大事,推动党和国家事业取得历史性成就、发生历史性变革。

……

五、中国共产党百年奋斗的历史意义

一百年来,党始终践行初心使命,团结带领全国各族人民绘就了人类发展史上的壮美画卷,中华民族伟大复兴展现出前所未有的光明前景。

(一) 党的百年奋斗从根本上改变了中国人民的前途命运。 近代以后,中国人民深受三座大山压迫,被西方列强辱为"东亚病夫"。一百年来,党领导人民经过波澜壮阔的伟大斗争,中国人民彻底摆脱了被欺负、被压迫、被奴役的命运,成为国家、社会和自己命运的主人,人民民主不断发展,十四亿多人口实现全面小康,中国人民对美好生活的向往不断变为现实。今天,中国人民更加自信、自立、自强,极大增强了志气、骨气、底气,在历史进程中积累的强大能量充分爆发出来,焕发出前所未有的历史主动精神、历史创造精神,正在信心百倍书写着新时代中国发展的伟大历史。

(二) 党的百年奋斗开辟了实现中华民族伟大复兴的正确道路。 近代以后,创造了灿烂文明的中华民族遭遇到文明难以赓续的深重危机,呈现在世界面前的是一派衰败凋零的景象。一百年来,党领导人民不懈奋斗、不断进取,成功开辟了实现中华民族伟大复兴的正确道路。中国从四分五裂、一盘散沙到高度统一、民族团结,从积贫积弱、一穷二白到全面小康、繁荣富强,从被动挨打、饱受欺凌到独立自主、坚定自信,仅用几十年时间就走完发达国家几百年走过的工业化历程,创造了经济快速发展和社会长期稳定两大奇迹。今天,中华民族向世界展现的是一派欣欣向荣的气象,巍然屹立于世界东方。

(三) 党的百年奋斗展示了马克思主义的强大生命力。 马克思主义揭示了人类社

会发展规律,是认识世界、改造世界的科学真理。同时,坚持和发展马克思主义,从理论到实践都需要全世界的马克思主义者进行极为艰巨、极具挑战性的努力。一百年来,党坚持把马克思主义写在自己的旗帜上,不断推进马克思主义中国化时代化,用博大胸怀吸收人类创造的一切优秀文明成果,用马克思主义中国化的科学理论引领伟大实践。马克思主义的科学性和真理性在中国得到充分检验,马克思主义的人民性和实践性在中国得到充分贯彻,马克思主义的开放性和时代性在中国得到充分彰显。马克思主义中国化时代化不断取得成功,使马克思主义以崭新形象展现在世界上,使世界范围内社会主义和资本主义两种意识形态、两种社会制度的历史演进及其较量发生了有利于社会主义的重大转变。

（四）党的百年奋斗深刻影响了世界历史进程。党和人民事业是人类进步事业的重要组成部分。一百年来,党既为中国人民谋幸福、为中华民族谋复兴,也为人类谋进步、为世界谋大同,以自强不息的奋斗深刻改变了世界发展的趋势和格局。党领导人民成功走出中国式现代化道路,创造了人类文明新形态,拓展了发展中国家走向现代化的途径,给世界上那些既希望加快发展又希望保持自身独立性的国家和民族提供了全新选择。党推动构建人类命运共同体,为解决人类重大问题,建设持久和平、普遍安全、共同繁荣、开放包容、清洁美丽的世界贡献了中国智慧、中国方案、中国力量,成为推动人类发展进步的重要力量。

（五）党的百年奋斗锻造了走在时代前列的中国共产党。党成立时只有五十多名党员,今天已成为拥有九千五百多万名党员、领导着十四亿多人口大国、具有重大全球影响力的世界第一大执政党。一百年来,党坚持性质宗旨,坚持理想信念,坚守初心使命,勇于自我革命,在生死斗争和艰苦奋斗中经受住各种风险考验、付出巨大牺牲,锤炼出鲜明政治品格,形成以伟大建党精神为源头的精神谱系,保持了党的先进性和纯洁性,党的执政能力和领导水平不断提高,正领导中国人民在中国特色社会主义道路上不可逆转地走向中华民族伟大复兴,无愧为伟大光荣正确的党。

六、中国共产党百年奋斗的历史经验

一百年来,党领导人民进行伟大奋斗,在进取中突破,于挫折中奋起,从总结中提高,积累了宝贵的历史经验。

（一）坚持党的领导。中国共产党是领导我们事业的核心力量。中国人民和中华民族之所以能够扭转近代以后的历史命运、取得今天的伟大成就,最根本的是有中国共产党的坚强领导。历史和现实都证明,没有中国共产党,就没有新中国,就没有中华民族伟大复兴。治理好我们这个世界上最大的政党和人口最多的国家,必须坚持党的全面领导特别是党中央集中统一领导,坚持民主集中制,确保党始终总揽全局、协调各方。只要我们坚持党的全面领导不动摇,坚决维护党的核心和党中央权威,充分发挥党的领导政治优势,把党的领导落实到党和国家事业各领域各方面各环节,就一定能够确保全党全军全国各族人民团结一致向前进。

（二）坚持人民至上。党的根基在人民、血脉在人民、力量在人民,人民是党执政兴国的最大底气。民心是最大的政治,正义是最强的力量。党的最大政治优势是密切联系群众,党执政后的最大危险是脱离群众。党代表中国最广大人民根本利益,没有任何自己特殊的利益,从来不代表任何利益集团、任何权势团体、任何特权阶层的利益,这是党立于不败之地的根本所在。只要我们始终坚持全心全意为人民服务的根本宗旨,坚持党的群众路线,始终牢记江山就是人民、人民就是江山,坚持一切为了人民、一切依靠人民,坚持为人民执政、靠人民执政,坚持发展为了人民、发展依靠人民、发展成果由人民共享,坚定不移走全体人民共同富裕道路,就一定能够领导人民夺取中国特色社会主义新的更大胜利,任何想把中国共产党同中国人民分割开来、对立起来的企图就永远不会得逞。

（三）坚持理论创新。马克思主义是我们立党立国、兴党强国的根本指导思想。马克思主义理论不是教条而是行动指南,必须随着实践发展而发展,必须中国化才能落地生根、本土化才能深入人心。党之所以能够领导人民在一次次求索、一次次挫折、一次次开拓中完成中国其他各种政治力量不可能完成的艰巨任务,根本在于坚持解放思想、实事求是、与时俱进、求真务实,坚持把马克思主义基本原理同中国具体实际相结合、同中华优秀传统文化相结合,坚持实践是检验真理的唯一标准,坚持一切从实际出发,及时回答时代之问、人民之问,不断推进马克思主义中国化时代化。习近平同志指出,当代中国的伟大社会变革,不是简单延续我国历史文化的母版,不是简单套用马克思主义经典作家设想的模板,不是其他国家社会主义实践的再版,也不是国外现代化发展的翻版。只要我们勇于结合新的实践不断推进理论创新、善于用新的理论指导新的实践,就一定能够让马克思主义在中国大地上展现出更强大、更有说服力的真理力量。

（四）坚持独立自主。独立自主是中华民族精神之魂,是我们立党立国的重要原则。走自己的路,是党百年奋斗得出的历史结论。党历来坚持独立自主开拓前进道路,坚持把国家和民族发展放在自己力量的基点上,坚持中国的事情必须由中国人民自己作主张、自己来处理。人类历史上没有一个民族、一个国家可以通过依赖外部力量、照搬外国模式、跟在他人后面亦步亦趋实现强大和振兴。那样做的结果,不是必然遭遇失败,就是必然成为他人的附庸。只要我们坚持独立自主、自力更生,既虚心学习借鉴国外的有益经验,又坚定民族自尊心和自信心,不信邪、不怕压,就一定能够把中国发展进步的命运始终牢牢掌握在自己手中。

（五）坚持中国道路。方向决定道路,道路决定命运。党在百年奋斗中始终坚持从我国国情出发,探索并形成符合中国实际的正确道路。中国特色社会主义道路是创造人民美好生活、实现中华民族伟大复兴的康庄大道。脚踏中华大地,传承中华文明,走符合中国国情的正确道路,党和人民就具有无比广阔的舞台,具有无比深厚的历史底蕴,具有无比强大的前进定力。只要我们既不走封闭僵化的老路,也不走改旗易帜的邪路,坚定不移走中国特色社会主义道路,就一定能够把我国建设成为富强民主文明和谐美丽的社会主义现代化强国。

（六）坚持胸怀天下。大道之行,天下为公。党始终以世界眼光关注人类前途命运,从人类发展大潮流、世界变化大格局、中国发展大历史正确认识和处理同外部世界的关系,坚持开放、不搞封闭,坚持互利共赢、不搞零和博弈,坚持主持公道、伸张正义,站在历史正确的一边,站在人类进步的一边。只要我们坚持和平发展道路,既通过维护世界和平发展自己,又通过自身发展维护世界和平,同世界上一切进步力量携手前进,不依附别人,不掠夺别人,永远不称霸,就一定能够不断为人类文明进步贡献智慧和力量,同世界各国人民一道,推动历史车轮向着光明的前途前进。

(七)坚持开拓创新。创新是一个国家、一个民族发展进步的不竭动力。越是伟大的事业,越充满艰难险阻,越需要艰苦奋斗,越需要开拓创新。党领导人民披荆斩棘、上下求索、奋力开拓、锐意进取,不断推进理论创新、实践创新、制度创新、文化创新以及其他各方面创新,敢为天下先,走出了前人没有走出的路,任何艰难险阻都没能阻挡住党和人民前进的步伐。只要我们顺应时代潮流,回应人民要求,勇于推进改革,准确识变、科学应变、主动求变,永不僵化、永不停滞,就一定能够创造出更多令人刮目相看的人间奇迹。

(八)坚持敢于斗争。敢于斗争、敢于胜利,是党和人民不可战胜的强大精神力量。党和人民取得的一切成就,不是天上掉下来的,不是别人恩赐的,而是通过不断斗争取得的。党在内忧外患中诞生、在历经磨难中成长、在攻坚克难中壮大,为了人民、国家、民族,为了理想信念,无论敌人如何强大、道路如何艰险、挑战如何严峻,党总是绝不畏惧、绝不退缩,不怕牺牲、百折不挠。只要我们把握新的伟大斗争的历史特点,抓住和用好历史机遇,下好先手棋、打好主动仗,发扬斗争精神,增强斗争本领,凝聚起全党全国人民的意志和力量,就一定能够战胜一切可以预见和难以预见的风险挑战。

(九)坚持统一战线。团结就是力量。建立最广泛的统一战线,是党克敌制胜的重要法宝,也是党执政兴国的重要法宝。党始终坚持大团结大联合,团结一切可以团结的力量,调动一切可以调动的积极因素,促进政党关系、民族关系、宗教关系、阶层关系、海内外同胞关系和谐,最大限度凝聚起共同奋斗的力量。只要我们不断巩固和发展各民族大团结、全国人民大团结、全体中华儿女大团结,铸牢中华民族共同体意识,形成海内外全体中华儿女心往一处想、劲往一处使的生动局面,就一定能够汇聚起实现中华民族伟大复兴的磅礴伟力。

(十)坚持自我革命。勇于自我革命是中国共产党区别于其他政党的显著标志。自我革命精神是党永葆青春活力的强大支撑。先进的马克思主义政党不是天生的,而是在不断自我革命中淬炼而成的。党历经百年沧桑更加充满活力,其奥秘就在于始终坚持真理、修正错误。党的伟大不在于不犯错误,而在于从不讳疾忌医,积极开展批评和自我批评,敢于直面问题,勇于自我革命。只要我们不断清除一切损害党的先进性和纯洁性的因素,不断清除一切侵蚀党的健康肌体的病毒,就一定能够确保党不变质、不变色、不变味,确保党在新时代坚持和发展中国特色社会主义的历史进程中始终成为坚强领导核心。

以上十个方面,是经过长期实践积累的宝贵经验,是党和人民共同创造的精神财富,必须倍加珍惜、长期坚持,并在新时代实践中不断丰富和发展。

七、新时代的中国共产党

不忘初心，方得始终。中国共产党立志于中华民族千秋伟业，百年恰是风华正茂。过去一百年，党向人民、向历史交出了一份优异的答卷。现在，党团结带领中国人民又踏上了实现第二个百年奋斗目标新的赶考之路。时代是出卷人，我们是答卷人，人民是阅卷人。我们一定要继续考出好成绩，在新时代新征程上展现新气象新作为。

党的十九大对实现第二个百年奋斗目标作出分两个阶段推进的战略安排。从二〇二〇年到二〇三五年基本实现社会主义现代化，从二〇三五年到本世纪中叶把我国建成社会主义现代化强国。到那时，我国物质文明、政治文明、精神文明、社会文明、生态文明将全面提升，实现国家治理体系和治理能力现代化，成为综合国力和国际影响力领先的国家，全体人民共同富裕基本实现，我国人民将享有更加幸福安康的生活，中华民族将以更加昂扬的姿态屹立于世界民族之林。

今天，我们比历史上任何时期都更接近、更有信心和能力实现中华民族伟大复兴的目标。同时，全党必须清醒认识到，中华民族伟大复兴绝不是轻轻松松、敲锣打鼓就能实现的，前进道路上仍然存在可以预料和难以预料的各种风险挑战；必须清醒认识到，我国仍处于并将长期处于社会主义初级阶段，我国仍然是世界最大的发展中国家，社会主要矛盾是人民日益增长的美好生活需要和不平衡不充分的发展之间的矛盾。全党要牢记中国共产党是什么、要干什么这个根本问题，把握历史发展大势，坚定理想信念，牢记初心使命，始终谦虚谨慎、不骄不躁、艰苦奋斗，从伟大胜利中激发奋进力量，从弯路挫折中吸取历史教训，不为任何风险所惧，不为任何干扰所惑，决不在根本性问题上出现颠覆性错误，以咬定青山不放松的执着奋力实现既定目标，以行百里者半九十的清醒不懈推进中华民族伟大复兴。

全党必须坚持马克思列宁主义、毛泽东思想、邓小平理论、"三个代表"重要思想、科学发展观，全面贯彻习近平新时代中国特色社会主义思想，用马克思主义的立场、观点、方法观察时代、把握时代、引领时代，不断深化对共产党执政规律、社会主义建设规律、人类社会发展规律的认识。必须坚持党的基本理论、基本路线、基本方略，增强"四个意识"，坚定"四个自信"，做到"两个维护"，坚持系统观念，统筹推进"五位一体"总体布局，协调推进"四个全面"战略布局，立足新发展阶段、贯彻新发展理念、构建新发展格局、推动高质量发展，全面深化改革开放，促进共同富裕，推进科技自立自强，发展全过程人民民主，保证人民当家作主，坚持全面依法治国，坚持社会主义核心价值体系，坚持在发展中保障和改善民生，坚持人与自然和谐共生，统筹发展和安全，加快国防和军队现代化，协同推进人民富裕、国家强盛、中国美丽。

全党必须永远保持同人民群众的血肉联系，站稳人民立场，坚持人民主体地位，尊重人民首创精神，践行以人民为中心的发展思想，维护社会公平正义，着力解决发展不平衡不充分问题和人民群众急难愁盼问题，不断实现好、维护好、发展好最广大人民根本利益，团结带领全国各族人民不断为美好生活而奋斗。

全党必须铭记生于忧患、死于安乐，常怀远虑、居安思危，继续推进新时代党的建设新的伟大工程，坚持全面从严治党，坚定不移推进党风廉政建设和反腐败斗争，勇敢面对党面临的长期执政考验、改革开放考验、市场经济考验、外部环境考验，坚决战胜精神懈怠的危险、能力不足的危险、脱离群众的危险、消极腐败的危险。必须保持越是艰险越向前的英雄气概，敢于斗争、善于斗争，逢山开道、遇水架桥，做到难不住、压不垮，推动中国特色社会主义事业航船劈波斩浪、一往无前。

党和人民事业发展需要一代代中国共产党人接续奋斗，必须抓好后继有人这个根本大计。要坚持用习近平新时代中国特色社会主义思想教育人，用党的理想信念凝聚人，用社会主义核心价值观培育人，用中华民族伟大复兴历史使命激励人，培养造就大批堪当时代重任的接班人。要源源不断培养选拔德才兼备、忠诚干净担当的高素质专业化干部特别是优秀年轻干部，教育引导广大党员、干部自觉做习近平新时代中国特色社会主义思想的坚定信仰者和忠实实践者，牢记空谈误国、实干兴邦的道理，树立不负人民的家国情怀、追求崇高的思想境界、增强过硬的担当本领。要源源不断把各方面先进分子特别是优秀青年吸收到党内来，教育引导青年党员永远以党的旗帜为旗帜、以党的方向为方向、以党的意志为意志，赓续党的红色血脉，弘扬党的优良传统，在斗争中经风雨、见世面、壮筋骨、长才干。要源源不断培养造就爱国奉献、勇于创新的优秀人才，真心爱才、悉心育才、精心用才，把各方面优秀人才集聚到党和人民的伟大奋斗中来。

党中央号召，全党全军全国各族人民要更加紧密地团结在以习近平同志为核心的党中央周围，全面贯彻习近平新时代中国特色社会主义思想，大力弘扬伟大建党精神，勿忘昨天的苦难辉煌，无愧今天的使命担当，不负明天的伟大梦想，以史为鉴、开创未来，埋头苦干、勇毅前行，为实现第二个百年奋斗目标、实现中华民族伟大复兴的中国梦而不懈奋斗。我们坚信，在过去一百年赢得了伟大胜利和荣光的中国共产党和中国人民，必将在新时代新征程上赢得更加伟大的胜利和荣光！

[中共中央《关于党的百年奋斗重大成就和历史经验的决议》(节选)]

（二）研讨

1. 回顾中国共产党百年奋斗历程。
2. 进入新时代，党和国家事业取得了哪些历史性成就、发生了哪些历史性变革？
3. 中国共产党百年奋斗的历史意义是什么？
4. 中国共产党百年奋斗的历史经验是什么？

五、社会实践

实践活动:通过实地考察调研，了解新时代中国特色社会主义的成就

实践地点1:南京江北新区

南京江北新区位于南京长江以北，于2015年6月27日由国务院批复设立，是全国第13个、江苏省唯一的国家级新区。江北新区包括浦口区、六合区和栖霞区八卦洲街

道,规划面积 788 平方千米。其中,直管区面积 386 平方千米,涉及 7 个街道,常住人口
114 万。

　　江北新区拥有便捷的公路、铁路、水路和航空枢纽,是华东面向内陆腹地的战略支
点,是长江经济带与东部沿海经济带的重要交汇节点,是长三角辐射中西部地区的综合
门户,是南京北上连接中西部的重要区域,是承担"一带一路"、长江经济带、改革开放等
国家重要发展战略和任务的国家级综合功能区。

图 10 - 1　南京江北新区

　　江北新区的战略定位是"三区一平台",即逐步建设成为自主创新先导区、新型城镇
化示范区、长三角地区现代产业集聚区、长江经济带对外开放合作重要平台。2019 年 8
月,中国(江苏)自由贸易试验区获批设立,南京片区面积 39.55 平方千米,全部位于江
北新区范围内,新区进入国家级新区与自贸试验区"双区联动"发展新时期。

　　实践地点 2:南京市规划建设展览馆

　　南京市规划建设展览馆位于南京市玄武门 22 号,前身是原江苏展览馆,随着南京
城市规模与经济的高速发展,从综合性展馆转型为南京市规划建设展览馆,专门展示南
京城市规划与建设成就,是南京的标志性建筑之一。

　　南京市规划建设展览馆主体场馆建筑面积 23 655 平方米,集展示、查询、交流研
究、宣传教育、休闲观光等功能于一身,包括地下一层和地上三层。一层序厅约 1 800
平方米,临展厅约 3 000 平方米;二层历史厅和规划厅,布展面积近 5 000 平方米;二、
三楼总规沙盘面积约 1 200 平方米;三层设有主题展厅和会议中心。

图 10-2 南京市规划建设展览馆

实践地点 3：王继才先进事迹展示馆

王继才先进事迹展示馆位于连云港市灌云县上堤路，总建筑面积 7 662 平方米，以开山岛岩石的赭石色和红色为主色调，王继才先进事迹展分为序厅——梦想起航、不灭的灯塔——王继才、王仕花先进事迹展两个板块。

图 10-3 王继才先进事迹展示馆

王继才（1960—2018），江苏连云港人。中共党员，曾任灌云县开山岛民兵哨所所长、开山岛村党支部书记。开山岛位于中国黄海前哨，邻近日本、韩国公海交界处，面积仅 0.013 平方千米，距最近的陆地江苏省连云港灌云县燕尾港约 12 海里，岛上野草丛生,海风呼啸,人迹罕至,条件极其艰苦。这座面积仅有 0.013 平方千米的国防战略岛,长期没水、没电、缺衣少食。1985 年部队撤编后,开山岛上设立民兵哨所,但因条件艰苦,先后上岛的 10 多位民兵都不愿长期值守。1986 年,26 岁的王继才接受了守岛任务,从此与妻子以海岛为家,与孤独相伴,在没水没电、植物都难以存活的孤岛上默默坚守,把青春年华全部献给了祖国的海防事业。2014 年,王继才夫妇被评为全国"时代楷模"。2019 年 2 月,获评"感动中国 2018 年度人物";9 月,获"人民楷模"国家荣誉称号。习近平总书记对王继才先进事迹作出重要指示:"王继才同志守岛卫国 32 年,用无怨无悔的坚守和付出,在平凡的岗位上书写了不平凡的人生华章。我们要大力倡导这种爱国奉献精神,使之成为新时代奋斗者的价值追求。"